美国教育热点丛书

SCHOOL DISCIPLINE AND SAFETY

学校纪律与安全

[美]苏珊妮·艾克斯（Suzanne Eckes）
[美]查尔斯·拉索 （Charles Russo） 主编
王智超 译

北京师范大学出版集团
BEIJING NORMAL UNIVERSITY PUBLISHING GROUP
北京师范大学出版社

本书简体中文版由 SAGE Publications，Inc. 授权北京师范大学出版社(集
团)有限责任公司翻译出版。

版权所有,侵权必究。

北京市版权局著作权合同登记图字 01—2013—7313 号

目　录

引 言

　　学生纪律与安全是学校管理者在日常工作中面临的最复杂的问题之一。19世纪中期，美国开始出现公立学校，以管控学校、保证学生安全为目的的学校纪律政策的需求也随之而来。从一开始，对于教师在维护纪律与学校安全方面是否有权、是否有责的争议就不断。如今，如何更好地确保学生与教职工安全的分歧依然存在。

　　全美国公立学校的状况很难一言以蔽之，因为每个州的立法机构都为学生的惩罚制定了规则。通常，如果学生不遵守学校纪律，州法允许学校管理者开除学生。然而，因为停课或开除学生的权力是法定的，所以惩罚手段的使用在不同司法辖区内存在不同。而且，尽管每个州可以自由设定纪律惩罚的规定，但是一些司法辖区规定，州和当地教育委员会有为学生设定行为规范的法定义务。据此，当地教育委员会有较大的自由裁量权，制定比州的相关法律规定的更详细的纪律政策。当执行这些规定的时候，教育管理者应当确保学生和家长清楚地知道学校行为的规则。

　　在处理学校纪律的相关问题时，美国政府已经从采取英国普通法的规定改为采取代理父母（Loco Parentis）原则。虽然它仍然是一个普通法的问题而不是多数州的法规，但是代理父母原则为那些非父母的儿童庇护者——包括教师和学校管理者——规定了权利和责任。为此，代理父母原则常常成为学校管理者处罚学生的依据。依据代理父母原则制定的相关政策，教师在学生构建危险环境将自己及他人置于受伤的风险之下时，可以以合理方式行使他们的权力进行干预。同时，正如本书辩论中所强调的那样，一些人认为代理父母原则被过度使用了，学校管理者在学生纪律管理方面发挥的作用太大。一些教师表达了对他们必须在管教学生行为不当方面发挥的作用的关注。也有对扰乱课堂学习和降低教师士气等其他与纪律相关的问题的关注。有研究显示，很多教师因为学生纪律问题而考虑辞职(Billitteri，2008)。

尽管对于学校纪律限度的争论仍在继续，但教育法律和政策允许教师通过行使合理的监护权，对违反校规的学生进行干预。教师们依据各种纪律规定行使权力。在早期，体罚是最普遍的干预方式。在处置关于这一问题的是非曲直的唯一案例中，美国最高法院裁定，公立学校中的体罚并不被视为是违反宪法《第八修正案》的残酷惩罚(英格拉姆诉怀特案，1977)。然而，在20世纪六七十年代，对学生的保护也扩大了(Billitteri，2008)。在20世纪60年代，最高法院扩大了学生的言论权(汀克诉德莫尼耶独立学区案，1969)，并在学校内面临惩罚时赋予他们额外的正当程序权(戈斯诉洛伯兹案，1975)。

尽管有最高法院对英格拉姆案的裁决，但仍有近30个州禁止体罚。允许体罚的州中，除了6个州，其他州都将体罚的权力赋予了当地的教育委员会。本书收录了公立学校是否应当禁止体罚的辩论。

20世纪80年代，随着美国校园暴力事件的增多，零容忍政策开始越来越广泛地被采用，试图保护学生的同时确保他们能够遵守合理的校规。作为惩罚学生的一种手段，停课和开除的使用率也快速增长。当学校董事会的官员们停课或开除学生时，他们必须确保学生的正当程序权得到了保护。总而言之，如果学校管理者使用惩罚的程序符合宪法《第十四修正案》要求的正当程序，只要是合理的，法院就会支持他们的行动。实质性正当程序禁止政府行为侵犯个人的基本自由，而程序性正当程序通常需要学校管理者在剥夺学生自由或财产等权利前要通知学生或提供听证机会。在维护学校纪律的背景下，处罚并不会与实质性正当程序产生冲突，除非一个动作是"任意的、反复无常的，或是与保持有利于学习氛围的州法定目标无关的"。(杰斐逊诉伊斯莱塔独立学区案，1987，pp. 305-306)

法院认为教育是一种权利，如果公立学校管理者试图剥夺学生的受教育权，就会触发正当程序权利。在戈斯案中，当9所公立高中的学生未经听证即被停课 10 天时，最高法院认为：“接受教育是学生的法定权利，是受正当程序条款保护的财产利益，在不符合条款规定的最低程序的要求时不可被剥夺。”（戈斯诉洛伯兹案，1975，p. 754）

　　当学生面临 10 日以内短期停课的惩罚时，戈斯案设定了宪法规定的最低限度的标准。最高法院认为，当学生面临这种短期停课的处罚时，学校管理者必须以口头或书面的方式通知学生对他们的指控。如果被惩罚的学生否认指控，学校管理者必须提供证据同时在非正式会议上给学生辩白的机会。一些法院解释说，这意味着学校官员可以非正式地与学生讨论其被指控的不当行为。根据戈斯案的结果，当学生面临停课或开除处罚时，他们拥有某种形式的正当程序权。正当程序的要求根据学校惩罚的长短而不同。

　　不幸的是，戈斯案没有为更长时间的停课或开除惩罚提供具体的指导。最高法院含糊不清地指出，当学生被长时间逐出学校时，更正式的程序是必需的。因此，一些学校管理者将第五巡回法庭裁定的迪克森诉亚拉巴马州教育委员会案（1961）作为对待惩罚的依据。在迪克森案中，一些州立大学的学生在参加了一个午餐柜台的静坐后，在没有被告知指控和举行听证的情况下被开除。法庭认为，参加开除听证的学生应当被告知指控他们的证人的名字，以及每一位证人作证的口头或书面证言。学生也应该有机会针对指控和证人提供的口头或书面证言进行自我辩护（Skiba, Eckes & Brown, 2009, 2010）。

　　戈斯案和迪克森案后，对于学生惩罚程序的细节要求，各州并不相同。不同的原因在于州立法者和学校董事会依据不同的法律和规章来确定正当程序的程序。同时，程序要求也根据特定情况的环境不同而有区别。一旦学生被开除，学校董事会通常不需要为普通教育的学生提供教育服务，除非当地教育委员会的政策或州的法律要求他们这样做。然而，残疾学生面临纪律惩罚和开除时，拥有更大的程序性权利，他们的受教育权不能完全被剥夺（Osborne & Russo, 2009）。

　　为了应对不断增加的校园暴力事件，零容忍政策为严重和一般的违法行为规定了更为严苛的处罚，并开始在学校和各地区广泛实施。学校里的零容忍政策一般被理解为，适用于规定的很少或根本不考虑违纪的情况或后果的强制性制裁，典型的制裁方式为停课或开除。

国会意识到了校园暴力行为的增加，在 1990 年通过了《学校禁枪法》（*Gun-Free School Act*），这一法案在最高法院废止后随即被修订（Russo，1995）；现在实行的是 1995 年的《学校禁枪法》。这一法案要求，每个州都要接受联邦资金来开除学校内所有拥有枪支的学生，开除时间至少为一年。根据本法案，学校管理者拥有按照个案调整惩罚的自由裁量权。因为拥有枪支而被开除的学生可以被安置在替代教学项目中（Skiba, et al.，2009，2010）。

1995 年的《学校禁枪法》要求各州必须制定相关法规，实行至少一年的开除，同时各州被允许扩大法律的使用范围，可以包括其他类型的武器。尽管全美教师联盟支持这一措施，但很多反对组织认为该法案是违宪的。例如，第六巡回法庭驳回了一项零容忍政策，理由是如果一名学生因为一个朋友在他不知情的情况下在他的车内放置了枪支，被认定拥有武器而被停课或开除，这一政策就违反了学生的实质性正当程序的权利（西尔诉摩根案，2000）。

作为 1995 年《学校禁枪法》的结果，各州已经试图执行相类似的法律。例如，《学校禁枪法》通过后的很短时间内，每个州和哥伦比亚特区就都已经颁布了各种形式的零容忍政策。有趣的是，一些学校管理者在法案基础上扩大了法定的开除范围，甚至包括了其他类型的行为，如斗殴、私藏毒品等。结果，零容忍政策遭到了美国律师协会的抨击，美国律师协会最近通过了一项决议，反对在学校中实行零容忍政策（Skiba, et al.，2009，2010）。

对于零容忍政策的批评之一是，它对有色人种学生产生的影响过大。然而，一些人也指出零容忍政策事实上减少了歧视，因为零容忍政策减少了偏袒的可能。比如，管理者的孩子违反了政策也会与其他学生一样被对待。然而，零容忍政策的反对者认为，这一政策不能有效地平衡所有学生与教育机会有关的安全问题。为此，司法政策研究所和儿童法律中心声称，零容忍政策正在为少年司法体系创建新的途径（Heard，1997）。其他人指出，因为轻微违纪而被停课和被开除的比率不必要地增加了（Billitteri，2008）。本书收录了一些关于零容忍政策辩论。一个是关于零容忍政策是否应当包含毒品、酒精和武器的争议；另一个是重点围绕少数民族学生在学校纪律问题中的比例过高的争议。

除了这些方面，本书通过持支持观点的文章和持反对观点的文章的形式展示了其他与学校纪律与安全有关的有争议的话题，包括儿童虐待、防止自杀、学校欺凌、课堂管理等。下面是本书收录的其他重要争论的议题。

关于特殊群体的纪律与安全议题

本书有一章是探讨特殊群体学生的纪律与安全问题的。特殊学生包括适应不良行为(Macadaptive Behavior)学生、情绪与行为障碍(Emotinal and Behavior Disorders)学生、残疾学生等。关于适应不良行为，在教育团体内部对于教师在内化性疾病(Internalizing Disorders)学生的识别、诊断、质量方面的作用存在争议。学龄儿童的内化性行为障碍，如抑郁症和焦虑症，常常不易被发现，因为症状可能被外在行为表现所误导。有时，症状被忽视是因为学生只是表现得比较沉默寡言或比较内敛。这是一个不可能自己消失的问题，研究显示，多达 20% ~ 25% 的学生在成人前都患有抑郁症(Lewinsohn，Hops，Roberts，Seeley & Andrews，1993)。因而，毫不奇怪，学校已被认定是一个合乎逻辑的进行筛查和治疗的地方(Shirk & Jungbluth，2008)。这个辩论主要围绕教师是否应参与这样的工作，如果参加，他们的角色应该是什么？持正反方观点的论文的作者阐述了在诊断内化性疾病学生和适应不良行为学生及与他们相处时，教师应扮演的不同角色。

回到对情绪与行为障碍学生安全的关心，专家认为，最好的干预就是预防。研究表明，早期的干预措施是必要的，可以阻止破坏性的发展，这种疾病可以发生在儿童小学和中学的整个阶段(Webster-Stratton & Reid，2004)。积极行为干预支持(Positive Behavior Intervention Supports)模型使用三个分层的方法来预防，最初关注学校的所有学生，然后变得更有选择性和密集性，提供额外的必要服务。许多对于积极行为干预支持的早期研究为这一支持系统提供了证明，这一方法在 1997 年重新授权的《身心障碍者教育法》(*Individuala with Disabilities Education Act*)中得到了广泛采用(*Crimmins & Farrell*，2006)。然而，本章指出了一些对于积极行为干预支持有限性及批评的重要性。其中包括治疗的精确度、作为学校改进手段的办公纪律转介的可靠性、成本因素，及有关研究积极行为干预支持方法上的局限性等问题。

教师对于学生自杀的责任

本书还探讨了日益增长地对教师阻止学生自杀的责任的关注。特别是当提到青少年自杀问题时，专家认为解决这一问题的关键是要明确在自杀发生前阻止这一行为应该是谁的责任。父母、朋友、初级保健医生、心理健康专家、教师都是很好的选择。许多人认为，教师每日都与学生接触，对学生了解较多，他们应该能够在其他人意识到之前，判定是否需要进行干预。这一观点的支持者称，教师在日常生活中，可以很容易地发现和报告有自杀倾向的学生。这些人补充说，教师也可以迅速与学校的学生顾问或心理咨询师进行沟通，这些顾问或咨询师为所有学生提供帮助，但对有问题的学生会立即提供援助。

但是，将教师视为预防学生自杀的人很难。持反对观点的文章指出，从教学到课堂管理，教师已经承担了各种各样的任务，他们无法再承受沉重的预防学生自杀悲剧发生的重任。事实上，只要教师的行为是合理的，法院不认为教师需要为学生的自杀负责。

驻校警察的职责

自从科罗拉多州科伦拜恩高中枪击案发生后，执法人员在学校周围越来越常见，这些执法人员或驻校警察(School Resource Officers)与当地执法部门签订合同，帮助确保学校安全。这虽然通常由州或联邦基金进行资助，但驻校警察在学校和学区中有独特的法律和社会地位，这导致在公民自由组织、学校董事会、行政人员、家长，甚至学生间产生了一些争议。具体而言，对于驻校警察在公立学校中扮演的角色一直存在争论。本书中，有一章主要探讨驻校警察是否应该像警察一样严格自律，他们是否应该被更全面地考量，并像其他教育专业人员——如顾问、教师和教育管理者——一样整体融入学校之中。双方提供的不同观点，无论哪一个都会成为思考这一现实问题的精神食粮，进而对学生安全问题产生巨大影响。

骚扰和欺凌

根据一些数据，超过 75％的学生在学校中有过被欺凌的经历。一些统计资料认为，同伴性侵和欺凌对学生犯罪行为会产生长期的心理影响。尽管欺凌对所有学生都有影响，但进一步的研究发现，欺凌的主要目标群体为残疾学生、男同性恋、女同性恋、双性恋、变性者等。遗憾的是，最近发生的与学校欺凌有关的学生自杀事件在媒体上被广泛报道。因而，许多致力于研究如何解决校园欺凌的组织，仍然在讨论教师在解决此类问题时应扮演何种角色，较为重要的组织包括"停止欺凌""学校安全联盟""国际反欺凌协会"等。

毫无疑问，学校管理者在提供一个没有同伴骚扰和欺凌的安全教育环境方面发挥着重要作用。事实上，学校董事会和教育管理者面临着被骚扰和受欺凌的学生，特别是在教室内被同伴骚扰和欺凌的学生提起诉讼的可能。本章持不同观点的文章，就法律是否对教育工作者提出了过多的要求和在这一问题上教育工作者应处于何种地位，进行了辩论。持支持观点的文章的作者对于现有法律的规定较为满意，认为现有的法律已经做到对于学生权利的足够平衡，而没有使学校董事会和教师太易因骚扰或欺凌而担责。相反，持反对观点的文章则指出，教育工作者和法律需要在阻止学生遭受同伴骚扰和欺凌与保护学生安全方面做得更多。

课堂管理

在学校中，教师肩负着大量不同的职责。或许教师面临的最重要、最艰巨的任务就是确保学校安全，做好课堂管理。因为在混乱和无序的课堂中，教师的教和学生的学都是极度困难的。因而，在创建具有强烈结构意识的合作学习环境的过程中，过高地估计教师能力的重要性是不现实的。事实上，很多研究者认为，任课教师的有效性是教育管理者在可控范围内影响学生学业成绩的最重要的因素（Marzano，Marzano & Pickering，2003）。

好的课堂管理是多层次的。有经验的教师会仔细考虑所有能够推动课堂教学的因素。早期，教师经常带着对合作学习环境的期盼努力工作，同时，在课堂中固定的教学过程得以实施。教室的物理空间也可以根据需求进行安排，以有助于最大限度地提高教师的能力，同时可以在整个房间内对学生进行积极的监管。尽管这些做法有助于学生从课堂教学的可预测性中感到适应，但教师也面临着一些日常的挑战。比如，寻找新的方法帮助学生融入创造性的课程。毕竟，积极参与学习活动的学生似乎不会出现纪律问题。最终，当纪律问题上升时，有经验的教师会坚定而积极地改变消极的学生行为，并使用有层次的、预先计划好的策略进行干预（Crimmins，Farrell，Smith & Bailey，2007）。尽管持不同观点的文章的作者都认可加强课堂管理的重要性，但是他们的不同之处在于各自对课堂管理方法方面内在与外在激励的看法上。

教师责任保护法

教师有对学生进行监护的责任，当他们违背这一职责时，他们可能会被追究法律责任。当考虑教师是否能够或者应当对在他们看护下发生的学生伤害负责时，法庭通常考虑教师的行为是否与一名理性审慎的教师在此情况下的行为相符，并考虑这一伤害是否是可预料的。通常来说，如果教师的行为与一名理性审慎的教师在此情况下的行为相符，并且伤害是不可预料的，那么法庭会驳回对他们行为或疏忽的指控。尽管如此，教师在对违纪学生进行合理惩罚时，还是会担心被起诉。

《不让一个孩子掉队法案》（*No Child Left Behind Act*）中有一部分叫作《保罗·D. 科弗代尔教师保护法案》（2001）。这一法案的深层目的在于，当教师或其他学校管理者对学生施加惩罚而导致学生受伤时，对他们进行保护。确切地说，如果教师试图对学生进行控制、惩罚、开除、停课以维护课堂或学校纪律，而导致学生受伤时，学校管理者可以被免于起诉。在联邦《教师保护法案》(Teacher Protection Act)颁布后，各州都颁布了类似的法律来保护教师，以使他们在维护纪律时如果对学生造成伤害可以免责。总的来说，这些州的法律对于那些公平合理地进行纪律处分，无意伤害学生却对学生造成伤害的公立学校的教师和管理者，准予免责。

2002年通过的《不让一个孩子掉队法案》采纳了《科弗代尔法案》的部分内容。尽管《科弗代尔法案》的目的在于帮助减少针对教师的诉讼案件，但是全国教育协会(NEA)及其他教师组织对这一法案提出了批评。特别是全国教育协会抱怨说，《科弗代尔法案》并不是一个保护教师所有法律责任的全面计划。持支持观点的文章支持教师和学校董事会从联邦及州《教师保护法案》中受益的主张。相反，持反对观点的文章回应称，在《教师保护法案》被设计得如此狭隘的情况下，它们是无用的。

着装标准政策

如果其所提要求与健康和安全相关，学校管理者可以要求学生在化学课上戴护目镜或在物理课上穿制服。基于同样的原因，多数公立学校也对学生的着装做出了规定。当然，学生有权通过服饰展现自我，但是这些权利需要在对学校安全的关切之间寻求平衡。作为确保学生安全的办法之一，一些学校董事会精心设计了校服政策，另外一些则选择禁止穿着通常与社会帮派有关联的、有特殊标志的服装。例如，在有帮派活动问题地区的学校董事会——学校安全是一个重大问题——可以选择规范指定的颜色或禁止垮裤或头巾，或者他们可以选择执行校服政策。即便如此，毫无疑问，学校规范学生着装的政策仍存在争议。

本章着重考察了对学生着装标准政策的争论。在持支持观点的文章中，作者认为，学校董事会能够并应该颁布聚焦于学生安全的着装标准政策。这些文章主张，只要着装标准政策不侵犯学生由宪法《第一修正案》赋予的权利，学校管理者就有很大的自由度来实施着装标准政策。在持反对观点的文章中，作者解释了为什么有时候管理者如此热衷于出台着装标准政策。持反对观点的文章同意着装标准政策通常是必需的，但是这篇文章也指出，教师需要将他们的时间和精力聚焦于对暴力行为的迅速反应上，而不是盯着那些穿着特殊服装到校的学生。

虐待与忽视儿童

教师通常面临这样一种状况，即他们怀疑某个学生被虐待或被忽视。在这种状况下，教师被要求向相关领导报告儿童疑似被虐待或被忽视。除了法定义务，教师还被期望当学生报告遭到虐待时，具有敏锐的和适当的反应能力。了解虐待或忽视儿童的迹象，明白个人的责任，学会应对受虐待儿童的适当方式是教师培训的重要组成部分。正如持支持观点的文章指出的，对于教师和学校管理者来说，报告儿童被虐待和被忽视是道德与法定的双重义务。然而，持反对观点的文章则指出，强制报告任何对儿童被虐待或被忽视的怀疑会导致一些担忧，因为它可能需要教师过度介入家庭生活，进而会引发更多问题。持反对观点的文章指出，只要目前还不清楚教师是否能够真正理解到底哪些是需要报告的儿童被虐待和被忽视的情况，就不要求他们报告所有可疑状况或许是最好的。

结论

本书的目的在于对教师日常工作中面临的一些和安全与纪律相关的议题进行辩论。这样，正反双方的文章对于解决学校各种安全与纪律问题持有不同观点的读者都是有帮助的。

苏珊妮·艾克斯
印第安纳大学

查尔斯·拉索
戴顿大学

拓展阅读资料

Billitteri，T. (2008). Discipline in schools. *CQ Researcher*，18(7)，145-168.

Crimmins，D. & Farrell，A. F. (2006). Individualized behavioral supports at 15 years: It's still lonely at the top. *Research & Practice for Persons with Severe Disabiliteis*，31(1)，31-45.

Crimmins，D.，Farrell，A.，Smith，P. & Bailey，A. (2007). *Positive strategies for students with behavior problems*. Baltimore: Paul H. Brookes.

Heard，J. (1997，March 11). Off-campus crime spells expulsion from school. *Chicago Tribune*，1.

Lewinsohn，P. M.，Hops，H.，Roberts，R. E.，Seeley，J. R. & Andrews，J. (1993). Adolescent psychopathology: Prevalence and incidence of depression and other DSM-Ⅲ-R disorders in high school stuents. *Journal of Abnormal Psychology*，102，133-144.

Marzano，R. J.，Marzano，J. S. & Pickering，D. J. (2003). *Classroom management that works: Research-based strategies for every teacher*. Alexandria，VA: Association for Supervision for Supervision and Curriculum Development.

The National Education Association. Teacher Protection Act. Retrieved from http://www. nea-nm. org/ESEA/TPA. htm

Osborne，A. G. & Russo，C. J. (2009). *Discipline of students with disabilities: Legal issues*. Thousand Oaks，CA: Corwin.

Russo，C. J. (1995). United States v. Lopez and the demise of the Gun-Free School Zones Act: Legislative over-reaching or judicial nit-picking? *Education Law Reporter*，99(1)，11-23.

Shirk，S. R. & Jungbluth，N. J. (2008). School-based mental health checkups: Ready for practical action? *Clinical Psychology: Science & Practice*，15(3)，217-223.

Skiba，R.，Eckes，S. & Brown，K. (2009，2010). African American disproportionality in school discipline. *New York Law School Law Review*，54，1071-1112.

Webster-Stratton，C. & Reid，J. M. (2004). Strengthening social and emotional competence in young children—The foundation for early school readiness and success: Incredible Years classroom social skills and problem-solving curriculum. *Infants and Young Children*. 17，96-113.

判例与法规

Dixon v. Alabama State Board of Education，294E. 2d 150(5th Cir. 1961).

Goss v. Lopez，419 U. S. 565(1975).

Gun-Free School Act，20 U. S. C. Sec 8921(2000)(repealed 2002).

Individuals with Disabilities Education Act(IDEA)，20 U. S. C. §§1400 et seq.

Ingraham v. Wright 430U. S. 651 (1977).

Jefferson v. Ysleta Independent School District，817 F. 2d 303(5th Cir. 1987).

No Child Left Behind Act，20 U. S. C. §§6301-7941(2006).

Paul D. Coverdell Teacher Protection Act of 2001，20 U. S. C. §§6731 et seq. (2010).

Seal v. Morgan，229 F. 3d 567(6th Cir，2000).

Tinker v. Des Moines Independent Community School District，393 U. S. 503(1969).

话题 1

公立学校应该实行聚焦于学生安全的着装标准政策吗？

支持观点：理查德·弗里，北得克萨斯大学
反对观点：托德·A. 米切尔，新罕布什尔大学

概　述

学校管理者会要求学生们在化学课上戴护目镜或者在体育课上穿运动服，因为这些要求和学生的健康与安全密切相关。基于上述原因，多数公立学校也会规定学生应如何着装。当然，学生有决定自己如何着装的权利，但是这些权利会与关心学生安全这一问题一起被进行综合考量。为保证学生的安全，有的学校会强制学生穿校服，有的学校会禁止学生穿某种款式的衣服。例如，考虑到帮派问题，学校董事会选择规定学生穿特定颜色的衣服或者禁止学生穿喇叭裤或者携带印花手帕，或者会选择实行校服制度。毫无疑问，学校规定学生穿着的政策仍有争议。

率先实行统一着装标准政策的公立学区是加利福尼亚州的长滩学区，该学区在 1994 年提出了该政策。为遏制帮派问题的影响，学校董事会要求所有小学和中学的学生都穿校服。校长的初步报告显示新制定的着装标准实施后，校园暴力事件显著减少。但是，一项实证研究认为校服并不是长滩地区暴力行为改善的主要原因（Brunsma & Rockquemore，1998）。由于意见相左，关于校服的争论越演越烈——实证研究认为，校服对于学生的行为和学业没有积极的影响，但是校长和家长却能够提供他们已经看到的学校安全问题显著改善的证据。大卫·伯恩斯马和克里·洛基摩尔(1998)认为着装标准的实施是纯粹的外部变化，虽然影响了学校环境，但是对学生行为没有实质性的影响：

> 制定强制校服政策能够给学校的环境带来即刻、明显的变化。这种变化是表面上的，之所以能够吸引人们的关注是因为其可见的性质。校服政策可以比喻成清洁一座老旧的建筑物并给它涂漆：一方面，它能够立刻吸引我们的注意；另一方面，原来老旧的建筑只是被刷了一层油漆。(p.60)

校园着装标准和校服政策的支持者认为，这些政策积极地影响着学生的出勤、学业、行为以及学校的环境。支持者认为，校服政策能够让来自贫穷家庭的学生受益，因为这些学生由于负担不起时尚的衣服而显得不出众。另外的观点认为，这些政策通过规定学生的穿着将他们和社会帮派区分出来，使学生远离社会上一些同龄人带来的消极干扰。1996年，全国中学校长协会对5500名中学校长的调查显示，70%的中学校长认为："要求学生上学穿校服能够减少暴力事件和改善学校纪律问题。"（Brown，1998，p.2）随后，克林顿总统在1996年的国情咨文中表示，支持校服政策，并且和教育部长签订了关于这个主题的备忘录。

虽然没有证据支持着装标准和改善安全问题之间存在因果联系，但是足够多的证据都证明了校服政策和学校氛围改善之间是有联系的（Murray，1997）。理查德·弗里发现，学生在学习汇报中写道："积极的师生关系，强烈的安全感，改善了的家长，学校与社区关系，有效的教学管理，改善了的对学生行为的看法以及来自教师和辅导员更加积极地指导。"（p.110）因而，这似乎很容易判定，学生视角下学校氛围的这些改善可以被看作学校安全改善的结果。

无论是依靠事例还是实证的证据，校服和着装标准政策得到家长、校长和部分政治人士的广泛支持。虽然着装标准被看作解决各类校园暴力问题的"特效药"，而不是"灵丹妙药"。但是，着装标准对于学校氛围有着深刻影响，对于学生安全问题也具有潜在的影响。支持者认为，经过仔细策划的着装标准政策能够公平的对待学生，能够在保证学校良好秩序的同时尊重学生展现自己的权利（Esses，2001）。

本章审视了关于学生着装标准政策争论的紧张局面。在持支持观点的文章中，理查德·弗里指出各学区应该采用聚焦于学生安全的着装标准政策。他认为，只要着装标准政策没有违背学生由宪法《第一修正案》赋予的权利，学校管理者就应该广泛地采用着装标准政策。在持反对观点的文章中，托德·A.米切尔解释了学校管理者如何过分热衷于采用着装标准政策。米切尔认为，虽然着装标准政策有时候很有必要，但是学校管理者应该把他们的时间和精力集中于解决暴力，而不是关注学生究竟应该穿什么上学的问题上。

苏珊妮·艾克斯
印第安纳大学

支持观点

理查德・弗里，北得克萨斯大学

文章认为，公立学校董事会和管理者应该采用着装标准政策。在不违背学生由宪法《第一修正案》赋予的权利的情况下，学校可以要求学生遵守学校强制实行的着装标准政策，以作为一种保证学校安全与秩序的手段。学者关于学生着装标准对于学校安全影响的调查结果表明，目前还没有足够的证据支持着装标准对于学校安全有积极的影响这一观点（Demitchell Paige，2010）。但是，教育学家们认为，学生着装标准是有益的。同样，一些研究表明，着装标准对学校氛围有积极影响（Murray，1997）。

正如我们将要讨论的，第五巡回法院支持学校董事会的学生着装标准，而且不需要学校管理者用统计学的证据来支持他们的立场。第五巡回法院认为，学校管理者，而不是法院，最适合来判断学生着装标准的价值大小，着装标准的部分好处用量化的方法是无法测量的（帕默诉沃克西哈奇独立学区案，2009）。根据这种情况，正方观点的文章介绍了为什么学校管理者在着装标准政策上应该被给予更多的权力空间；反方观点文章则建议了为了保证安全的学校环境应严格控制学生的穿着。

学校着装标准和宪法《第一修正案》

在廷克诉莫因斯案（1969）中，美国最高法院指出，公立学校的学生有宪法赋予的自由表达的权利，这些权利在他们进入学校时也不会被剥夺。涉及学生权利的著名案例是，学生们在学校里佩戴黑色臂带来反对越南战争。学校不允许这些学生戴臂带，学生起诉了学校，认为学校禁止其戴臂带的做法侵犯了他们由宪法《第一修正案》赋予的自由表达的权利。

一个典型的决定是，最高法院规定，学校管理者不能简单地禁止一些学生有争议的言论。因为这种做法会让某些人感觉到不舒服。法院指出，学校不能压制学生具有的由宪法《第一修正案》规定的合法地自由表达的权利，除非学生威胁要对学校进行一场实质性的破坏或者学生的言论侵犯了其他学生的权利。廷克诉莫因斯案涉及学生对于当时一个重要的社会和政治问题——越南战争——表达自己的权利。最高法院对于公立学校学生表达被宪法认可的权利被认为是当今最重要的宪法声明之一。事实上，廷克诉莫因斯案提出之前的 40 多年里，数以百计的案例都涉及学生声称学校管理者压制了他们由宪法赋予的权利。部分案例涉及学校管理者为了保证学校安全而制定着装标准和学生基于宪法《第一修正案》规定的权利而挑战这些标准之间的分歧。

例如，新墨西哥的一个案例。当地高中的一个教育管理者规定学生不能穿喇叭裤上学，他们认为喇叭裤和社会帮派有关。一个学生挑战了这个规则，声称穿喇叭裤是宪法赋予的权利，他之所以这么穿是因为这是"嘻哈"风格（比文斯诉阿尔布开克公立学校案，1995）。联邦初审法院拒绝了这个学生的申诉，并且支持学校董事会的着装标准，认为学生自由表达的权利应该和"不受过度破坏纪律影响的教育氛围之间保持均衡"（p.559）。此外，法院不确定穿喇叭裤是否属于由宪法《第一修正案》赋予的权利。

在圣哈辛托统一学校的案例（1993）中，法院认为加利福尼亚学校董事会采用着装标准要求所有的小学、初中和高中学生穿校服，是为了"将学生与有明确团队标志的写作组织、绘画组织、专业性体育团队或者参与破坏行为的组织区分开来"（p.1463）。来自洛杉矶的一名学生被特意告知不能穿为某体育团队做广告的 T 恤衫。学校董事会解释说，学生穿为某个体育团队做广告的服装与帮派有关。

一些学生对学校提起了诉讼，认为学校的着装标准侵犯了他们由宪法《第一修正案》赋予的合法权利。联邦初审法院认为，学校董事会提出的证据并没有表明小学阶段就出现了帮派，而且在初中阶段帮派的数量是可以忽略不计的。因此，法院否定了在小学和初中实行的着装标准政策，但是认为在高中阶段着装标准应该强化，因为高中阶段学生帮派较为盛行。这一案例认为，虽然学校管理者有一些权利采用着装标准政策，但是采用着装标准政策时必须考虑到宪法《第一修正案》。

　　一些学校董事会和管理者为了保证学校安全和秩序通过制定头发标准来禁止男学生留长发。毫无疑问，这些标准同样涉及宪法权利而备受争议。法院对于这些案件的处理结果并不一致，有时候站在学生的立场，认为学生有权决定自己头发的长短；有时候则站在学校的立场。

　　1972年的一场审判中，一名来自得州的高中生卡尔向初审法院提起诉讼，认为学校的头发政策侵犯了宪法《第一修正案》。第五巡回法院支持学校的外表标准政策，学校采取这项政策是要"消除课堂上的注意力分散，避免长头发和短头发学生之间的争斗，消除潜在的健康威胁，消除在实验室由于长头发而带来的安全问题"（卡尔诉施密特案，1972，p.617）。因此，法院不支持卡尔的观点，而且规定，高中生没有权利挑战学校的外表标准政策。法院认为："政策给予当地学校董事会很广泛的权力去管理学校事情。"（p.615）学校实施的头发政策是合理的，并没有侵犯学生的合法权利。

　　最后，学生们一而再地引用廷克诉莫因斯案的观点来声称自己拥有由宪法《第一修正案》赋予的权利，可以在衣服上印图案。法院对于这些案例的处理也不尽一致，有时认为学生在衣服上印何种图案是受宪法保护的；有时授予学校管理者权力去禁止学生印某些特殊的图案。

　　帕默诉沃克西哈奇独立学区案（2009）是一个关键性的案例。第五巡回法庭支持得州教育董事会的学生着装标准政策，禁止一切学生服装上印有图案，认为着装标准政策有助于教育委员会管理学校的安全问题。帕默提出了一个合理的方法解决宪法规定的权利与公立学校学生着装标准冲突的问题。如果第五巡回法庭的判决被其他联邦院采用，学生和家长提出的宪法权利与学校着装标准冲突的问题就会消失。

帕默诉沃克西哈奇独立学区案：学校着装标准的一个合理解决方法

　　帕默是得州沃克西哈奇高中的一名学生，是第一位给学校着装标准政策带来麻烦的学生。2007年9月，他穿着一件印有"圣迭戈"的衣服上学。学校副校长约翰逊告诉帕默，他的衣服违反了学校的着装标准，不允许在衣服上印有任何信息。帕默穿上了他父母带来的另一件印有"约翰是总统"的衣服。副校长约翰逊告诉他这件衣服也不符合标准,衣服上同样包含着信息。帕默向校长和督学控诉了这件事,但是校长和督学都赞同副校长的做法。帕默将学校告到了法庭,认为学校的着装标准侵犯了他的由宪法《第一修正案》赋予的自由表达的权利。这个案件定案以后,教育委员会采用了修订后的着装标准,新的标准比帕默曾经挑战的要严厉得多。修订后的标准不允许 T 恤衫上印有信息、不允许衬衫上印有体育团队的标志或者印有大学的标志。新修订的标准允许学生衣服上印有学校支持的课程俱乐部或组织、学校运动队、鼓舞士气的信息。只要信息被学校的纪律允许,就可以穿着。新修订的政策允许衣服上印有小于等于 2 英寸标志。

沃克西哈奇学校的管理者向法庭解释说,学校董事会采用了更加严格的着装标准,是因为教师在强化旧的标准上花了很多的时间,新的标准应该比旧的更容易实行。学校董事会已经禁止学生穿与专业体育团队有关的衣服,因为这曾经与帮派有关。学校董事会告知法院考虑要制定一个校服政策,但这一政策能够在穿着选择方面给学生一些自由。

帕默准备了 3 件衣服来反对学校董事会新修订的政策。第一件就是原来那件上面印有"约翰是总统"的 T 恤衫;第二件是一件印有"约翰就是总统"的 Polo 衫;第三件是一件前面印有"自由表达的权利"、后面印有宪法《第一修正案》内容的衬衫。学校管理者反对他穿着这 3 件衣服。

帕默再次将学校告到了法院,认为新修订的着装标准同样侵犯了他由宪法《第一修正案》赋予的自由表达的权利。他试图寻找一个初步的禁令来阻止学校董事会实行它修订后的着装标准。得州联邦初审法院否定了他的申诉后,他向第五巡回法院提起了上诉。

在第五巡回法院,帕默提出的反对学校董事会的理由是,他的衬衫并没有违反联邦法院规定的管理学生的任何一项标准。首先,帕默宣称他衬衫上的信息不具有破坏性,根据廷克诉莫因斯案,它们不应该被禁止。其次,他宣称他衬衫上的信息不是下流的或庸俗的,根据联邦法院审理的贝瑟尔学区诉弗雷泽案(1986),也不应该被禁止。然后,他认为这些信息不是学校支持的,根据联邦法院审理的黑兹尔伍德学区诉库尔迈耶案(1988)，它们不应该受到学校的审查。最后，帕默认为，他衣服上的信息没有达到宣传不合法内容的程度，所以联邦法院审理的莫尔斯诉弗雷德里克案并不适用。

不幸的是，第五巡回法院认为帕默的观点没有说服力。法院指出，路易斯安那州的一个学校董事会曾经支持学生校服制度，认为学生校服制度是中立的并且是促进学校管理的(卡纳迪诉博西尔县学校董事会案，2001)。第五巡回法院解释道：

> 学校对于学生言论的规定可以包括5个方面，而不仅仅是4个方面。如果学生的言论是具有破坏性的(廷克诉莫因斯案)、下流的(贝瑟尔学区诉弗雷泽案)、学校组织的(黑兹尔伍德学区诉库尔迈耶案)，或者鼓励使用毒品的(莫尔斯诉弗雷德里克案)，学校可以在某些方面限制学生的言论。学生的言论同样可以被限制，只要学校的规定是全面的和中立的(卡纳迪诉博西尔县学校董事会案)。(p. 509)

核心问题在于，第五巡回法院认为学校的着装标准是中立的。因此，如果学校董事会能够说明着装标准促进了其有效管理的话，那么第五巡回法院则判定该标准没有挑战宪法的权威。

根据他们的分析，学校董事会将着装标准视为"保持一个有序安全的环境、关注授课方法、促进长时间安全的学习以及为所有学生提供专业的、负责任的服装"(p. 510)。法院同样认为，学校董事会将着装标准看作一种可以减少花在强化标准上的行政时间的方式。标准合理地允许学生穿着有助于学校活动的服装。

学校董事会接受了第五巡回法院关于说明着装标准可以促进有效管理的意见。法院聚焦于董事会能够创造一个安全的学校环境，前提条件是着装标准能够帮助提供安全和良好的秩序。此外，法院认为："学校的收获，比如，减少花在强化标准上的时间和提高学校凝聚力，同样对于促进良好的教育很重要。"(p. 511)

总体来说，对于公立学校董事会的用词，通常都比较友善，第五巡回法院强调说，在以前的案例中通常"设立一个最低的标准，学校董事会必须提交证据来说明它的标准符合设立的目标"（p.511）。法院宣称，着装标准对于促进它所设立目标的统计学证据对证明这个标准能够提高管理效率来说，并非十分必要。法院认为："其他采用了相似着装标准的学校董事会的证据可以支持这个学区的决定。"（p.511）

对学校董事会更加有利的是，第五巡回法院认为不要求统计学的或者科学的证据来支持着装标准，是因为"纪律或者士气的改善不能被测量"（p.511）。法院接受了学校行政人员或者教师经过承诺后的证词，认为着装标准确实是一种有利于学校董事会有效管理的手段。法院认为，毕竟"学区和其行政人员处在一个可以对着装标准进行判断的有利位置，我们质疑他们的陈述理由是可以理解的"（p.511）。

第五巡回法院进一步解释说，助理主管证明学校董事会检验过其他学区的40多种着装标准，而且管理者更是拜访过其他学区以帮助其决定哪一种着装标准更加适合沃克西哈奇的情况。此外，法院评论说，学校董事会审查来自其他学区的数据主要是关注着装标准的影响。第五巡回法院最后总结说："足够多的事实证据表明学区的有效管理是成立的。"（p.511）

帕默试图驳回学校董事会关于着装标准的理由。他指出，他们制定的政策已经被教师允许学生戴有图案的别针、纽扣和腕带这样的行为给破坏了。第五巡回法院没有被这些理由说服，指出学校董事会对于衣服上的信息和别针、纽扣上的信息的区别对待是合理的：

> 因为衬衫是比较大而且十分可见的，禁止它会减少注意力分散，以及促进学习环境有序。纽扣和别针没有衬衫明显，因此不会分散注意力和受到教师的禁止。促进专业的和负责任的着装目标也同样适用，因为学生是准备工作的，别针和纽扣在工作中是合适的，但是大的、带有政治信息的衣服却是不合适的。

此外，一个已经表达清楚的主题需要再次强调。第五巡回法院宣称即使学校董事会对衣服上的信息和别针、纽扣上的信息的区别对待被认为是奇怪的，它也和教育家"认为建立这条规定的教师和行政人员比我们更加清楚如何区分会在学校中有效"（p. 512）这样的理由不同。总之，法院总结道："关于着装标准底线的设定问题应该由学校来管，而不是由法院来管。"（p. 512）

法院应该尊重学校董事会关于学生着装标准的决定

帕默诉沃克西哈奇独立学区案说明，对于想要通过采用学生着装标准来建立一个更加安全的校园环境的做法，得到了司法部门的大力支持。在帕默案中，法院规定禁止衣服带有图案的学生着装标准政策促进了学校的管理，并且教师不需要提供统计学的证据来证明这一政策的长久优势。帕默案的判决可以被其他地区或者联邦法院采用，用来处理学校董事会制定的学生着装与宪法赋予权利冲突的问题。

反对观点

托德·A. 米切尔，新罕布什尔大学

伊利诺伊州的一个上诉法院抓住了校园安全的核心问题。法院说：

> 我们渴望，当孩子们进教室时，可以不用通过金属探测器；
> 当孩子们在走廊里走，监视他们的不是武装警卫；当孩子着装
> 上学的时候，可以不用考虑帮派的颜色。这样的情况发生在锋
> 利的话语、握皱的纸球的时候，最坏的情况就是拳头作为武器
> 的时候。（People v. Pruitt，1996，p.545）

因此，我们渴望孩子在学校里是安全的。事实上，托德·A. 米切尔和凯西·科布（2003）总结道，对于学校安全的担心已经衍生出了教育政策制定的一个基本准则——安全性。安全性和安全是不同的，它关注伤害的责任和学校的纪律。安全规定一般应用在化学试验室里，及蹦床、操场和由于粗心大意而可能带来伤害的地方。纪律规定的目的是解决破坏、打架、争吵等行为；而安全规定的目的是保护学生免受严重伤害或者死亡。安全政策的例子包括使用磁力计；学校附近的无毒品、无枪区；避孕套的使用政策；拜恩中学枪击案之后，关于玛丽莲·曼森 T 恤衫和黑条外套的政策以及有关帮派的政策等。

持反对观点的文章主要关注安全和安全性的交叉点，以此来讨论部分着装标准的目的，包括安全和安全性。本文不讨论着装标准关注的非正式的喇叭裤或者宣传酗酒和吸毒的衣服的问题，这些通常是好的政策。本文也不讨论着装标准所限制的危险服装，如窒息项链、带尖的手镯和不合适的鞋（如人字拖）等。这些通常也是应该被学校强化的好的政策。限制穿宣传同性恋和宗教的 T 恤衫的问题也不在这里讨论，因为这值得他们自己讨论自由言论和个人伤害之间的矛盾。

与帮派有关的着装限制

学校帮派活动对于学生的安全有消极影响。很多州已经出台了法律来限制学校的帮派活动，通过着装政策限制穿与帮派有关的衣服。例如，爱荷华州出台了下面的学校着装标准规则：

> 州议会宣称，爱荷华州的学生、行政人员和学校职员有在学校保证安全的权利。穿与帮派有关的衣服上学将使注意力从学校学习的环境中转移到暴力、盲从、憎恨和荒唐的想法。（爱荷华州规定§279.58）

虽然有的观点认为，着装标准中禁止穿与帮派有关的衣服能够保证安全，但是有的人会考虑着装标准是否真的有效。温德尔·安德森在2002年对于"学校着装标准和校服政策"所做的州教育委员会的政策报告中发现对于着装标准效力的实证研究没有支持着装标准。报告的总结中引用了研究报告的内容，"结果是传说的而且未被证实的"（p.10）。因为对于着装标准和校服政策缺少纵向的研究。

学校管理者必须采取合理的方式来保证学生远离可预见的伤害。这些方式必须符合学生进入学校时所具有的由宪法赋予的自由权利，这些权利是成人所不具备的。为打击暴力，许多州允许学校董事会制定有关帮派服装的规定。这样做的目的是减少暴力发生的可能性，通过限制帮派成员身上的标志，使得帮派成员在表面上不能确定自己就是帮派的一分子。此外，这些规定能够保护那些不是帮派成员的学生被错误地当成帮派成员的对手。下面是一个俄亥俄州帕尔玛城学区着装标准中涉及关小学生帮派的例子："任何服装、首饰、配件、笔记本，或者修饰方式，由于其颜色、排列、商标，或任何其他属性表示加入一组或一个帮派是被禁止的。"（Board of Eolucation Policy，5511A）

有意思的是，对初中学生着装标准涉及帮派的规定是不同的。一般是这样规定的，"不恰当的徽章、符号或与帮派有关的颜色不能在上学期间或者学校活动中穿着。"政策不同的原因并不清楚。小学的政策在限制规定方面更加明确。

与帮派有关的着装标准政策的问题有两个方面：第一，它们是有效的吗？或者，当真的帮派成员找到成员识别的新方法时，它们仅仅关注帮派的崇拜者吗？第二，它们是否侵犯了学生由宪法赋予的权利？与帮派有关的着装标准在控制学校暴力方面是否有效，不在这个讨论范围之内。第三，对于宪法权利的侵犯问题之所以被讨论，是因为如果政策侵犯了学生的权利，它是否有效就是不重要的，因为它违背了宪法，就应该被废除。

除了考虑自由权利，对于涉及帮派问题的着装政策是否侵犯了学生实质性正当程序的权利，根据宪法《第十四修正案》，公立学校董事会和管理者不能采用侵犯学生实质性正当程序权利的规定。

宪法《第十四修正案》"模糊即无效"的原则禁止任意和歧视性执法。当一项规定太模糊以至于需要人们猜测它的意思和它的应用程序时，这一规定就是无效的。换句话说，如果一个人为了遵守法律、规则而不知道去抑制什么或者应该做什么，这项规定或者政策就侵犯了此人的正当程序权。如果不符合这个标准，它就是模糊的。如果规定是模糊的，就不能提供公平的注意或警告。第二项对于实质性正当程序的考虑是政策或者规定是否过于宽泛、全面的保护活动反而可能让应该被保护的处于无保护的状态。适合实质性正当程序的要求，对于与帮派有关的着装标准来说，是一项挑战。

帮派服装的念珠

一个与帮派服装有关的着装标准政策与实质性正当程序相违背的例子是，得州蒙哥马利县的新凯尼高中的政策。该政策禁止学生穿与帮派有关的衣服。在该政策中，在外面带有念珠的衬衫被认为是与帮派有关的服装。当然，念珠并不是帮派服装所特有的。警察认为帮派成员一般都戴念珠，因此，要求学生在学校时不能在衬衫外面戴念珠。即使学校证明戴念珠的两个学生并不是帮派的成员，警察也告诉他们为了安全不能将念珠戴在看得见的地方。学生向初审法院提起了诉讼。

在查理福克斯诉新凯尼独立学区案(1997)中，法院根据模糊即无效的原则认为，政策中"在上学和学校活动中不能穿着任何表明学生是组织

(帮派)成员的衣服"侵犯了学生的实质性正当程序的权利。因为政策是模糊的。法院指出,该政策几乎没有说明究竟什么行为该被禁止。没有一个明确的规定,使学生不清楚在衬衫外面戴念珠这样的行为是不是被允许。此外,法院认为,与帮派有关的着装标准给学校领导者较大的自由裁量权,来确定哪些是与帮派有关的服装。

与此同时,法院指出该政策内容过于宽泛。换句话说,即使该政策旨在减少校园中的帮派认同,它也违反了宪法《第一修正案》中的自由权,并且违反了不是帮派成员而是宗教成员的权利。法院认为该政策过于宽泛,因为并不是所有的帮派成员都带有念珠,而且带有念珠的人也不一定是帮派成员。

文身

8 年级学生布兰娜·史蒂芬森,在食指和拇指之间文了一个很小的十字架。这个十字架不是一个宗教标志,也不是帮派的身份图案。布兰娜没有违纪的记录,事实上,她的教师认为,她是"认真、勤奋"的学生。30 个月以来,她和文身相安无事。但是,当她所在的高中经历了频繁的帮派活动后,一切发生了变化。

学校董事会针对布兰娜文身的行为制定了"基础教育行为规范"。政策规定:"与帮派活动有关的颜色展示、标志、徽章等将不允许在学校出现。"不久这个政策开始实行,一个学校员工看见了布兰娜的文身并告诉了副校长。即使没有证据表明布兰娜参与了帮派活动,而且也没有其他学生将十字架作为帮派标志,布兰娜还是被停课一天。随后,在与她和她父母的会见中,副校长通知他们,如果布兰娜不除去或替换身上的文身,她将面临停课 10 天的处罚。

布兰娜担心换另一个文身会让图案变大,学校或者其他人会认为新换的文身也是帮派的标志。于是,她决定采用激光的方法来消除文身,这导致她原来文身的地方留下了一个伤疤。布兰娜消除文身之后提起了诉讼,认为与帮派相关的政策侵犯了她正当程序的权利,因为该政策太模糊了。

这个案件由初审法院审理后,上诉到第八巡回法院审理(史蒂芬森诉达文波特社区学校学区案,1997)。第八巡回法院否认了该政策,因为其模糊而无效。法院指出,事实上政策的缺点是,没有将"帮派"这一术语进行界定。学校政策对于禁止的颜色、标志、徽章等没有进行充分的解释。因此，法院得出结论，这个政策没有充分解释什么行为是被禁止的。此外，就像上面所讨论的，法院指出，政策提供给学校和警察在定义帮派相关活动、标志上很大的权力，他们可以随意选择。由于缺乏执行规定，政策实际上对于教师实行这个政策没有任何意义。

讨论：着装标准与帮派问题

学校管理者有合法的和专业的责任采取合理措施应对帮派暴力问题。问题是与帮派服装有关的着装标准是否是合理且可行的？假如着装标准是符合宪法规定的，它真的是可行的方法吗？与帮派有关的着装标准能够提供一个明确的，究竟什么是应该被禁止的规定吗？一旦限制政策出台，许多帮派会秘密改变他们的身份确认标志，使得问题无法解决。一个最好的办法就是聚焦于各种能力和资源，使得任何危害学生或职员的行为一旦露出马脚就立即得到处理。行动是解决暴力问题的重要措施，而不是关注每个人穿什么颜色的衣服。

暴力和 T 恤衫

学校董事会和管理者当然有权去限制颂扬或美化暴力的服装。但是，当管理者仅是温和地限制印有武器图案的衣服时，这一行为就变得狭隘了。例如，学校政策禁止 T 恤衫上有武器的图案，如"华盛顿穿越特拉华州"之类的，因为在上面有一把剑。与之类似，海军陆战队 T 恤衫上有 M16 步枪的图案（格雷诉韦恩堡学校委员会案，2005）并没有美化或颂扬暴力；相反，这个图案促进了国家安全。

一个关于暴力行为的着装标准的例子 2010 年发生在罗得岛州的考文垂。8 岁的大卫·莫拉莱斯戴维设计了一顶帽子，并戴着去了学校。这个帽子上面粘着很多塑料的小军人。大卫被要求摘掉帽子，因为这不符合学校关于武器政策的规定。学校仅仅因为大卫帽子上的 5 个塑料小军人而认为学生会受到危害。教师应该花费更多的时间、资源和精力在真实的校园危险上。对校园枪支的荒唐的、无缘由的反应降低了需要限制的信息的权威。

促进枪支使用

弗吉尼亚州阿尔伯马尔郡杰克朱厄特初中的一项着装标准政策禁止
"衣服上有图案、装饰或者涉及武器的私人用品"。一天，12 岁的学生艾
伦·纽森穿了一件上面印有 3 个黑色的人拿着步枪组成字母"NRA"的 T
恤衫，衣服的下面印着"射击运动营"。校长助理伊丽莎白·普鲁特一看
见这件衣服后，就想到了科伦拜恩高中的枪击案。她同样想到这个学生
或许是想用 T 恤衫来支持枪支使用，反对学校提出的"学校不能容忍枪
支"的观点。和普鲁特讨论了一会之后，纽森将衣服反穿，衣服上的字和
图案就看不见了。接下来的学期中，他提起诉讼以寻求能够停止实行着
装标准政策。

纽森在初级法院败诉，向第四巡回法院提出上诉，要求再审以满足
学生取消禁令的请求。法院审查了是否着装标准与武器有关的部分过于
宽泛，在规定中是否保护全面的问题。法院发现没有证据表明，T 恤衫
上的非暴力和非威胁信息和学校袭击之间有联系。一个有意思的转折是，
法院表明，学校着装标准应该禁止学生的衣服上印有弗吉尼亚州的州徽，
因为这个徽章上显示着一个女人踩在被征服的暴君的胸上，手里拿着长
矛。法院认为，既然长矛是武器，表明这就违反了学校的着装标准。相
似地，法院认为弗吉尼亚州吉祥物的标志是一个绅士带着两把交叉的军
刀，学生穿着一件印有州吉祥物的衬衫也违反了学校着装标准。据此，
第四巡回法院取消了之前关于驳回学生的诉求，命令学校执行着装标准
有关武器的部分的判决。

结论

持支持观点的文章认为，学校聚焦于安全的着装标准是合适的。相
反，持反对观点的文章认为，着装标准不是在任何条件下都适用的。危
险的衣服应该被禁止，有酗酒和吸毒信息的衣服也应该被限制，有宣扬
仇恨和呼吁暴力信息的衣服也应该不在学校的允许范围之内。但是，被

限制的服装必须符合实质性程序的要求，对于被禁止的东西，应该给予学生明确的提示。教师要明白究竟要禁止什么，限制必须是合理的。无意识地禁止与帮派有关的服装的政策，就没有提供有价值的目标，而是仅仅让不是帮派成员的学生受该政策的约束。以保证安全为目标的着装标准，必须在究竟什么是对安全的有意威胁，以及什么是无意识的反应之间进行合理区分。

　　旨在让学生安全的着装标准在实行过程中引发了激烈争论。无论如何，着装标准能否有效解决相关问题是最核心的问题。与此同时，要牢记着装标准不是没有代价的。政策必须符合标准并公平地执行。学校中已经被充分利用的资源应该在政策设计中更好地被使用，政策设计应该关注如何更好地保证学生的安全，而不是关注他们的穿着。一些人已经称这项活动是"时尚政策"的工作。即使我们会渴望人民诉普鲁特案（1996）中所失去的，但是，我们也不能期望通过有宪法缺陷的、效力存疑的政策来重新夺回那个失去的世界。

拓展阅读资料

Anderson，W. (2002，Fall). *School dress code and uniform policies*. Policy Reports. Education Commission of the States. Retrieved September 12，2010，from http：//www. ecs. org/ html/ offsite. asp？ document ＝ http％3A％2F％2Feric％2Euoregon％2Eedu％2Fpdf％ 2Fpolicy％5Freports％2Fpolicy％2520report％2520dress％2520code％2Epdf

Brown，T. (1998). *Legal issues and the trend towards school uniforms*. Retrieved from ERIC database.

Brunsma，D. &. Rockquemore，K. (1998). Effects of student uniforms on attendance，behavior problems，substane use，and academic achievement. *Journal of Educational Research*，92(1)，53-62.

Darden，E. C. (2009，November). What not to wear. *American school Board Journal*，196，44-45.

DeMitchell，T. A. &.Cobb，C. (2003). Policy responses to violence in our schools：An exploration of security as a fundamental value. *Brigham Young University Education and Law Journal*，459-484.

DeMitchell，T. A. &. Paige，M. A. (2010). School uniforms in the public schools：Symbol or substance? *Education Law Reporter*，250，847-879.

Essex，N. (2001). School uniforms: Guidelines for principals. *Principal*，80(3)，38-39.

Fossey，R.，Ecker, S. & DeMitchell，T. A. (2010). The end of the t-shirt wars in the public schools? *Plamer v. Waxahachie Independent School District*. Teachers College Record. Retrieved fromhttp://www. tcrecord. org ID Number: 15775

Institute for Intergovernmental Research. (n. d.). *Gang-related legislation: Gang-related clothing，dress codes，school uniforms*. Retrieved June 20，2011，from National Gang Center website: http://www. nationalgangcenter. gov/Content/HTML/Legislation/gang _ relatedclothing. htm

Murray，R. (1997). The impact of school climate. *NASSP Bulletin*，81(539)，106-112.

Shirk，S. R. & Jungbluth，N. J. (2008). School-based mental health checkups: Ready for practical action? *Clinical Psychology: Science Practice*，15(3)，217-223.

Stewart，R. M.，Benner，G. J.，Martella，R. C. & Martella-Marchand，N. E. (2007). Threetier models of reading and behavior: A research review. *Journal of Positive Behavior Interventions*，9(4)，239-253.

Sugai，G.，& Horner，R. H. (1999). Discipline and behavioral support: Practices，pitfalls，and promises. *Effective School Practices*，17(4)，10-22.

Todd，A. W.，Campbell，A. L.，Meyer，G. G.，& Horner，R. H. (2008). The effects of a targeted intervention to reduce problem behaviors: Elementary school implementation of check in-check out. *Journal of Positive Behavior Intervention*，10(1)，46-55.

Walker，H. M.，Golly，A.，McLane，J. Z. & Kimmich，M. (2005). The Oregon First Step to Success replication initiative: Statewide results of an evaluation of the program's impact. *Journal of Emotional and Behavioral Disorders*，13(2)，163-172.

判例与法规

Bethel School District NO. 403 v. Frazer，478 U. S. 675(1986).

Bivens v. Albuquerque Public Schools(D. N. M. 1995).

Canady v. Bossier Parish School Board，240 F. 3d 437(5th Cir，2001).

Chalifoux v. New Caney Independent School District，976 F. Supp. 659(S. D. Tex. 1997).

Griggs v. Ft. Wayne School Board，359 F. Supp. 2d 731(N. D. Ind. 2005).

Hazelwood School District v. Kuhlmeier，484 U. S. 260(1988).

Jeglin v. San Jacinto Unified School District，827 F/Supp. 1459(C. D. Calif. 1993).

Karr v. Schmidt，460 F. 2d 609(5th Cir. 1972).

Morse v. Frederick，551 U. S. 393(2007).

Palmer v. Waxahachie Independent School District，579 F. 3d 502（5th Cir. 2009），
　　cert. denied，130 S. Ct. 1055(2010).

People v. Pruitt，662 N. E. 2d 540(Ill. App. Ct 1996).

School Dress Code Policies，Iowa Code § 279. 58(2009).

Stephenson v. Davenport Community School District，110 F. 3d 1303(8th Cir. 1997).

Tinker v. Des Moines Independent Community School District，393 U. S. 503(1969).

话题 2

关于毒品、酒精、武器的零容忍政策与学生的安全有关吗?

支持观点：艾梅·弗农·吉布斯，密歇根州底特律市狄金森-莱特知识产权律师事务所

反对观点：查尔斯·B. 弗农，扬斯顿州立大学

概　述

为了应对日益增长的学生在校内和学校周边吸毒、酗酒等滥用药物行为及与武器相关的暴力行为，一些学校董事会对此采取了零容忍政策，试图彻底消除或减少这类问题。

这样严厉的方式是否明智？这样的政策是否应该为了零容忍犯罪而被保留？这是否意味着政策仅仅是为了重大违法行为而施行？这些问题可以暂且放在一边，很显然，这样的方式会导致争议和诉讼。事实上，当法院审查对零容忍政策的挑战时，他们希望学校管理者在管理学生时有适当的自由裁量权。而且，虽然法院对于将零容忍政策视为解决学校管理者无法解决的一系列严重问题的重要方式。但是，当学生和他们的家长因为这样的政策受到纪律处分而提起诉讼时，法院一般都会采用一种较为含糊的判定。

举一个来自田纳西州的备受瞩目的案例。在零容忍政策的规定下，一名高中生被发现在车里有一把狩猎刀并因此被开除，法院判定这一处理是无效的。法院认为，因为这把刀不属于这名学生，是一名乘客把它放进了手套箱中，他被学校开除是因为学校允许教师对学生进行管理，即使学生不知道拥有武器是不合理的，这与学校董事会的合法权益有关（西尔诉摩根案，2000）。

一年前，宾夕法尼亚州的一个中级上诉法院否决了对一名初中生的停课处罚，这名初中生在上课时被发现口袋里有一把美国军刀。这个案件的事实是学生在走廊里捡到了一把刀，在上课前忘了将它交给相关负责人。法院审理认为，这个处罚是无效的，因为它不符合立法意图，零容忍政策不能被盲目执行（里昂诉潘山学区案，1999）。在另一个案例中，密西西比州的一个联邦审判法院推翻了对一名带瑞士军刀来上学的残疾学生开除的决定，但是法院认同学校董事会有出台这样规定的权力（科尔文政府代理律师科尔文诉朗兹县密西西比学区案，1999）。

然而，第四巡回法院肯定弗吉尼亚州教育官员可以开除在口袋里带刀的学生，即使这名学生的刀是从想自杀的同学手里夺过来的（拉特纳诉劳登郡公立学校案，2001，2002）。法院对学校管理者在零容忍政策的规定下按程序开除学生的行为十分满意。与之类似，佛罗里达州的一个申诉法院驳回了一名学生的起诉。这名学生不服对他的停课处罚，因为他违反了关于暴力的零容忍政策而带着枪去学校（肯尼迪诉印度河县教育局案，2008）。法院驳回了这个起诉，因为这名学生只是被停课，并没有被开除，因而缺少法律介入的权力。

相对于酒精和毒品的零容忍政策相比，更细致的法律表述成为一种需要。《身心障碍者教育法》中，对个人部分语言的修正是一个很好的例证（IDEA，2004）。这一修正反对将零容忍政策应用在残疾学生身上，并反映了仅因为占有药品就处分学生，对于残疾学生来说是不合理的理念。这种改变是为了解决发生在残疾学生身上的情况，残疾学生通常因为像"骡子"一样不知不觉地为别人带毒品而被处罚。为此，国会修改了《身心障碍者教育法》的规定，残疾学生仅在"知道拥有、使用、出售或者收集药物 20 U. S. C. A. 1415(k)(1)(G)(ii)"的情况下可以被处罚。

在这一背景下，本章所呈现的不同观点的文章对零容忍政策的适合性提出了不同的看法。持支持观点的文章的作者艾梅·弗农·吉布斯首先追溯了美国零容忍政策的历史，以将它们融入文章。接下来，她讨论了实行零容忍政策在减少学生中毒品和酒精以及武器的问题上的显著作用。她总结认为，零容忍政策的影响已经在长期的实践中被检验过了，虽然没有完全解决其在设计之初所要解决的问题，但是在给学校带来安全的学习环境方面还是做出了贡献。

相反地，查尔斯·B. 弗农在持反对观点的文章中认为，零容忍政策不仅没有阻止学校中的毒品、酒精和武器问题，还带来了一系列意料之外的消极结果。他进一步认为，由于零容忍政策在实行过程中没有考虑在环境或者课程中涉及违规的内容——特别是携带武器——会导致荒唐的、不合适的惩罚。例如，开除，对学生的负面影响多于正面影响。

当你阅读这些文章时，请问自己两个问题。首先，你认为放之四海而皆准的零容忍政策是不是真的有意义，或者它们是否剥夺了教育管理者对于违纪学生给予基于他们违纪行为的处罚的自由裁量权？其次，无论你是否赞同使用零容忍政策，你能否想出一个更好的纪律工具，使得教育管理者能够采用它来使学校保持安全和有秩序的学习环境，远离毒品、酒精和武器的威胁？

查尔斯·拉索
戴顿大学

支持观点

艾梅·弗农·吉布斯，

密歇根州底特律市狄金森-莱特知识产权律师事务所

在过去的二十几年间，联邦和各州政府非常关注学校犯罪及学生吸毒问题。在这期间，这些机构的官员实施了各种各样的措施来解决和减少有害的和经常致命的武器或者毒品的影响，特别是它们在学校内的影响。当然，学生酗酒也会带来影响。"零容忍"的概念在教育的背景下是指一种纪律理念和政策，即学校违背已有的政策规定对违规学生采取的强制性、预防性、惩罚性的开除措施。

多数公立学校为了控制严重事件的发生，已经制定了不同的零容忍政策，包括对学生在校拥有武器、酒精和毒品等行为的零容忍。零容忍政策背后的目的是通过严格纪律方式的一致性程序来阻止危险学生的不良行为。一开始，伴随着不同观点，零容忍政策的发展、修订和执行就已经带来了激烈的争论。然而，对于全面和有效预见防学生暴力和药物使用的必要性无须讨论。本文对在学校实行的零容忍政策的有效性问题进行了讨论。

历史背景

作为争论的一部分，了解零容忍政策的历史发展过程是很重要的。最初使用"零容忍"这一术语是在 20 世纪 80 年代，与"毒品战争"相关。在1989 年议会通过《联邦学校和社区无毒品法》(Drug-Free Schools and Campuses Act)时，这一政策具有了法律效力，用来禁止学生和教职员工在学校中非法拥有、使用及销售毒品和酒精。《联邦学校和社区无毒品法》要求，所有接受联邦资助的教育机构都要建立针对校园暴力的纪律性惩罚措施，否则他们的联邦资助就会被取消。因此，为了获得资金支持，大多数学校都制定了关于毒品和酒精的零容忍政策。

在 20 世纪 90 年代早期，联邦零容忍政策补充了对于在校园拥有武器的惩罚性措施。具体来说，国会以通过《学校禁枪法》的形式对武器零容忍进行了立法。该法规定，对于任何拥有枪支的学生进行停课一年的处罚，但是，美国最高法院在 1995 年废止了这项规定（Russo，1995）。重新修订的《学校禁枪法》要求，所有接受联邦教育资助的机构都必须采取措施防止校园内藏匿有武器。下面是《学校禁枪法》要求州和地方制定的政策要点：

对任何携带武器进入学校的学生给予停课一年的处罚。

对于停课的处罚，要具体问题具体分析，以保证处罚的适当性、符合《身心障碍者教育法》的自由权以及适合残疾学生的教育。

任何携带武器进入学校的学生都需要转交至司法系统。

保证如实向州教育机构报告武器相关事件，并由州教育机构每年向联邦教育部报告。

正如联邦基金规定所期待的那样，州和各地方学校已经普遍采用了零容忍政策来禁止学生携带武器、酒精或毒品进入学校，或者参加学校活动。而且，正如某些人所期待的那样，政策实施过程中的不同程序和内容已经在各州出现。因此，对于什么是"武器"或者什么样的行为会导致停课或者开除的界定，在不同的州甚至不同的学区都是不一样的。虽然如此，需要与国家层面保持一致的纪律性政策能够保证学校安全，以及促进学生在学校更好地生活。

零容忍政策的影响

保证学生在校安全是教师、行政人员、家长以及社区成员最关心的问题。尽管过去 20 年学生的不良行为有所下降，但学校枪击事件次数的急剧增加，说明学生不良行为的严重程度在上升，这说明保证严格实行大多数学校目前实行的零容政策是必须的。

武器零容忍政策

20 世纪 90 年代早期以来，学校经历着前所未有的暴力行为。90 年代是第一次大规模校园杀人案的发生期，根据全国学校安全中心的统计，在 1992—1993 学年至 1998—1999 学年，就发生了 251 起致命案件。在与学校暴力有关的 251 起案件中，78％是枪击案件，13.5％是遇刺案件，4.4％是殴打或踢伤案件，少于 2％是窒息案件，还有 3％原因不明。仅在 1996 年，就有 12～18 岁的学生在大约 255 000 起非致命的严重校园暴力事件中受伤。暴力不仅仅针对学生。在 1992—1996 年，教师在 1 581 000 起非致命的校园暴力事件中受伤，案件包括 962 000 起盗窃案和 619 000 起强奸或性骚扰、抢劫、恶性的或轻微的攻击行为之类的案件。同样令人不安的是，学生感觉自己在学校并不安全的比例。从 1989 年到 1995 年，偶尔或大部分时间觉得自己会在学校被袭击的学生的比例增长了 3％，从 6％增长到了 9％，这意味着增加了 210 万名学生。

20 世纪 90 年代，被媒体大肆宣传的大量校园枪击案，成为我们教育系统保障学生在校安全能力不足的证明。1992 年，艾特克·休斯敦给加利福尼亚州奥利夫赫斯特的林德赫斯特高中校长打电话，威胁说要拿枪在学校的集会中进行扫射。尽管学校集会取消了，但休斯敦还是拿着一把 12 颗霰弹枪和一把 22 口径步枪进入学校，杀死了 4 个人并且控制其他 80 名人质长达 8 小时。同样是在 1992 年，得克萨斯州杜罗高中的 6 名学生在拥挤的走廊内遭到枪击。一年后，肯塔基州东卡特高中的一名学生射杀了他的英语老师和心理辅导员，并且在投降之前将班级同学作为人质。这仅仅是 20 世纪 90 年代发生在我们国家学校内的少部分校园暴力案例。在 1992—1995 年，在美国共发生了 101 起校园杀人案。此外，每个人都能回忆起发生在科罗拉多州科伦拜恩中学的恐怖场景，学生们惊慌地逃离学校，因为他们的同学埃里克·哈里斯和迪伦·克莱伯德开枪打死了 11 名学生和 1 位教师，并打伤了其他 21 名学生。这种发生在学校中无意识的、随机的大规模暴力事件，不仅伤害了学生的身体，而且带来了极为恐怖的氛围。

发生在全国学校中以及在新闻中播放的这些或者其他的校园暴力事件，导致在 20 世纪 90 年代，公众特别关注学生的安全，这促进了零容忍政策的发展。尽管学校遇到的这种悲剧性谋杀的数量和比例相对较少，但任何一个事件都已经表明学校不再是学生的安全港了，暴力给他们所处的社区敲响了警钟。因此，采取对武器的零容忍政策以消除枪支在学校中的出现被广泛关注。一些保证学生安全的措施必须迅速地制定，并且还要传递这样的信息，即学校暴力是不可容忍的。

武器零容忍政策的影响

武器零容忍政策包含两个目标。一是通过强制地和严厉地惩罚措施来禁止学生将武器带进学校；二是对学生违反禁止武器的事件进行干预，并将其排除在学校之外，以确保其他学生的安全。由于在 20 世纪 90 年代严重校园暴力事件不断增加，零容忍政策的出台被认为是合适的、有预见性的，并且可以有效地解决校园致命威胁的问题。校园杀人案和其他形式校园暴力的减少表明政策达到了它的预期目标。根据国家教育统计中心（NCES）的统计结果，校园杀人案的高峰期是 1993—1994 年，从这以后没有再回到过这个水平。此外，每 1 000 名学生在学校犯罪的数量从 1993 年的 155 人下降到了 1997 年的 102 人。同样，在这一阶段，学生携带武器到学校和学生斗殴的数量也在下降。根据国家司法局的犯罪数量调查，2007 年重大暴力犯罪的比例（每 1 000 名学生中有 40 人）比 1994 年的一半还少。

执行

武器零容忍政策一直被理性地全面执行着。虽然《学校禁枪法》规定对违反武器零容忍政策的学生的惩罚时间是一年，但是《学校禁枪法》也承认，对学生不良行为的处理可以更灵活一些，学生的实际情况将影响处罚结果。"具体情况具体分析"的法律规定保证了使用开除处罚的适当性，契合《身心障碍者教育法》（IDEA）的精神以及对残疾学生进行合适教育的要求。大多数教育行政人员接受过良好培训，他们的主要目标是保证学生在安全的环境中接受良好的教育。

这些人完全有能力对事态进行评估并采取适当措施来约束学生的不良行为。这一点已经经过《学校禁枪法》修订后持枪案件发生数据的证实。根据美国教育部向国会的汇报，在 1996—1997 学年中，共有 3500 个与《学校禁枪法》相关的开除案件，同比减少了 44%。根据查尔斯·B. 弗农的研究，零容忍政策规定的惩罚措施很少在法庭受到挑战，这证明自由裁量权得到了有效行使。在向法院提起诉讼的案件中，75% 的案件中，教育部门都不是非理性的、武断的、随意的。

毒品和酒精零容忍政策

多年以来，毒品和酒精已经成为年轻人文化的一部分。这一结论来自于一年一度的对年轻人危险行为的研究，以及美国最高法院的司法认知。根据其 2002 年对波特瓦特米诉伯爵独立学区教育董事会案的第 92 号判决，法院支持对参与课余活动的学生进行毒品检测。

美国健康和公民服务部对吸毒和酗酒的年度调查报告显示，高中生在调查前 30 天内至少酗酒一次的比例在 1991—1999 年保持稳定，在 1999—2009 年呈下降趋势。值得注意的是，调查表明，2007 年学生在学校酗酒的数量与 1995 年相比下降了 50％。相应的，虽然学生违法吸毒现象仍有发生，但是吸毒学生的比例也显著下降。2009 年，吸食大麻的学生比例是 21％，没有处方而服用处方药学生的比例是 20％，吸食吸入剂的学生比例是 12％，吸食迷幻药的学生比例是 8％，服用摇头丸的学生比例是 7％，吸食可卡因的学生比例是 2％。这些数据表明了吸毒的下降趋势，1991—2009 年，学生吸食各类毒品的比例一直在下降，特别是吸食大麻的比例。

考虑到在学龄阶段的年轻人中非法吸毒和酗酒的流行以及他们继续吸食的不良后果，学校管理者必须对此严厉反对。零容忍政策就是这样一个措施，通常与以学校对于参加校级运动会或者其他校级活动的学生，包括那些开车上学的学生进行毒品检测等形式表现出来的不同监督方式配合使用。零容忍政策进行了严格规定以杜绝在学校内拥有酒精和毒品，并且保证其他学生的安全。零容忍政策以及相关的零容忍方案已经带来了在 1991—2009 年的高中生吸食各类毒品，特别是大麻数量的下降。

结论

对大多数政策影响和功效的评价需要一个纵向的视角。这一观点对于像零容忍政策这样的在一个复杂社会环境中（如全国的学校）实行的一个政府间的政策是特别正确的。比如，持反对观点的文章所列举的对零容忍政策的反对，以及那些认为零容忍政策在保证学生安全问题上没有效率的看法，就是没有从纵向的视角来看待的结果。这些批评没有认识到，威胁效应以及学生安全问题的增加是多年来累加的结果而不是一瞬间的事。因此，暴力行为与酒精和毒品使用的减少变得明显，需要零容忍政策颁布数年以后才能显现。

此外，即便枪支和毒品在学校中没有被完全消除，但是这些行为的存在数量远远低于没有采用严格和明确的纪律禁止学生拥有武器、毒品或酒精的零容忍政策之前的情况。总之，尽管持反对观点的文章有不同意见，但是零容忍政策确实可以减少学校暴力，以及学生拥有酒精和毒品的数量。总的来说，20世纪90年代发生在校园的严重事件的数量开始减少，杀人案件的比例在1993—1994年达到顶峰，从这以后再也没有回到过这个水平；在过去的几十年间，高中生使用各种形式的毒品的数量也在不断下降。

反对观点

查尔斯·B. 弗农，扬斯顿州立大学

半个世纪以来，旨在消解不同社会问题的政府政策方案教会我们，联邦政策或许并不总能实现政策制定者制定政策的目的。过于频繁的政策总是带来意想不到的消极后果。在联邦和州层面通过并实施的零容忍政策是在提醒人们这些教训，零容忍政策在某种程度上是由 2004 年《学校禁枪法》(GFSA)决定的。

与持支持观点的文章赞成零容忍政策相反，本文认为零容忍政策并没有使学生吸毒和酗酒的行为减少，而且政策也会带来许多意想之外的消极结果，甚至提出了一个无效且有害的方法来促进学生和学校安全。

零容忍政策的无效

武器零容忍政策

没人会质疑采取强硬立场来反对学校暴力及学生使用毒品和酗酒行为的零容忍政策的根本目的。但是，和其他从受欢迎的如"零容忍"的呼唤中进化而来的政策一样，这项政策的设计、实施和结果都不是积极的。虽然采用《学校禁枪法》和它的零容忍规定看来或许是"好的政策"，但是并没有证据表明它达到了政策设计的目的。事实上，缺少足够的有效数据来证明，零容忍政策确实阻止或者以某种方式减少了学生携带武器到学校或者在校内吸毒和酗酒的行为。虽然，20 世纪 90 年代以后，学生在校死亡的数量一直在下降，但是在学校中仍然存在着典型的不良行为和纪律问题。

此外，虽然学校杀人案的数量从 1992 年到现在一直在减少，但是 1992—1998 年其数量并没有很大的变化，持续下降到 28～34 人后，杀人案并没有持续下降或上升的趋势。值得注意的是，最知名和致命的校园枪击案是 1999 年发生在科罗拉多州的科伦拜恩校园枪击案，这一事件是在零容忍政策实施 4 年后发生的。仅自 2000 年以来，与学校相关的凶杀案的记录持续大幅下降，抵消了这种改变可以完全或主要归因于 6 年前采用武器零容忍政策的意见。

一个类似的情况是，对 9～12 年级的学生在过去 30 天内携带枪支到学校的情况的调查报告。虽然这一比例从 1997 年的 11％下降到了 2007 年的 6％，但是在零容忍政策生效的 20 世纪 90 年代中期，这一比例并没有明显下降。9～12 年级的学生表明，他们在学校被武器威胁或受伤的比例在 1993—2003 年也没有明显变化。事实上，据国家教育统计中心的学校犯罪指标和安全报告，这一比例在这一期间由 7.3％上升到 9.2％，这进一步否定了 1994 年《学校禁枪法》关于武器零容忍政策的积极影响。

关于酒精和毒品的零容忍政策

在关心枪击问题之前，年轻人吸毒和酗酒的问题就已经被家长、教师和政策制定者所关注。根据疾病控制与保护中心在 2009 年对年轻人危险行为调查的结果，在 1991—1999 年，学生吸毒和酗酒问题没有什么显著变化。这一问题的下降是从 2003 年以后开始的。

关于酗酒的问题，9～12 年级学生在学校酗酒的比例（4.2％）在 1993 年和 2003 年是相同的。9～12 年级学生吸食大麻的比例在这段时间有轻微上升，从 5.6％上升到 5.8％。2003 年以后，年轻人以各种形式吸毒的比例呈明显下降趋势，包括最近流行的大麻、处方药的滥用等。

初中生在学校容易获得毒品的比例在 2003 年（24％）到 2007 年（22％）间没有什么明显变化。根据 2009 年的年轻人危险行为的报告，继续在学校使用毒品与 9～12 年级学生吸毒比例的下降之间形成了鲜明对比。对这一矛盾最容易的解释就是，实行毒品和酒精预防项目的学校比例的增加（80％的学校）与采用零容忍政策的影响相反。

因此，虽然学校制定并执行了零容忍政策，但学校暴力和学生吸毒及酗酒的问题对于学校安全来说仍然是本质上的威胁。事实上，这种简单的政策解决方案通常是暂时的，还需要采用更加有效的方法来保证学校安全。

无意识的结果：大量且消极

没有证据表明，零容忍政策达到了它的预设目的，却有大量证据表明零容忍政策给本来要保护的学生带来了意想不到的伤害。这些意想不到的结果是由不同原因造成的，却同样给孩子带来了消极影响，原因如下。

1. "武器"零容忍政策的死板执行已经带来了荒谬的结果，这些荒谬的结果给孩子带来了伤害，也使公立学校和学校管理的可信度大打折扣。

由于政策的强制性语言和预先确定的结果，零容忍政策通常按照字面意思来执行，没有考虑政策设计的深层意义。这导致零容忍政策否认了学校管理者自由裁量权的使用，经常导致荒谬的和极不合适的对学生的惩罚。虽然《学校禁枪法》规定，当地负责人有权对给予停课一年惩罚的具体问题进行具体分析，以保证惩罚的适当性，但是最近大量实例表明，这种自由裁量权的行使是匮乏的，而且政策执行的方式被认为是缺乏常识的。

通常来说，当把零容忍政策作为掩盖学生不良行为的政策来执行时，这通常是不公正的。因为在执行中不考虑拥有武器的具体原因及周边环境，如武器本身、学生年龄、拥有武器的原因、学生使用武器或制造伤害的意图等。零容忍政策过度死板执行的例子有很多，并且影响都非常不好。

四名幼儿园的学生在玩警察抓小偷的游戏时，因为把手假扮成枪而被停课，因为他们的行为被认为是在"制造威胁"。

一名幼儿园的小朋友因为携带了一把玩具斧子到学校而被停课，但事实是这把斧子是他万圣节消防员装扮的一部分。

一名5年级的学生在吃午饭时发现她的母亲给她带了一把塑料刀用来切苹果，她一发现就把刀交给了教师。但这名学生还是被开除了。

一名7年级学生，在看完电影《十月的天空》之后，用薯片罐做了一个火箭并把它带到学校。这名学生因为学校管理者把这个火箭归类为武器而被停课。

一名14岁的女孩因为给了同学一片止痛片，而被脱衣检查和停课。

一名高年级学生因为让同学们投票选出哪个管理者最像大鸟、女巫或者死尸而被停课。学校管理者认为这个投票行为构成了对管理者的死亡威胁。

一名高中生在喝了李施德林漱口水（强生公司生产的一种漱口水）后被停课，因为他违反了学校禁止喝酒的规定。

正如我们所看到的，这种死板的和不适合的惩罚不仅对纠正学生的行为是无效的，而且对学生未来的成功教育是有害的。这种荒唐的结果给学生带来不信任，并逐渐失去了家长的支持及社区对公立学校及学校管理者的判断的信任，历史上的情况也总是如此。

2. 零容忍政策事实上增加了学校开除学生的比例，而不是通过严格的纪律规范来阻止学生的不良行为。

采纳零容忍政策的学校中，在一个学期内，学生被停课的数量明显增加。根据美国教育部进行的公立学校公民权利调查，零容忍政策实施3年前的1992年，学生停课数为235万，《学校禁枪法》实施3年后的1997年，学生停课数为336万，增加了43%。

这种戏剧性的增加，不是由于学校管理者首次限制学生拥有武器或毒品，而是因为学校长期以来就有这样的规定，也不是通常人们认为的停课数量的增加反映了零容忍政策严厉限制的两种不良行为达到的一个高峰。实际上，即使零容忍政策实施前没有因为携带武器而被停课或开除，根据国家教育统计中心的学校犯罪与安全的数据，在1996—1997学年也将会有近17 000名学生被停课。虽然被开除和被停课学生的数量首次上升或许是因为人们对零容忍政策的期待与配合，但是其震慑作用并未发挥出来。在一个学年内，一次或多次被停课的学生数量从未少于300万人，更不要说回到零容忍政策出台前的235万人。

此外，就像联邦和各州对《学校禁枪法》的回应一样，他们中的大多数扩大了零容忍政策的内容，包括了非常广泛的学生不良行为，学校通常有权使用停课处罚，即使和《学校禁枪法》呼吁的一年期的停课不一致。学生的行为没有威胁到其他学生或者学校而被停课或者开除的数量是很多的。停课通常与学业成绩恶化、复读、最终辍学等有较大关系。此外，大量研究表明，学生离开学校后开始犯罪，未来被监禁的可能性就会增加。由此可见，仅仅关注关于学校安全威胁的零容忍政策，给没有守法的学生带来了有害的影响。

最后，将除了有严重事件必须开除的学生以外的学生从学校开除，可能会使政策本来想消除的典型行为被长期保留下来。学生被学校开除就远离了受成年人监督的环境，这些成年人是经过特殊培训来帮助学生成长和发展成为有责任的公民的，这是美国普通教育的基本目标。实际上，在某种程度上，学校杀人案、拥有武器以及吸食毒品的情况从 1994 年开始就在逐步减少。这一现象的出现并不是因为学校对学生的开除，而是学校教育的增加和采用了预防措施的结果。

3. 零容忍政策增加了开除有色人种学生的比例而不是缓解了政策支持者所说的教育不公平。

零容忍政策的支持者声称，政策将会保证学校惩罚的正当程序，并且能够消除通常人们认为的有色人种学生比白人学生更容易违反纪律的观点。虽然一个貌似可信的政策出台了，特别是拥有武器或者吸毒这一客观现象就是违反了学校规定，但是与主观决定相比，政策的优势并没有得到实现。事实上，相反的效果却发生了。《学校禁枪法》所支持的零容忍政策生效后的 1992—1993 年，有色人种学生被开除的数量由每千名学生中 113 人增加至 143 人，增加了 27%，远远超过了白人学生每千名学生中的从 45 人到 55 人。有色人种学生和白人学生被学校开除的不成比例的现象直到今天还在大多数的州和学区存在。

对于已经处在不利地位的这些人来说，受教育机会的恶化不是因为他们违反了学校管理武器和毒品的规定，而是因为学校采用零容忍政策开除学生时的不够重视或者高度主观，如"不尊重"或者"不服从"。强制开除和过度重视学校的零容忍政策，毫无疑问会导致种族成就差异以及不同的辍学率。这不仅危害有色人种学生，也危害学校、社区和国家的利益。

    4. 按照《学校禁枪法》对于学校无武器的要求制定的涉及警方的扩充条款，包括学校建立起来的对轻微不良为的改正方式，对于学生有毁灭性的和潜在的长期影响。

    作为接受联邦资助的一个条件，《学校禁枪法》要求学校管理者将发现学生拥有枪支的具体情况，向当地执法部门或者少年司法部门汇报。但是零容忍政策和《学校禁枪法》要求的学校管理者对轻微不良行为处理的扩充条款，创造了一个被称为"学校至监狱通道"的事物。美国公民自由联盟和全国有色人种协进会发展项目列举了学校依赖停课和利用警察进行管理的例子，如处理像携带手机或 iPad 上学、吸烟、逃课这样的纪律问题。对这些学生的传统的处理方式是，将其叫到校长办公室而不是将其送进拘留所。

    "学校至监狱通道"已经引发了广泛关注，因此一些公开的案例证明了零容忍政策的过度运用。例如，一名患有多动症的学生在排队等饭的时候告诉其他孩子不能吃土豆，否则他就要把他们赶出去，这件事发生之后，该生就遭到了处理。这名 12 岁的学生因为制造"恐怖威胁"而被关了两个月的禁闭。另一个例子，佛罗里达州一名 6 岁的小女孩因为在幼儿园发脾气而被戴上手铐，送到县监狱。

    虽然这些案例得到了许多媒体的关注，但是警察参与学校的轻微不良行为管理并不是个案。例如，发展项目发现，佛罗里达州在 2004—2005 年，接近 27 000 个学校事件涉及地方的少年司法部门。学校在很大程度上不仅放弃了权威的范围，而且放弃了利用拒绝特权、禁闭、咨询、在校内外的一段时间停课等传统的方法来培养学生社会化的责任。取而代之的是，学生会在长期生活中被贴上犯罪的标签，即使他们所犯的仅是拥有电话、不服从或者逃课这些在成年人世界里不可能构成犯罪的事情。

结论

    本文的论点是，零容忍政策没有减少学校暴力、学生吸毒和酗酒等问题，这样的政策反而带来了很多意想不到的消极结果，具体表现为用一个无效的和经常有害的方法来促进学生和学校安全。

对于学生的严重不良行为，教育管理者需要的是预防而不是逃避问题。在促进学校安全这一问题上，学校的介入更有可能获得成功，而不应是把学生从一个由经过训练知道如何促进学生发展的监督者的环境中开除。教育组织应该寻找到在事情发生之前就进行阻止的方法或者通过接触减少这类事情再次发生的可能性。

拓展阅读资料

American Psychological Association Zero Tolerance Task Force. (2008). Are zero tolerance policies effective in the school? An evidentiary review and recommendations. *American psychologist*, 63(9), 852-862.

Baum, K., Dinkes, R., Kemp, J. & Snyder, T. D. (2009, December 10). *Indicators of school crime and safety: 2009.* Washington, DC: National Center for Education Statistics, Bureau of Justice Statistics. Retrieved from http: //bjs. ojp. usdoj. gov/index. cfm? ty=pbdetail & iid=1762

Boylan, E. & Weiser, J. (2002). *Survey of key education stakeholders on zero tolerance student discipline policies.* Newark, NJ: Education Law Center.

Casella, R. (2003). Zero tolerance policy in schools: Rationale, consequences, and alternatives. *Teachers College Record*, 105(5), 872-892.

Centers for Disease Control and Prevention. (2010, June 4). *Youth risk behavior surveillance-United States*, *2009* (MMWR Surveillance Summaries No. SS-5). Retrieved June 17, 2011, from http: //www. cdc. gov/mmwr/pdf/ss/ss5905. pdf

Martin, R. (2001, February). *ABA Juvenile justice policies: Zero tolerance policy report.* Chicago: American Bar Association.

NAACP Florida State Conference and Advancement Project. (2006). *Arresting development.* Retrieved September 2010 from http: //www. advancementproject. org/sites/default/files/full%20report. pdf

National Institute on Drug Abuse. *Monitoring the Future study.* Retrieved from http: //www. monitoringthefuture. org

Russo, C. J. (1995) United States v. Lopez and the demise of the Gun-Free School Zones Act: Legislative over-reaching or judicial nit-picking? *Education Law Reporter*, 99

(1)，11-23.

U. S. Department of Education. (2002，July). *Report on state/territory implementation of the Gun-Free Schools Act.* Washington，DC：Author.

U. S. Department of Education. (2004，January). *Guidance concerning state and local responsibilities under the Gun-Free Schools Act.* Washington，DC：Author.

U. S. Department of Education，Office for Civil Rights. (2006). *Civil right data collection.* Retrieved from http：//ocrdata. ed. gov[multiple years comprise the collection]

U. S. Department of Health and Human Services. (2009). *National Survey on Drug Use and Health：Summary of national findings.* Available from http：//oas. samhsa. gov

U. S. Department of Justice，Bureau of Justice Statistics. (2007). *National Crime Victimization Survey.* Retrieved May 4，2011，from http：//bjs. ojp. usdoj. gov/index. cfm? ty=dcdetail&iid=245

判例与法规

Board of Education of Independent School District No. 92 of Pottawatomie v. Earls，536 U. S. 822(2002)，on remand，300 F. 3d1222(10th Cir. 2002).

Colvin ex rel. Colvin v. Lowndes County，Mississippi School District，114 F. Supp. 2d 504(N. D. Miss. 1999).

D. K. ex rel. Kennedy v. District School Board Indian River County，981 So. 2d 667 (Fla. Dist. Ct. App. 2008).

Drug-Free Schools and Campuses Act of 1989，20 U. S. C. § 1145g.

Gun-Free Schools Act，20 U. S. C. § 7151(2004)，GFSA originally enacted as part of Goals 2000：Educate America Act (Public Law 103-227)，reauthorized in Improving America's Schools Act of 1994 (Public Law 103-382)，and again as part of No Child Left Behind Act of 2001(Public Law 107-110).

Gun-Free School Act of 1994，20 U. S. C. § 8921.

Individuals with Disabilities Education Act，20 U. S. C. A. § 1415(k)(1)(G)(ii).

Lyons v. Penn Hills School District，723 A. 2d 1073(Pa. Commw. Ct. 1999).

Ratner v. Loudoun County Public Schools，16 Fed. Appx. 140 (4th Cir. 2001)，cert. denied，534 U. S. 1114(2002).

Seal v. Morgan 229 F. 3d 567(6th Cir. 2000).

话题 3

如果学校零容忍政策背景下被处罚的有色人种学生过多,该政策是否应该被废除?

支持观点:斯宾塞·C. 韦勒,北科罗拉多大学

反对观点:卢克·M. 科尼利厄斯,北佛罗里达大学

概　述

正如我们在第二章所讨论的，虽然在毒品和暴力方面实行零容忍政策并不能完全消除此类行为，但在美国还是有许多学校董事会采用了这一政策以减少这些令人头疼的问题。至于这一方法是否明智，以及它是否应该为那些严重的犯罪方式而保留等问题，我们暂且不论。法院已经对零容忍政策有了一些消极的态度，认为这种方法作为解决一系列严重问题的"万全之策"，并没有赋予学校官员足够的自由裁量权。

尽管对于零容忍政策讨论的热度已经有所减退，但是该政策的实行已经产生了一些意想不到的结果。换句话说，在兴起采用零容忍政策的过程中，有色人种学生或少数族裔学生在美国公立学校中被停课或被开除的比例过高的现象，是非常令人吃惊的。

正如国家教育统计中心公布的报告所述，在 2007 年，有 15.6％的白人被停课且只有 1％的人被开除。相反，非洲裔学生被停课和被开除的比例分别为 42.8％和 12.8％。此外，西班牙裔学生的被停课的比例和被开除的比例分别为 21.9％和 3.0％（NCES，2010，Table 17b）。如果对这组数据按照性别做进一步筛选，这种不对称性将体现得更加明显。在非洲裔男性学生中，有 49.5％的人被停课，16.6％的人被开除。相比较而言，西班牙裔男性学生的被停课率和被开除率分别为 29.6％和 3.1％，而白人男性学生则只有 21.3％和 1.3％。

这些令人震惊的关于有色人种学生被停课和被开除的不对称的数据的存在，以及关于少数族裔学生和零容忍政策的诉讼的相对缺乏，足以证明法庭（更不要说教育官员）还没有充分意识到这一问题。因此，需要一种有助于学生个人和学校系统的方式，来处理零容忍政策和少数族裔学生的惩罚之间的关系。

反观这组数据则可以得到不同的解释。在本章，持支持观点和反对观点的文章采用不同方法，来证明零容忍政策导致有色人种学生被停课或被开除的观点是否合适。持支持观点的文章的作者斯宾塞·C.韦勒提出，零容忍政策应被禁止，因为学校采取这一方法处罚的学生中有色人种学生人数超标了。他反对采用零容忍政策不仅是因为这一政策对弱势群体学生有消极影响，还因为这一政策并不能在现在高辍学率的阶段改变学生的表现，并可能导致更加令人头疼的社会问题。取而代之，斯宾塞·C. 韦勒建议学校官员应采取诸如恢复性的政策，对于那些违反校规的学生，不应占用课外时间来补偿他们的所作所为，这样做将会使他们的学习成绩落后得更远，增加他们辍学的风险。

相反，持反对观点的文章的作者卢克·M. 科尼利厄斯提出，有色人种学生的高停课率和辍学率只不过是美国社会与学校中社会和种族分化的结果。他提出，即使零容忍政策对少数族裔学生有一些影响的假设能够成立，但这并不能有效证明取消这一政策是必需的。他补充道，与常态不同，在比例较小的案件中，当零容忍政策应用在相对狭窄的少数民族问题上时，法庭通常拒绝证明零容忍政策是无效的。卢克·M. 科尼利厄斯总结道，因为不同学校之间较大的违纪率差异的确切原因尚不明确，因此零容忍政策应被采用，因为采取更为传统的惩罚方式将会增加少数族裔学生和大多数学生被停课或被开除的可能。

当你读到这些文章时，请你先问自己两个问题。第一，假设零容忍政策在某地被允许，学校官方是否真的可以在用开除或停课等方式处理品行不端学生的过程中保持种族中立。第二，学校董事会会采用在 2004 年由《身心障碍者教育法》重新授权的政策和程序对待少数民族学生吗？换句话说，这一章中的文章对处理这一问题都毫无意义，也没有必要去解决，因为《身心障碍者教育法》明确要求学校官员制定政策和程序，以防止过度区分和不合适的种族区分。当学校采取零容忍政策时，使用适当的方法惩罚学生是有助于避免白人和少数族裔学生在统计数据上的不平衡，还是会有制造更大的不公平的风险？

查尔斯·拉索
戴顿大学

支持观点

斯宾塞·C. 韦勒，北科罗拉多大学

我永远都不会忘记当我在弗吉尼亚一所中学当校长助理时发生的一件事。那天早上，学生们都因为学校内有缉毒犬而激动或害怕进入学校。中午的时候，一名学生告诉我，有一名学生携带了香烟，我请这名学生到了我的办公室，问他我在他的书包里是否能找到本不应该出现的东西。他说，我在那能找到一把枪，我随后没收了一把小钢珠枪。在调查过程中，我发现，没人见过这把枪，而且这个家庭经济状况较差的学生把枪带到学校是为了卖了它，以赚钱给他妈妈买圣诞礼物。然而，按照相关政策的规定，我唯一能做的就是我必须将这名学生交给校务委员会处理并可能会开除他，因为对于武器，学校采取的是零容忍政策。

零容忍政策的目的在于，在公立学校为学生建立一个安全的学习环境并预防及消除潜在威胁。威廉姆·哈夫特（2000）提出："开除是获得并维持安全环境的必要手段。"（p.797）尽管这篇文章质疑了零容忍政策的价值，特别是在对那些有色人种学生的使用上，但这并不是说教师可以对多数学生相对宽松。并且，学校领导者"有责任使用所有有效手段去维持并营造一个安全且规范的学习环境"（Skiba，2008，p.852）。但是，什么样的手段才能真正确保学校安全呢？

本文表达的观点是反对将零容忍政策是一种保证学校安全的手段，并且本文探索了一种更有弹性的方法来规范学生，以赋予学校管理者为确保学校安全以教育所有学生——包括有色人种学生——的权力。值得一提的是，本文回答了"零容忍政策是否因为有色人种学生的比例过高而应被废除"的问题。

历史背景

纪律已经从单纯的体罚，发展到由教师决定和选择适当方式，再到现在由管理者来负责处理大部分的在校违纪行为。

正如第二章所讲，这一实践首先出现在 20 世纪 80 年代，但是直到 20 世纪 90 年代，并没有在美国公立学校大规模使用。最初的零容忍政策主要针对的是学校内的毒品和枪支，但是随后扩大到包括"吸烟、酗酒、打架、恐吓甚至是辱骂"等威胁学校安全学习环境的因素（Price，2009，pp. 544-545）。

零容忍政策的提出"是为了延缓或防止公立学校学生偶发性的违规行为"（Haft，2000，p. 796；Lospennato，2009，p. 529）。这些政策目的在于促进学校安全和规范，并且有"绝对的惩罚性（Hanson，2005，p. 302）"。然而，零容忍政策致力于区分严重和轻微的违纪行为，并且公平对待所有违纪行为。比如，零容忍政策并不区分学生拥有止咳药还是拥有毒品，或者他们是用指甲锉还是用枪对其他学生造成威胁。

零容忍政策和种族

本文鲜明地认为，零容忍政策不仅对有色人种的学生没有好处，而且对所有学生都不利。

纪律和种族的历史

历史上，美国公立学校的惩罚制度似乎并没有被赋予过公平和公正。在美国最高法院做出布朗诉教育局案(1954)这一里程碑式的判例 20 年之后，少数族裔学生被开除的可能性是白人学生的 2～3 倍（Skiba，2001，p. 176；Skiba& Peterson，2000，p. 339）。这是因为少数族裔学生更易犯罪而被开除，还是因为我们对待他们与对待白人学生的标准不同？现在这一问题已经很难回答了，但是数据似乎证明这一不公平现象的结果是由于种族差异。

零容忍政策得以普及的一个重要原因在于，其对因学生肤色差别而受到不同对待现象的反应。零容忍政策被视为是消除学生违纪行为与主观意识之间关联的一个重要措施，如果零容忍政策能够成功区分违纪行为与主观意识之间的关系，那么它的支持者就认为，被处分或开除的学生比例将与亚群体类似，而与种族无关。

关于纪律与种族的数据

在公立学校中，有色人种学生相较于白人学生似乎更有可能被停课或被开除。表 3-1 所体现的 2006 年被停课或被开除的学生的百分比，是根据人种和性别来分析的。这表明男性和少数弱势群体的学生更容易被停课或被开除。2007 年，国家教育统计中心也报道，白人学生的停课率是 21%，而黑人学生的停课率为 49%，西班牙裔为 30%（NCES，2010）。丽贝卡·戈登，里伯罗·黛拉·皮安娜和特里·凯莱赫（2001）总结这些数据时认为："非洲裔学生和拉丁裔学生相较于他们的白人同学来讲更容易、更可能被停课或者被开除。"(pp. 165-166)

表 3-1　2006 年基于性别和种族分类的被停课和被开除学生的比例

分类	停课比例	开除比例
男生	9.1%	0.3%
女生	4.5%	0.1%
白人	4.8%	0.1%
黑人	15.0%	0.5%
西班牙裔	6.8%	0.2%
亚洲/太平洋岛民	2.7%	0.1%
本土美国人	7.9%	0.3%

数据来源：国家教育统计中心，2006，表 28-1.

种族差异的诠释

理想状态下，学校管理者在处理学生被停课和被开除问题时应当完全是基于行为的严重程度而进行的。然而事实恰恰相反。表 3-2 表明了公立学校中学生种族分布的情况及不同种族学生被停课和被开除的比例。

根据这组数据，尽管有色人种学生只占学生总数的 35%，但是黑人学生约 42.8% 的停课比例和西班牙裔学生 21.9% 的停课比例，远远高于白人学生 15.6% 的停课比例。而且，只有 1.0% 的白人学生被开除，而黑人学生和西班牙裔学生被开除的比例分别为 12.8% 和 3.0%。

表 3-2 2007 年根据种族区分的被停课与被开除学生的比例

种族	在公立学校的比例	停课比例	开除比例
白人	58%	15.6%	1.0%
黑人	17%	42.8%	12.8%
西班牙裔	18%	21.9%	3.0%

数据来源：国家教育统计中心，2007；2010，表 17b.

由数据可以看出，有色人种学生被停课或被开除的比例远大于白人学生，在缺乏足够证明的情况下他们被冠以品行不端的说法，现行惩罚体制的某些方面导致了对有色人种学生的惩罚过多。

纪律系统中的不公平

令人尴尬的是，纪律系统中的种族差异是早于零容忍政策产生的。零容忍政策导致了被停课和被开除的学生总数的上升，这一严格的措施使得种族差异问题变得更加明显。伯娜丁·多恩（2001）阐明了以下两个重要的观点："任何学生都不应该被剥夺受教育的权利；所有学校的惩罚措施都应保证公平、公正、区别对待。"（p.106）第一，没有什么惩罚应该剥夺孩子受教育的机会，该观点会在后面详细论述。第二，强调惩罚措施必须公平、公正，对不同孩子区别对待。零容忍政策不能保证对有色人种学生的公平，是因为该政策不能区别对待严重违纪和一般违纪的问题。

通过观察不同种族与民族的学生被停课、被开除的比例，我们可以发现，零容忍政策并不公平。并且，当考虑学生的违纪行为和后果时，零容忍政策并没有考虑他们的个人情况。零容忍政策不允许管理者在惩罚学生时分析他们的动机。

公共教育的目的是为了促进所有学生的发展，使其成为"终生学习者，有道德和民主意识的公民，和更有能力，可以自我丰富的年轻人"（NMSA，2003，p.1）。学校存在的意义在于教育孩子，在他们成长过程中教给他们成为对社会有贡献的居民所必备的能力。学校的存在不是为了惩罚学生，尤其是有色人种学生。这并不是说学校管理者不应该惩罚学生，而是强调惩罚并不是学校的核心目的，惩罚措施应该致力于保证每一名学生都拥有一个安全的学习环境，同时帮助犯错者改正他们的行为。

少数民族学生更容易被停课和被开除的事实，突出了零容忍政策管理的不一致性，这个不一致性的含义到底是什么？

种族差异的影响

改变行为的失败

埃里克·布卢门森和伊娃·尼尔森（2003）将零容忍政策比喻为，试图"通过识别和训练一群孩子来更好地保护和教育另一群孩子"（p.75；Skiba，2008，p.852）。以将学生排除在学校教育体系之外做为零容忍政策的根本前提，这与大多数努力为所有学生做好事的教师的教育哲学背道而驰。零容忍政策的问题是，不讲证据，只依赖于以暴制暴，这样他们就可以说"我们阻止了校园暴力事件的发生"（Skiba & Peterson，2000，p.335）。

零容忍政策在遏制消极行为方面很低效，因为他们的管理并不一致，因此传递了不明确的对学生有害的信息。零容忍政策对有色人种学生可改正的行为进行了过度惩罚，导致抑制学生不良行为的失败。所以，零容忍政策似乎是瞄准了有色人种学生，"这一失败的政策再度分裂了我们的学校"（Lospennato，2009，p.541）。为了确保学校的安全，教师必须让那些学生停课或开除他们，而并不是与违反零容忍政策的有色人种学生共同努力。这些政策使得有色人种学生变得更加孤独和孤立，这也使他们成为"潜在的动乱之源"（Haft，2000，p.803）。

有色人种学生辍学率的升高

罗纳德·劳斯潘纳（2009）报告说，在亚拉巴马州"平均每天有417名学生延期毕业，有7名学生被开除"（p.530）。国家教育数据统计中心的数据显示，平均每天达到18 493名学生被停课，567名学生被开除。那些有色人种的学生究竟怎么了，要让他们为自己的行为付出被剥夺受教育权的代价？停课或开除的惩罚与学生辍学之间存在很大的关联（Hanson，2005，p. 330）。原因之一是那些经常被停课或长期被开除的学生更有可能会为返回学校而努力斗争。此外，如果他们在校外期间没有接受任何指导，那么他们再重新回学校的时候可能会有退化的情况发生。布鲁曼森和尼尔森（2003）认为，零容忍政策创造了一个"疏远的，受教育不足的阶层，而且这个阶层的规模在扩大，更加令人绝望，更加根深蒂固"（pp. 83-84）。

虽然学校的目的是将违反学校规定的学生移出学校，但讽刺的是，零容忍政策使政策目标转变成为"旨在将孩子们置于学校危险之中的长期运动"（Blumenson & Nilson，2003，p. 66）。这违背了首席大法官厄尔·沃伦在布朗案中的话："如果一名学生拒绝了受教育的机会，那么他的一生将与成功无缘。"（p. 493）零容忍政策通过剥夺学生受教育的机会，来让他们为自己行为负责的方式，剥夺了他们拥有成功人生的机会。

零容忍政策和目的

零容忍政策在处理一些后果严重的行为时，并没有考虑这些行为发生的意图是什么，而这却是法庭在衡量罪行时需要考虑的一个重要因素。（相较于评价特定行为的危险性而言，零容忍政策并不考虑情有可原的因素对于行为的影响。）这就导致有色人种学生得不到在安全的、对他们的未来没有风险的学习环境中成长的机会。最后的结果就是零容忍政策"对待最危险的学生"就像是"对待偶尔犯错误的好学生"一样（Hanson，2005，p. 316）。

有色人种学生入狱的通道

零容忍政策剥夺学生受教育权的一种方式是"将他们引起不好结果的行为，重新定义为犯罪"（Blumenson & Nilson，2003，p. 86）。学校、少年法庭和拘留所通常被认为是学生从"学校至监狱的通道"（Price，2009，p. 542）。不可否认，诸多因素促进了"学校至监狱的通道"的形成，但是零容忍政策是其中最基本的因素。尽管在过去 20 年里学校的犯罪率维持平稳，但是青少年犯罪率却变为原来的两倍。

社会资源的浪费

零容忍政策导致辍学率的增加，表明了这一政策对社会资源的浪费。

不幸的是，在美国，有色人种学生的辍学率最高（Gandara & Contreras，2009，p. 29）。阿法瑞拉·哈森（2005）把辍学所代表的支出描述为"向社会提供了一个未受教育的、受教育不足的或者没有一技之长的人"（p. 338）。因此，零容忍政策拒绝给那些在学校中没有选择性的有色人种学生受教育的机会，"这不仅是对个人，同时也是对我们每个人的无法挽回的伤害"（Blumenson & Nilson，2003，p. 68）。零容忍政策现在经常责备一些学生，尤其是少数民族学生，责备他们靠社会支持为生，没有努力生活，而不是把所有学生都教育成对社会有贡献的人。这导致了那些没有高学历的人很可能被解雇，然后向政府寻求帮助，最终走向犯罪，这造成了一种社会浪费（Alliance for Excellent Education，2009）。

改变惩罚学生的方式

在持续的争论中，反对在公立学校实施零容忍政策的人认为，官方应该寻求新的策略来矫正学生的行为，并授权犯错的学生从他们的经验中吸取教训，以保证所有学生的安全。一个路径是通常我们所说的重塑公正。通过定义来重铸公平系统，"涉及通过吸引人来改变关系：应该和他们一起做事，而不是因为他们或是为了他们而做事——同时提供高控制和高支持"。哈夫提出了重塑公正的原则。他认为，当重建和维护健全的学校组织时，犯罪者必须承担他们的罪行。重塑公正需要犯罪者为他们的犯罪后果付出代价，但不能占用学校时间。不是像零容忍政策所做的那样仅仅开除有色人种学生，重塑公正应当可以使人从错误中学到东西。

结论

美国律师协会批评零容忍政策说："因为他们用一种危险的，万能的开除方式代替了个性化和公平的方式。"（Dohrn，2001，p. 106）零容忍政策导致有色人种学生在很多方面的失败，它应该被废除。

一名学生因为带弹珠枪到学校，而被开除并最终辍学。因为零容忍政策的相关规定，这名孩子很有可能失去未来。如果学校董事会重新审视这些政策，用心体会，他们可以发自内心地去关心有色人种学生，并且寻求其他的惩罚方式。

反对观点

卢克·M. 科尼利厄斯，北佛罗里达大学

　　废除零容忍政策的理由有很多。我不禁想起一个很令人绝望的案例。一名11岁的特拉华州的小女孩收到了其祖母寄来的生日礼物，包装盒里有蛋糕店赠送的用来分蛋糕的塑料刀，这名女孩被举报违反了学校的零容忍政策，最后这名小女孩因为违反学校的规定而被强制开除。在美国另一端的得克萨斯州，一名屡获荣誉、很有名的学生运动员开车参加一个慈善之夜，因为要回学校参加训练而要提前离开，由于没有注意，他被发现从包里掉出一把十英寸长的切面包的刀。最后，他被开除了并去了另类学校。在美国田纳西州还有一个有名的案例，有一名学生将一把小刀藏在手套里以模仿同学而被开除了，但是最后又赢得了回到学校读书的机会。例子还有很多，在零容忍政策下，学生可能因为携带过长钥匙链到学校而被作为可能杀害同学的武器而被开除。

　　至少在"逸事"层面上，零容忍政策已经导致了一系列荒谬甚至是粗暴的不公，这样很难达到合法性。从纯法律的视角来说，这些政策全都忽略了应建立一种"基于资源学习和了解"的政策，这一政策需要建立在刑法制度之下，且要体现以控制为基础的为犯罪行为负责的基本精神。

　　零容忍政策所依据的法律和逻辑错误经常破坏公平这一目的。正因为如此，这一政策很难去评价，更难去维护；这篇文章也并没有试图去这么做。然而，无论这一政策存在什么问题，无论它们的修改或废除有什么样合理的原因，它们对少数民族的应用却并不是其中的原因。正如以上所举的例子所证明的，不公正地使用零容忍政策和基于不同种族区分所采取的不同措施，都不能成为合理解释在美国支持学校采取零容忍政策的理由。因此本文提出，相较于那些比较有弹性的惩罚政策来说，零容忍政策可能更忽略了人种的差别。本文的态度是认为零容忍政策对有色人种学生比其他政策更公平。

讨论

正如前面提到的，本文首先关注的是学校纪律中的种族问题。使用国家教育统计中心的数据，调整自己采集数据的信度和效度问题，确实看起来非洲裔学生的停课比例可能是白人学生的两倍，西班牙裔学生要比白人学生多 50%。但是，这种种族比较也的确忽略了更多的信息。难道我们不应该关注白人学生的停课比例和辍学比例比亚裔学生更高吗？持支持观点的文章并没有提到这一点。更何况，这些能证明零容忍政策存在的问题吗？

在不知道学生被停课或被开除，到底是因为零容忍政策还是因为其他非强制性政策的情况下，只能说有色人种学生的高开除率是因为学校领导者对他们给予了过于严厉的处罚，他们更倾向于对其使用严厉措施的人中不仅包括有色人种学生，还包括那些在经济和社会地位上较差的非少数民族同学。其次，看似记住在很多地方存在的种族的比较是很有必要的，但这并没有推进美国社会和民族的分化，从考试分数到免费午餐，从特殊教育推荐率到辍学率都是符号。辩论过程中的一种假设是零容忍政策有一些民族方面的影响，但这能构成废除零容忍政策的理由吗？

2010 年联邦调查局的年度调查报告显示，美国低于 18 岁的青少年犯罪比例较高。根据 2010 年人口普查数据，非洲裔人口数占美国总人口数的12.6%，数据表示，在最近的几十年中这一比例相对稳定。但是非洲裔青少年犯罪的比例为所有青少年犯罪的 31.6%，为暴力犯罪的 51.6%，更为惊人的是谋杀罪，达到了 58%。毒品犯罪率相对较低，只有 25.9%，但非洲裔人仍超过了两倍。（注：联邦调查局目前还没有以西班牙裔人名称来分类。）也许有人会说，少数民族被开除和被停课的比例超出了正常比例，特别是对持枪和贩毒等犯罪的零容忍，一个重要的原因是这些少年也从事相关的犯罪活动。许多种族歧视的存在在犯罪审判系统中的比例都超过了正常比例，这是我们国家的耻辱。然而，仅仅因为一个民族犯罪比例较高，在定罪和逮捕时就扩大比例，这并不意味着中立的判决就是公正的。在对立假设的情况下，学校应该只允许少数民族的学生参加驾校，因为非少数民族的学生占所有 18 岁以下酒后驾车学生数的 92％。

同时，对严重违纪的有色人种学生经常采取零容忍裁决就是有辨识力的，这种说法真实吗？使用同样在持支持观点的文章中使用的国家教育统计中心的调查，非洲裔和西班牙裔的学生更容易受伤或者被恐吓或被卷入打架事件中。此外，同样的调查显示，大量非洲裔和西班牙裔的学生承认他们曾带枪进入学校。我们应该不仅仅记得有些民族更容易在零容忍政策的框架下犯特定的和相关的罪行，同时，我们也应该记得他们也是受害者。也许有人说，这些政策事实上经常被采用以保护所有学生的安全，但是零容忍政策也许应对主要的有色人种学生也提供保护。

包含种族的零容忍的立法

在这里要再次强调，仅仅种族或民族的比例过高并不能自动使法律和规范违反宪法或变得无辨识力。如果这些是原因，法院应该宽恕并释放成百上千的重刑犯，以获得在公平体制下的民族平等。然而，正如零容忍政策在全国的法院中经常被使用一样，中立规则不断地被应用，却很少有区别，因为他们在不同学生之间可能会产生不相干的效果。

一个关于这个问题的较好的例子就是范恩诉斯图亚特案（2006）。一个未透露种族的学生因为私自藏有刀具而被停课一年，这个事实是毫无疑问的。在两场正当程序听证会后，法庭尝试性地规定了学校的政策应用和惩罚水平。在范恩案中，学生不能证明学校董事会在惩罚学生的时候采用了不同的政策。

一个应用零容忍政策更加明显的案例是莱特纳诉劳顿县公共学校案（2001）。一名 8 年级学生从同学那收到一张纸条，上面说他有一把刀并要自杀——为什么学生能得到一把刀，现在原因尚不清楚——并把它放到了箱子里而不是马上把它带到学校。学校意识到有情况并找到箱子之后，他们就根据零容忍政策控制了学生，声称他违反了禁止武器的规定。最后，这名学生因为被拘留而被停课一年。正式的行政听证会和上诉委员会的纪律委员会在零容忍政策的框架下维持了这一决定。

这名学生及其家长提起上诉，指控这一决定违反了正当程序、平等保护和宪法《第八修正案》所规定的不得施加残酷或异常刑罚的规定。第四巡回法庭驳回了这一诉求。法院判定，学校董事会的听证会尽管在某些方面并不完善，但是符合最高法院的规定。关于平等保护，法院认为，零容忍政策尽管严厉，但是学生们不会因为在学校持枪而有不同的待遇。应用英格拉哈姆诉赖特案（1977）的判例，最高法院认为宪法《第八修正案》关于不得施加残酷或异常刑罚的规定，并不适合普通学校。在最后一次确定零容忍政策合法性的时候，第四巡回法庭认为："尽管严厉的规定导致这些问题，但是并不能淹没零容忍政策的明智性。"

像这样挑战零容忍政策的案例，相似的结果在其他联邦和州立法院中也有发生。这个问题很重要的一个例证是，联邦法院在福勒诉迪特凯公立学校教育委员会案（2000）的判例。这是一个高调的判例。在伊利诺伊州，来自两所竞争学校的学生在看台上斗殴并被录了下来。结果根据零容忍政策，6 名非洲裔学生因为打架被逮捕且被学校停课两年。

在福勒案中，联邦预审法庭拒绝学生的上诉，因为他们没人否认参与斗殴的行为，所有人都得到了通知，并在学校董事会主持下进行了公正的听证会。同样的，法院驳回了对学生处以停课两年的处罚，因为他们并没有人携带或使用武器参与斗殴。法院指出，零容忍政策的这些惩罚政策把暴力犯罪与使用武器区分开了。

在福勒案中最引人注意的是施加于非洲裔学生的严厉惩罚特别违背了他们想要的基于种族的平等对待。自从零容忍政策出台后，法院要求证据制度也建立了，在所有被开除的学中有 82% 的学生是非洲裔学生，尽管非洲裔学生在地区登记中不到总数的一半。更多的对有色人种学生，特别是非洲裔学生使用零容忍政策的例子来自杰西·杰克逊牧师的彩虹推进组织。

然而，虽然对数据并无争议，但是法院认为零容忍政策是否能实现平等保护的真正考验，并不是其被频繁地应用于不同种族或民族之间。相反，法院认为，关键在于学校应该在相似的情况下对所有人平等对待。法院的理由是，从其他民事案例来看，开除率的统计数据并不能证明在相似犯罪的情况下，对待少数民族学生和非少数民族学生存在不同。法院得出的结论是，被开除学生并未证明在使用零容忍政策时有基于种族的不平等，他们的申诉未被采纳。

分析

因此看来，对于零容忍政策的考验，就像无数其他明显的学校内的种族歧视一样，不在于其是否有统计学的意义，而在于是否是由于一些不平等的措施造成的。在福勒案和其他案例中，这一点从未被证明过。总之，严格的零容忍政策，由于其自身固有的刚性和自由裁量权的不足，使得其在运用时对于所有群体都是一视同仁的，反而保证了其公平性。这是因为，零容忍政策对于违反关于武器、毒品和暴力犯罪的行为进行惩罚时，可以确保所有人不分种族、性别、民族，都会受到相同的惩罚。零容忍政策消除了学校规定以外的情况，学校董事会无须评估学生携带的切蛋糕的小刀还是打仗用的大刀哪一个更具威胁。如果某个种族或民族的个别学生比其他学生更习惯性地违反零容忍政策，那只能证明这是个别学生的问题，而不是因为政策是针对有色人种学生的。

事实上，个别事实和例子都过于严重，甚至有些荒谬，零容忍政策确实有助于实现民族平等的目的。除了福勒案，持反对观点的文章所涉及的每一个例子中的孩子的种族并非最重要的问题。然而，事实是，同样的政策应用到11岁的携带塑料蛋糕刀的白人小女孩身上，或是16岁的携带更严重武器的非洲裔学生身上，或是西班牙裔男生身上，只能证明这一政策的内在公平性。

当学校管理者和学校董事会在处理严重威胁学校安全事件的时候有足够的自由裁量权，他们不仅会受制于他们的专业能力，还会受到其他因素的影响，包括可能会根据学生特点而形成的偏好，进而影响判断。在零容忍政策下，假设政策的应用很公开并且是正确的，那么非少数民族学生即使有好的背景也会受到和犯错的有色人种学生相同的惩罚。正如之前提到的，零容忍政策应在很多方面被批评，但是基于不同种族而存在的不公平现象是不存在的。

这又使争论回到了前面文章所提到的观点，即依据国家教育统计中心报告的统计数据，在处理违纪学生时，零容忍政策应对不同种族或民族的学生停课率和开除率差异明显的现象负责。持支持观点的文章认为，这证明了零容忍政策存在种族歧视。当然，需要再次指出，这些数据并不能证明零容忍政策需要对这一差异负责。然而，根据以往中立的讨论，任何严格和不灵活的政策，如零容忍政策，它可以容易地认为，用传统的更具自由裁量权的政策取代零容忍政策，实际上会导致学校在纪律处理时的差异，加剧少数民族和非少数民族之间的差距。美国和它的公立学校的历史表明，这一结果是完全可能的。

结论

总之，我们应牢记，基于不同民族学生的惩罚结果并不是政策本身的问题，就像其他结果一样，如考试结果等。但是更高更深层的结果如社会、经济和文化等问题都是能被很好记录的。即使事实上零容忍政策确实显而易见地对有色人种学生有些不公平，但是我们应该知道这些不同是由于更深层、更丰富的问题所造成的。我们有许多好的、有效的，甚至是决定性的理由来证明零容忍政策应该被改进或废除。然而，断言零容忍政策对于有色人种学生存在不公平并不是其中之一。

拓展阅读资料

Alliance for Excellent Education. (2009，August). The high cost of high school drop-outs：What the nations pays for inadequate high school. *Issue Brief*. Retrieved from http：//www. all4ed. org/files/HighCost. pdf

Ayers，W. ，Ayers，R. & Dohrn，B. (2001). Introduction：Resisting zero tolerance. In W. Ayers，B. Dohrn & R. Ayeas. *Zero tolerance*：*Resisting the drive for punishment in our schools* (pp. xi-xvi). New York：The New Press.

Blumenson，E. & Nilson，E. S. (2003，Spring). One strike and you're out? Constitu-tional constraints on zero tolerance in publiceducation. *Washington University Law Quarterly*，81，65-117.

Dohrn，B. (2001). "Look out kid/it's something you did"：Zero tolerance for children. In W. Ayers，B. Dohrn & R. Ayers. *Zero tolerance*：*Resisting the drive for punishment in our school* (pp. 89-113). New York：The New Press.

Editorial: Zero judgement. (2010, January 9). *The South Florida Times*. Retrieved June17, 2011, from the Florida Department of Juvenile Justice. website: http: // www. djj. state. fl. us/zero-tolerance/press. html

Gandara, P. &. Contreras, F. (2009). *The Latino education crisis: The consequences of failed social policies*. Cambridge, MA: Harvard University Press.

Gordon, R. , Piana, L. D. &. Keleher, T. (2001). Zero tolerance: A basic racial report card. In W. Ayers, B. Dohrn &. R. Ayers, *Zero tolerance : Resisting the drive for punishment in our schools*(pp. 165-175). New York: The New Press.

Haft, W. (2000). More than zero: The cost of zero tolerance and the case for restorative justice in schools. *Denver University Law Review*, 77, 795-812.

Hanson, A. L. (2005). Have zero tolerance school discipline policies turned into anightmare? The American dream's promise of the equal educational opportunity grounded in Brown v. *Board of Education*. *UC Davis Journal of Juvenile Law Justice*, 9, 289-378.

Insley, A. C. (2001). Suspending and expelling children from educational opportunity: Time to reevaluate zero tolerance policies. *American University Law Revies*, 50, 1039-1074.

Klehr, D. G. (2009). Addressing the unintended consequences of No Child Left Behind and zero tolerance: Better strategies for safe schools and successful students. *Georgetown Journal of Poverty Law and Policy*, 16, 585-610.

Lospennato, R. K. (2009). Multifaceted strategies to STOP the school-to-prison pipe-line. *Clearinghouse Review: Journalof Poverty Law and Policy*, 42, 528-541.

Mirsky, L. (2003, May 20). Safer Saner Schools: Transforming school culture with restorative practices. *Restorative Practices E Forum*, pp. 1-7. Available from http: //www. restorativepractices. org

Molsbee, S. (2008). Zeroing out zero tolerance: Eliminating zero tolerance policies in Texas schools. *Texas Tech Law Review*, 40, 325-363.

National Center for Education Statistics (NCES). (2006). *Contexts of elementary and secondary education: Tables*. Table 28-1. Retrieved from http: //nves. ed. gov/ programs/coe/2009/section4/table-sdi-1. asp

National Center for Education Statistics (NCES). (2007). *Percentage distribution of public elementary and secondary school enrollment, by locale and race/ethnicity*. Table 7-1.

National Center for Education Statistics (NCES). (2010). *Status and trends in the education of racial and ethnic minorities.* Table 17b. Retrieved from http: //nces. ed. gov/pubs2010/ 2010015/figures/figure _ 17. asp

National Middle SchoolAssociation (NMSA). (2003). *This we believe: Successful schools for young adolescents.* Westerville, OH: Author.

Price, P. (2009). When is a police officer an officer of the Law? The status of police officersin schools. *The Journal of Criminal Law Criminology* (Northwestern), 99, 541-570.

Reyes, A. H. (2006a). Criminalization of student discipline programs and adolescent behavior. St. *John's School of Law Journal of Legal Commentary*, 21(1), 71-110.

Reyes, A. H. (2006b). *Discipline, achievement, and race: Is zero tolerance the answer?* Lanham, MD: Rowman &. Littlefield.

Siman, A. (2005). Challenging zero tolerance: Federal and state remedies for students of color. *Cornell Journal of Law and Public Policy*, 14, 327-265.

Skila, R. J. (2001). Overrepresentation of Black students in school suspension. In W. Ayers, B. Dohrn &. R. Ayers. *Zero tolerance: Resisting the drive for punishment in our schools* (pp. 176-187). New York: The New Press.

Skiba, R. J. (2008). Are zero tolerance policies effective in the schools? An evidentiary review and recommendations. *American Psychological Association Zero Tolerance Task Force.* Retrieved from http: //www. apa. org/news/press/releases/2006/08/ zero-tolerance. aspx

Skiba, R. J. &. Peterson, R. L. (2000). School discipline at a crossroad: From zero tolerance to early response. *Exceptional Children*, 66(3), 335-347.

Solari, F. P. &. Balshaw, J. E. M. (2007). Outlawed and exiled: Zero tolerance and second generation race discrimination in public schools. *North Carolina Central Law Journal*, 29, 147-184.

U. S. Census Bureau. (2011). *Overview of race and Hispanic origin*, 2010 *Census Briefs.* Retrieved from http: //www. census. gov/prod/cen2010/briefs/c2010br-02. pdf

U. S. Department of Justice, Federal Bureau of Investigation. (2010). *Crime in the united States*, 2009. Retrieved from http: //www2/fbo. gov/ucr/cius2009/data. table _ 43. html

Wasser, J. M. (1999). Zeroing in on zero tolerance. Journal of Law and Politics, 747.

Zweifler, R. &. DeBeers, J. (2002). The children left behind: How zero tolerance impacts our most vulnerable youth. *Michigan Journal of Race and Law*, 8, 191-220.

判例与法规

Brown v. Board of Education，347 U. S. 483(1954).

Fuller v. Decatur Public School Board of Education，78 F. Supp. 2d 812(C. D. Ill. 2000).

Goss v. Lopez，419 U. S. 565(1975).

Individuals with Disabilities Education Act，20 U. S. C. 1412(a)(24)，1418(d)(1)(A)(B).

Ingraham v. Wright，430 U. S. 651(1977).

Ratner v. Loudoun County Public Schools，16 Fed. Appx. 140(4th Cir，2001).

Vann v. Stewart，445 F. Supp. 2d 882(E. D. Tenn. 2006).

话题 4

教育工作者是否应为未能制止学校欺凌而负责？

支持观点：玛丽·C. 布雷德利，印第安纳大学东南校区

反对观点：杰夫林·S. R. 吉布斯，南卡罗来纳大学

概　述

数据显示，超过 75％的学生都曾在学校内被欺负过。这一数据反映了学校欺凌问题的严重性，同伴欺凌会对受害者产生严重的身心损害。尽管欺凌对所有学生都有影响，但研究也已确认，残疾学生、男同性恋、女同性恋、双性恋和跨性别者往往是校园欺凌的主要目标。此外，学生因在学校被欺凌而导致自杀的案例在媒体报道中也屡见不鲜。这就引发了一场关于教育工作者在学校欺凌行为中的责任问题的讨论。"停止欺凌""学校安全联盟"和"国际反欺凌协会"等组织指出，教育工作者需要对学校欺凌行为承担责任。

学校在提供安全的教育环境以使学生摆脱欺凌方面扮演着重要角色。事实上，因为学校管理者和教师未能预防在教室中发生的欺凌行为，一些学校董事会已经被起诉。在这些案例中，学生家长们声称是教育工作者的疏忽导致了对此类问题处理的失误。另外一些家长依据 1972 年的《教育修正案》第九条提起上诉，指控学校管理者在处理学校欺凌问题时态度消极。特别是在 1999 年，在戴维斯诉门罗郡教育局一案中，美国最高法院认为，学校董事会应该为其闻名已久的在处理欺凌事件中的不力行为而负责。在本案中，法庭认为学校很明显有责任为在学校发生的同伴性骚扰事件负责。包括戴维斯案，很多案例都是以《教育修订案》第九条为依据的。

在该案中，法庭明确了学校对在校内发生的同伴性骚扰的职责。法庭特别提出，下列职责是学校董事会在应对同伴性骚扰事件时必须履行的。

1. 学校相关管理者必须具备关于性骚扰的专业知识。

2. 学校管理者必须掌控性骚扰发生时的局面且可以控制涉案学生。

3. 学校管理者必须对处理此类事件时的故意冷漠行为（例如，他们做任何事制止此类事件发生或他们的反应明显不合理）

做出反应。

4. 对于欺凌行为必须要严厉打击，严肃、客观地处理。

5. 欺凌行为是对学生教育产生了消极影响，侵犯了学生受教育权的行为。

戴维斯案的结果就是，认定学校管理者应对学校欺凌事件负责。此外，作为《教育修正案》第九条的规定，有超过 45 个州通过了反欺凌立法。欺凌行为与戏弄、嘲笑、殴打和其他恐吓行为有关，而这些行为不一定和性别有关。与性骚扰行为由联邦法律《教育修订案》第九条规约 (1972)不同，欺凌行为一般由州法律来规约。依据各州法律的规定，教师有预防校园欺凌行为发生的责任。因此，多数学校都采取了反欺凌政策。

显然，教师有制止在教室中发生的欺凌和骚扰行为的责任，但仍有一些人质疑这一责任似乎在教师的职责之外。如果教师没有接受过这一领域内的专业培训，其不应该被期望对这些行为负责。此外，一些观察者也指出，教师的责任是教学生课程，而不是教学生行为举止或对欺凌行为负责。尽管教师在这些方面有一部分的责任，但是一些人认为教师不应该为这些行为负全部责任。换句话说，一些人认为在处理学校欺凌行为时教师需要来自家长、学校管理者和学校心理医生的帮助。

在持反对观点的文章中，杰夫林·S. R. 吉布斯提出，教育工作者不应该承担全部的责任。她指出，从法律角度出发，对于欺凌行为的界定标准是不合理的。她认为，只有当学校管理者忽略了或间接允许欺凌行为发生时，或者在学校范围内发生欺凌行为后其故意消极处理时，其才应该负责。而且当发生漠视或间接允许的情况时，这从法律责任的角度也很难判断。相反，在持支持观点的文章中，玛丽·C. 布雷德利提出了不同的观点。她主张，尽管教师的首要任务是教学，但是家长希望学校可以保证学生的安全并保证他们不受欺凌和嘲弄，而且这么做对教育会有积极影响。

持支持观点的文章也指出，当教育工作者没有恰当地处理好欺凌问题时，应承担合理的法定责任。尽管文章并没有明确提出，但似乎她更主张一个比由戴维斯案确定的标准更宽松一些的责任标准。许多反欺凌的支持者应该同意这一措施。

　　这一章解释了教育工作者是否应该为制止同伴欺凌行为负责这一问题。在持支持观点的文章中，玛丽·布拉德利提出，教育工作者必须在处理欺凌行为中扮演领导角色。她提出了有效课堂管理对减少欺凌事件发生的重要性。她同时认为，学校管理者和辅导员在这方面也扮演了重要的角色。在持反对观点的文章中，吉布斯解释说，教师有时被指责没有控制发生在教室中的欺凌行为，但是这时的行为往往超出了教师的职责范围。吉布斯指出，家庭成员、朋友和社团都必须对这一问题负一定的责任。她指出，欺凌行为经常是发生在校外，然后才在教室中被人发现的。

苏珊妮·艾克斯
印第安纳大学

支持观点

玛丽·C.布雷德利，印第安纳大学东南校区

人们围绕美国青年教育问题有着激烈的讨论，也就此提出了很多重要问题。比如，关于有效教学技巧的问题，所有儿童平等受教育机会的问题，还有一些对政策的讨论，如《不让一个孩子掉队法案》的影响是众多讨论中的一种问题。每一个问题有众多不同的观点和主张。也许在如何教育美国年轻人方面，我们提出的问题比能解决的问题要多。但是，无论人们在这件事上持什么态度，参与这场辩论的人越多对儿童就越有利。一些人参与这个话题或支持一方的观点，仅仅是因为他们想让所有的孩子都能够得到最好的教育：他们希望孩子们能够去最好的学校读书，有最好的教师，享受最好的教学，被给予最好的一切。

一些人认为，所谓的"使儿童处于最佳利益"是指，提升并保证每一名儿童在身体上、情感上和认知上都是安全的，并且确保他们是幸福的。另一些人也许会说，提升并确保学生的安全和幸福是一个基本原则，这一原则几乎在围绕儿童与教育的每一个争论和议题中都会出现。因此，不用理会问题正在被争论或有不同的观点，每个人都认为必须保证儿童的安全和幸福。看起来有这样一种"明显的结论"，即无论争论的哪一方都秉持同样一种信仰，而对这一信仰是毫无争议的——所有人都希望提升并确保儿童的安全和生活幸福。关于这一问题是很明确的，有可能是关于孩子与教育的问题中少有的能达成共识的问题之一。

然而，当开始讨论安全和幸福感的问题时，或者更明确点，当讨论上升到学校欺凌行为时，激烈的争辩便再一次开始了。这是一个关乎责任与义务的问题，是一个关乎谁应该对阻止学校内发生的欺凌行为负责的问题。

支持这一论点的文章认为，负有阻止在学校内发生的欺凌行为职责的人应是教育工作者。有几个原因可以说明为什么应由他们来负责，并且为什么他们有责任制止这种行为，这些原因在整个辩论过程中是十分突出的。在学校发生欺凌行为的情况下对其进行处理和干涉直接关系到学生是否安全与幸福。正如前面所提到的，对于确保学生，特别是在校学生安全的重要性的认识，是少有的能在教育工作者中达成共识的问题，因此，有效处理和阻止学校欺凌行为，与这一重要性如出一辙。

学校欺凌对所有学生身体、情绪和认知有直接影响。从这一角度看，许多专业人士认为，应当建立学校欺凌的防范机制，在保证学校安全时欺凌因素应该被作为重点考虑的因素。教育工作者应该积极应对，以防止欺凌行为在教室中甚至是学校内发生。然而，当防止发生欺凌行为的努力不足时，教育工作者被期望能制止这些行为，至少是制止发生在他课堂上的欺凌行为。

为了理解这一章的观点和这篇文章的态度，有必要明确两点。第一，解释"教育工作者"的定义是非常重要的。在这篇文章中，教育工作者的定义是所有学校雇佣的专业的直接为学校工作的人，不仅仅是课堂上教书的人。包括教师，也包括学校的顾问、校长助理、校长和主管。这些人中的每一个人都在教育学生和创立必要的学校规定和政策上有特定的保证学校正常运行的职责。这些专业人士共同努力所产生的合力对于有效教学和对学生产生积极影响是非常有必要的。对于解决类似学校欺凌这样的复杂问题也是非常有效的。当学校欺凌行为存在时，这些人中的每一位都需要通力协作，共同努力以有效阻止和干预这一行为。

第二点必须要澄清的是这篇文章的特定背景。这篇文章仅仅和学校教室以及在教室中的学生行为有关。当发生欺凌行为时，教育工作者应该有责任制止教室内发生的欺凌行为。这并不意味着处理学生行为的全部责任都要由学校承担，这个观点是这篇文章非常重要的一个组成部分并且也应该被重点理解。一些研究认为，欺凌行为一般倾向于发生在学校中相对可以预想的区域。根据国际学校安全和安全服务组织（NSSSS）的调查，这些区域包括走廊、午餐室、楼道和操场等无人监管的区域。教室并不是欺凌事件经常发生的场所，因为教室是有人管理的。需要特别指出的是，本文主要针对的是发生在教室中的学生行为。

不幸的是，一些学生成为可怕的欺凌行为的受害者；一些学生基本每天都被欺负。被欺凌的学生可能会因为害怕再次被当作目标而耗费更多的时间和精力。他们也许会变得孤僻和沮丧，这毋庸置疑会使他们无法集中精力投入学习生活当中（Quiroz，Arnette & Stephens，2006）。事实上，一些统计数据指出，超过 10% 的高中生辍学完全是因为在学校受到了欺凌（Greenbaum，Turner & Stephens，1988）。

同时，欺凌人的学生也会有很严重的后果。此类学生中有不少也成了他们自己的受害者。攻击行为在他们看来可能是为了保护他们自己，而在成年后，继续使用暴力则可能会导致严重的后果。一些隐秘进行的欺凌行为可能导致更暴力的行为，如偷盗或其他形式的犯罪（Quiroz，et al.，2006）。

学校中的教师不可能防止所有学校内欺凌行为的发生。教育工作者不可能在学校中无时无处不在，也不可能每时每刻都看管学生。然而，我们期待在教室范围内，学校所有员工的共同努力将会有效降低欺凌行为的发生。有人提出，学生家长每天把学生放心地送到学校，就是期望教育工作者可以保障孩子的安全，且能在欺凌行为发生时保护好自己的孩子。事实上，有效教学只是教师的第二职责，因为教师的第一职责应是教室中所有学生的安全和健康。就像持反对观点的文章中所指出的那样，当教室中发生欺凌行为时，如果教师处理不当的话，他们应该被追究责任。同样，在《教育修正案》第九条的框架下，当教室中发生欺凌行为时，如果不认真处理，教育工作者也应该负责。这些法律传递给教育工作者一个信息——欺凌行为的后果非常严重，忽略它的发生是应该负责的。

确实，为什么必须要遏制教室中发生的欺凌行为涉及法律与道德问题。如果欺凌行为继续在教室中发生，学生就无法获得有效保护，而处于不安全的环境之中。如果控制不住或是没有制止此类行为，教育工作者也易遭到暴力行为的侵害。如果欺凌行为在教室没有及时被制止，学生最终可能比教师更容易控制局面。但是，为了可以使教室在"控制之下"且保证环境有助于学习，全校教职人员的共同努力是非常必要的。

任课教师

当处理教室内的破坏性行为时，教师是第一道防线。教师应当时刻注意教室内正在发生什么，同时也必须及时处理所有的欺凌行为。教师应正确使用课堂管理技巧，去创造一个安全舒适的环境，以防止欺凌行为的发生。他们应努力建立一个这样的环境，以使学生全身心地投入学习。因为在这样的环境里他们可以自由发言和提问并且可以主动挑战学术难题。你可以想象一下，这样就可以和所有学生建立一个相互信任和相互支持的环境。

营建这种环境并不容易，也不是总能实现。这证明教师的管理技巧和策略对处理欺凌行为是非常重要的。课堂管理对学生关系和师生关系有显著影响。对学生能力、意愿和参与自我学习的渴望也都有非常重要的影响。在处理发生在教室内的欺凌行为时，师生关系的重要性是不可忽视的。因为教师不可能随时随地地看到教室内发生的一切，所以教师需要通过学生去了解正在发生的欺凌事件或谁正在被欺负。

学生报告欺凌事件的发生对有效处理教室内发生的行为是非常重要的。然而，当学生受到欺负报告给教师和成年人时，他们并没有感到安全。学生也害怕教师以一种让他们很窘迫或是加重被欺凌的方式来处理此事。当这些情况发生时，学生受到的伤害更大，并且他们在学校的表现会更糟。与学生建立良好的、积极的关系的重要性也就不言而喻了。学生需要知道他们是可以和教师沟通的。学生可以成为学校的眼睛和耳朵，教师在处理欺凌事件时也可以获得有价值的信息。教师首先要证明他们是可以被信赖的，这样学生就愿意与教师沟通了。

学校顾问

学校顾问的设立是为了防止和干预校园中发生的欺凌事件。学校顾问是学生的帮助者，在学校中他们有很多的角色和责任。这种措施为顾问提供了很多路径来防止和干预事件的发生。首先，学校顾问可以在个人层面起到干预作用。他们的训练为那些逃学和逃避社会的学生或是需要额外帮助的学生，提供了必要的准备。

因此，学校顾问可以和被欺负的学生单独交流，同样也可以与欺负别人的学生交流。学校顾问可以帮助被欺负的学生使用一定的策略来处理这种情况的发生，也可帮助学生更好地处理其他学习问题、人际关系之类的问题。学校顾问对欺负别人的学生特别有帮助，学校顾问可以使用单独疗法和集体疗法来干预学校欺凌事件。他们可以与学生交谈也可以和家长们联合起来，以更好地理解学生为什么这么做，以及想办法如何有效地帮助这些学生。学校顾问用精力和技巧去处理这些事，可以使教师将更多的时间和精力放在认真教学上。

学校顾问第二个干预路径是系统层面。学校顾问可以通过指导课程来帮助制止欺凌行为的发生。这些课程可以帮助学生了解合适或是不合适的行为，以及这些行为可能导致的奖励或惩罚，这些会对学校风气和文化有非常重要的影响。顾问可以对全校学生、教师和教工进行贯穿整个学年的培训。这种指导性课程需要对所有学生进行不间断地指导，这样一来，影响也许会更强，持续时间也会更长。

学校管理者

学校顾问和管理者对欺凌行为的系统影响还体现在其他几个方面。顾问和学校管理者，如校长和校长助理，可以设置特定规则和政策来防止欺凌行为的发生。为了使这些规则更有效，这些规则和政策应基于特定的影响学校的人口和社会因素。这些政策应该严格规定如何处理欺凌事件的发生以及对于不恰当行为应如何处罚。同时，全校教职人员对于学校规章和制度的认识也是极其重要的，更重要的是所有的教育工作者必须支持和遵循这些政策。如前文所说，它体现了全校教职员工在制止欺凌行为发生过程中所进行的共同努力。因此，严格和持续地贯彻这些政策可以使这些政策的效果有效发挥出来。对所有学生应一视同仁，并且要有一个公正的结果。这些政策的贯彻和执行不能留有"就事论事"的余地。学生们也必须能够百分之百地知道他们行为的结果。任何准则和政策只有在执行具有连续性时才更有效。

学校欺凌事件也可以根据学生行为的细节来处理和预判，这些细节可以清楚地反映出学生想要做的事。许多学校对于违纪行为有严格的惩罚政策。比如，国际学校安全和安全服务组织指出的，行为期望和惩罚政策可以帮助学校建立更安全的环境。学生行为的细节，包括行为期望和惩罚策略，都应该让学生本人和他们的家长知晓。

反欺凌立法

这篇文章最重要的部分应该就属法律了。正如美国欺凌警察组织指出的，已经有45个州通过了反欺凌立法，还有2个州在不久的将来也会通过类似立法。第一部反欺凌立法是1999年在佐治亚州通过的，他们参照很多原则建立了这套法律。《反欺凌法》假设每个州的立法机构都相信，安全的环境对于学生学习来说是必需的，而欺凌行为会打破这一环境，影响学生学习。简而言之，《反欺凌法》授权所有公立学校建立特定的规范和文件以减缓和应对欺凌行为。45个州已经通过了这样的立法，大多数美国公立学校也已经有了特定政策来应对欺凌行为。此外，如果州立法不具有足够说服力，关于欺凌的联邦法律也明确指出，所有学校必须采取一切预防措施保证学生安全。这些法律不仅建议所有教育工作者应承担责任，同时，也清楚地授权所有教育工作者应保护学生的安全，预防欺凌行为的发生。

与此同时，一些州通过了关于网络欺凌行为的立法就不令人惊奇了。通过使用互联网、手机和社交网站，未成年人可以随时保持联络。这些多媒体交流技术提供了更丰富的交流方式，支持了图片和视频交流。但这些交流技术也成了欺凌、侵犯和敲诈年轻人的新方式。教师也必须像处理在教室内发生的欺凌行为一样，处理发生在网络上的欺凌行为。

网络欺凌行为所造成的后果非常严重，因此许多州都通过立法来治理网络欺凌行为。一些学校很快就使用反欺凌政策来解决网络欺凌问题。教师必须要在教室里管控好这些技术，以保证孩子们能够使用这些新技术只为他们的学业服务。

反对观点

杰夫林·S. R. 吉布斯，南卡罗来纳大学

不幸的是，欺凌并不是学校管理者日常工作中所面临的新问题。讥讽、戏弄、排斥是学生常有的行为，而学校管理者长期以来更多地接受处理学术、人际交往、心理健康等方面问题行为的培训。然而，自从十多年前科罗拉多州科伦拜恩中学发生了令人记忆犹新的枪击事件之后，公立学校对学校欺凌现象重要性的认识有所提高。调查者指出，最后为悲剧发生负责的那两名学生，就是因为经常受欺凌，所以他们决定自己来解决这件事。从那时候开始，一系列的学生自杀行为转变了人们对学校欺凌现象的固有理解。同本次讨论一样，对欺凌行为的讨论并不是因为欺凌行为是在现代教育中新出现的。教师、家长、法院、研究者、政策制定者和社会对现在欺凌行为的潜在危险和现实影响更敏感。因而，制止欺凌行为的协作力量已经形成，应对欺凌行为的压力也更多地压在了教师身上。

我们尝试统计欺凌行为发生的原因和最好的预防这一行为的普遍措施，如上文提到的课堂管理技术和教学技能的提升，同时努力确定谁应为此负责。专家试图解释为什么学生要去欺负别人，而相关限制并没有起到制止这一行为的作用。不幸的是，所有矛头都指向了教育工作者，其他影响学生发展的因素都变得不明显了。尽管现实中，欺凌行为主要发生在学校内，但其真正的原因却是在校外。学生在不同阶段经历的各种情感上的和心理上的变化，看起来是学校造成的，其实更多的是来自校外。但是，当今科学技术的进步和交流设备的发展使沟通简单地就像一个按键一样，学生们在学校里滥用这些工具，而并不需要教育工作者来传授相关知识。

前文指出，学校安全、问责制、责任应是教育工作者应持有的基本价值。然而，学校管理者却不应该为欺凌事件负责，除非他们忽略或默许欺凌事件发生，或者是故意对发生在校园内的欺凌行为漠不关心。从责任的视角来确认这些并不容易。

与持支持观点的文章的态度相对立，这篇反对该观点的文章论述了学校董事会对欺凌事件所负责任的局限性。第一，本文解释了《侵权法》(*Tort Low*)的适用原则。第二，它回顾了关于学校董事会对学生之间发生的骚扰事件应负有责任的教育法律案例，这是评析欺凌行为的核心。第三，在这篇持反对观点的文章的结尾构建了一个理论框架，在社会生态学的基础上对欺凌现象做出了阐述。

《侵权法》在教室欺凌中的应用

在持支持观点的文章的讨论中，布莱德利提出，教师必须完善他们的课堂管理技术以阻止欺凌行为的发生。她还主张，州立法者非常坚定这一想法以至许多立法机构已经通过了反欺凌的法律。然而，即使已经有45个州批准学校行政人员执行反欺凌政策，但如果这一政策没有被正确地实施，此政策就无法形成一种诉讼权来追究相关机构的行为。因此，在这些反欺凌法律的规约下，除非各州法律另有规定，学校管理者并不应承担相关责任。相反，在这些反欺凌法律正式出台前，对于欺凌案件的分析是依据《侵权法》进行的。这一法律框架并没有改变。前文已经基于《侵权法》和（或）《骚扰法》对反欺凌的真实案例进行了分析，这一合法的体制没有改变。因此，即使对法律授权实行反欺凌和反骚扰政策的关注在增加，多数对学校的索赔仍主要是指控学校对欺凌和骚扰行为的存在有疏忽。法律分析如下。

第一，侵权行为是民事过错，对于此类过错法院通过提供赔偿（如金钱）对损害予以救济。《侵权法》基于这样一个概念，当个人的行为对别人造成伤害时，个体应被追究责任。在关于学校的法律中，学校管理者的侵权行为通常被分为过失、蓄意侵权或者诽谤。在这3类侵权行为中，过失是在对学校的民事诉讼最常见的，因此这是这部分的核心。

过失是一种无意识伤害，这种伤害是由于未履行保护他人免受伤害的义务引起的。未能有效履行义务——如在学校正确地指导学生——导致出现问题即可被视为过失。如果对过失行为进行索赔，下列4个要素需要被证明。这4个要素分别是注意义务、违反注意义务、因果关系、造成的伤害。

第一，注意义务是指学校管理者有责任履行某项确定的工作职能。例如，教师对学生的看护职责，还包括充分地指导、恰当地说明、安全的设备以及对已知的或可预见的危险的提醒。

第二，违反注意义务是指学校工作人员，如教师，没有有效履行上述义务。例如，如果学生在课堂上被纠缠或被戏弄，这样的行为相当于欺凌，教师知道或者应该知道这种行为但却没有正确地处理它，教师就可能违反了监督和管理课堂的义务。需要重点注意的是，法院会运用一个普通正常人的标准来评价可预见性。普通正常人是指身心正常和具有社会能力、正常情感、专业能力和处理学校问题的经验的人。然而，即使被告没有正常的水平，智力、性格和记忆等因素也通常被假设成正常的。法院通过参照在环境确定的情况下，同样处境的学校管理者如何处理这些问题来确定一个合理的标准，而不管实际执行如何。比如，还是学生在课堂上被纠缠或者被戏弄的例子，法院回顾这一事件时会考虑一名普通教师会对这样的行为做出什么反应，以此来衡量教师的行为。

第三，确定因果关系是指过失行为一定是伤害的直接原因。直接原因被确定为通过证明学生的伤害是由于学校管理者的原因直接导致的。这必须没有其他干涉因果关系的相关因素。例如，学生在课堂上被纠缠或被戏弄的案例中，只有学生是由于在课堂上被纠缠和戏弄，而不是由于其他因素，如原有的疾病等导致身心或情感上的伤害，学校董事会才会被认为是有责任的。

第四，造成的伤害是指学生个人或个人财产受到损害。不能基于本来可能发生的事来认定过失，需要通过已经发生的损害来证明。大体上讲，欺凌行为的赔偿是基于受欺凌学生身心或情感损害所产生的相关费用的。

现实生活中，父母相信如果他们的孩子在学校课堂上受到欺侮，一定是因为教师或学校其他管理者未能充分掌握情况。然而，从法律层面讲，按照前面提到的侵犯行为责任的要素，当我们聚焦于注意义务、非注意义务、因果关系时，对学校的欺凌责任是容易被弱化的。只有当学校管理者未能履行合理的监督和看护义务时，法律责任索赔才可以被支持。即便如此，教师也有可能会坚持说他们已经有效监管了课堂，但欺凌者仍会找到一些教师并不知道的途径来纠缠、戏弄或攻击同龄人。而且，如果这种事情真的发生，被欺凌的学生通常不会马上说。因此，在这种情况下，很难证明教师或者学校管理者是否确实没有履行关注学生的义务，因为受害人已经通知他们自己正在遭受欺凌。

《教育修正案》第九条与学校欺凌

除了依据《侵权法》提起对欺凌行为的诉讼，家长对发生在学校内的性骚扰行为提起赔偿诉求时，往往声称学校管理者对性骚扰行为的忽略或放纵违反了《教育修正案》第九条。《教育修正案》第九条是一款关于禁止性别歧视，包括禁止性骚扰的联邦法律。在戴维斯诉门罗县教育局（1999）一案中，故意漠视的标准已经被应用，这也是第一起关于学生性骚扰的最高法院案例。

在戴维斯案中，佐治亚州的一名5年级女生，因为成绩下降而感到很不开心，并且因为不想被有不良历史记录的男生骚扰而想自杀。原告认为，这名男同学对女孩动手动脚，并说了一些具有性暗示的话，进行了其他同学认为具有性暗示的行为。女孩和其父母将发生的事情告知了校长、教师和一名教练。即使这样，除了威胁他不要做这种事情，没有人针对这位男生的行为采取合理的措施来保护受害者。

针对戴维斯案，最高法院试图在保护学生需求与担心学校董事会对学生间发生的性骚扰事件不太容易负责之间寻求一种平衡。最后，在学生间的性骚扰的案例中，根据《教育修正案》第九条的规定，需要确定学校董事会的责任时，法庭确立了一个严格的4个方面的标准，以保护学生和学校董事会双方的平等。

首先，最高院指出，相关赔偿受制于学校相关机制的运行情况，这一机制主要是指，联邦财政为公立学校提供拨款，用于对已经发生的骚扰事件和骚扰者进行控制。其次，法院认为，法官必须评估作为处置此类事件的学校管理者是否具有关于性骚扰的专业知识。此外，法院指出，如果学校管理者明明有相应的知识却故意漠视已知的骚扰行为，也就是说，学校管理者知道在学校发生了什么却漠视不理或处理不当时，学校应承担责任。最后，法院详细说明了骚扰行为的严峻性、普遍性和客观性，它损害了学生的教育权益。虽然在司法体制下这名男孩最终感到了愧疚，但是最高法院还是将这个案件暂压候审，还需要根据女孩所受伤害的程度来决定学校董事会是否应该为违背《教育修正案》第九条而承担责任。

戴维斯案作为先例在欺凌行为诉讼中的应用越来越多。然而，侵权责任的确认是很难的，对于家长来说，确认学校管理者知道或应当知道他们的孩子正在受到骚扰，而学校管理者没有出面制止的证据是非常困难的。欺凌行为的受害者经常不敢跟父母和学校教师说发生在他们身上的不好的行为。结果教师不知道也不会去怀疑某一名学生被欺负了。在这样的情况下，无法认定这些教师应负有责任。

从"社会生态学"的视角看待欺凌行为

考虑到校园欺凌行为的成因及其消除的复杂性，除非侵权或骚扰行为的相关因素能够确定，否则学校管理者不应该轻易地被认定为应对此类行为负责。布莱德利强调加强课堂管理的重要性和整合学校各方力量系统应对学校欺凌行为的主张是正确的。学生安全、问责制和责任都被布莱德利关注并提及。但是，司法系统只注重证据，即要证明教师和（或）其他学校管理者没有尽到他们的职责，或者故意对学生进行伤害来对他们追究责任。

不幸的是，教师、学校管理者和公共教育系统作为一个整体，经常成为学生行为的替罪羊。学生行为其实是一种社会性行为，但却把责任转嫁到这些人的身上，欺凌行为就是如此。有一句古老的谚语"培养儿童需要全村人的努力"，这句话直到现在都适用。许多研究者在寻找学生不良行为与学校、家庭和周围环境的关系。结论是学生的行为是复杂环境下的产物，而不仅仅受学校文化的影响。事实上，大量研究显示，父母行为是孩子在学业、社交和心理成长方面最大的影响因素。即使学校提供最好的资源和机会，也无法超过家庭和团体对学生的影响。研究也显示，欺凌者通常都存在情绪困扰、虐待、抛弃、侵犯、残疾或缺少家庭关爱的情况。此外，欺凌者经常也是欺凌行为的受害者，他们只是在模仿自己所经历过的事情。

多萝西·L. 埃斯皮莱奇和苏珊·斯维尔(2004)从社会生态学的角度对欺凌行为进行了解释，从根本上得出了学校欺凌行为的原因。他们解释说，欺凌行为是基于同学、家人、朋友、学校与社区这一相互作用的关系网基础之上的一种表现或服从。从社会生态学的角度来看，应该把这些因素都考虑到影响学生行为的因素之中。学生欺凌行为的原因是多方面的，当我们将所有导致欺凌行为的原因都考虑在内来解释它时，从学校、家庭、社区的内在关系出发或许是最恰当的，而不应该仅仅将之归咎于教师和其他学校管理者的失职——甚至在把班级管理和教学能力都考虑在内的情况下，也是如此。

结论

总的来说，即使在过去的 10 年中，欺凌行为成为很多学生悲剧的根本原因，但在不满足各州规定的侵权行为要件或联邦反骚扰的相关法规的情况下，我们不能简单认定学校应当为学校欺凌行为负责。反欺凌和反骚扰的教育政策议程当然是有积极意义的。即便如此，除非可以证明教师和学校管理者有越权的不合理行为，或者可以证明他们无视法律法规，学校董事会和管理者自身不应该为校内欺凌行为负责。

拓展阅读资料

Bully Police USA：http：//www. bullypolice. org

Espelage，D. L. & Swearer，S. M. (2004). *Bullying in American schools：A social ecological perspective on prevention and intervention*. Mahwah，NJ：Lawrence Erlbaum.

Gibbs，J. (2010). *Student speech on the internet：The role of first amendment protections*. El Paso，TX：LFB Scholarly Publishing.

Greenbaum，S. ，Turner，B. & Stephens，R. D. (1988). *Set straight on bullies*. Malibu，CA：National School Safety Center.

Hinduja，S. & Patchin，J. W. (2009). *Bullying beyond the schoolyard：Preventing and responding to cyber bullying*. Thousand Oaks, CA: Corwin.

Kowalski, R., Limber, S. & Agaston, P. W. (2008). *Cyber bullying: Bullying in the digital age*. Malden, MA: Blackwell.

McGrath, M. J. (2007). *School bullying: Tools for avoiding harm and liability*. Thousand Oaks, CA: Corwin.

National School Safety and Security Services. (n. d.). *Bullying and anti-bullying legislation*. Retrieved May 6, 2011, from http://www. schoolsecurity. org/trends/bullying. html

Quiroz, H. C., Arnette, J. L. & Stephens, R. D. (2006). *Bullying in schools: Fighting the bullying battle*. Retrieved August 10, 2010, from http://www. schoolsafety. us/pubfiles/bullying _ fact _ sheets. pdf

Zins, J., Elias, M. J. & Maher, C. A. (2007). *Bullying, victimization, and peer harassment: A handbook of prevention and intervention*. New York: Haworth Press.

判例与法规

Davis v. Monroe County Board of Education, 526 U. S. 629 (1999), on remand, 206F. 3d 1377(11th Cir. 2000).

Title IX of the Education Amendments of 1972, 20 U. S. C. A. 1681.

话题 5

教育工作者是否有责任防止学生自杀？

支持观点：内森·柏乐斯，印第安纳大学

反对观点：理查德·弗里，北得克萨斯大学

概　述

在解决青少年自杀的问题时，专家们一直在努力寻找谁应对预防此类悲剧的发生承担责任。父母、朋友、初级保健医师、心理健康专家和教师都被认为在协助防止自杀问题上可以发挥重要作用。很多人认为，在上述群体中教师或许有更大的优势，因为他们自身拥有知识以及每天与学生们接触的机会。通过日常接触，教师可以很容易发现有自杀倾向的学生。另外，教师也可以很容易通过学校顾问及心理专家来获得帮助。持支持观点的文章提出：

> 考虑到学生自杀行为的普遍性，间接地指出自杀产生的原因并不太可能降低自杀率。而且，证明教育工作者应该为学生的死亡承担法律责任这件事是一项艰巨的任务。相反，学校应当被要求实施全面防止学生自杀的举措。

在与青少年自杀做斗争的过程中，将教师看作责任人只会使情况更加恶化。教师已经承担了从教育教学到管理班级等各方面的任务。所以，教师不可能再肩负防止此类悲剧发生的艰巨责任。事实上，如果教师的工作没有任何过失，法院就不会判定校方应该对学生的自杀负责。持反对观点的文章指出：

> 学校领导者基于道德责任和职业要求应该对学生的自杀倾向做出合理回应。但学生自杀行为发生后他们不需要过度担心被要求赔偿。在很多案例中，法院已经判定学校不必为这类悲剧承担责任。

然而，一些州已经明确了教师在防止学生自杀中的法律责任。例如，爱荷华州已经实施了包括防止学生自杀在内的一系列管理条例。根据这些条例，所有州范围内的学校董事会都必须采取覆盖全校的政策措施来防止学生的自杀。条例规定，一旦教师发现学生有明显的自杀倾向，便有责任告知他们的父母。由于一些涉及追究学校董事会在防止学生自杀中的法律责任的案例不断增加，因此，类似条例也正在被其他州讨论。

确实，在任何个人或群体可以承担防止青少年自杀的责任之前，责任方应当知晓关于该主题的知识。然而，在澳大利亚这个青少年自杀率高得惊人的国家，教师和初级保健医生在人口统计、危险因素、诱发因子、预警征兆和防止青少年自杀方面的知识和经验上都存在着很大的漏洞（Scouller & Smith，2002）。美国的一个相关研究调查了中学健康教师对学生自杀的看法：

> 这个研究发现，大部分中学健康教师认为识别学生自杀倾向是他们的责任……然而，只有 9% 的初中健康教师在研究中相信他们能够识别出一个学生有自杀的倾向。（King，Price，Tell-johann & Wahl，1999）

如果教师、医生或者是其他任何单个组织被期待承担保护学生的责任，那么在他们承担识别和帮助有危险的学生这一责任之前，对他们进行特殊的训练和教育是很有必要的。

当提到学生自杀时，尽管他们缺乏相关的知识和自我效能感，但 1999 年基斯·A. 金等人的一项研究表明，超过 70% 的健康教师表示，无论对个体还是对整个学校而言，防止学生自杀都是一件很重要的事。这种想法与采用可代替父母职责的教育制度的做法不谋而合，当学生需要关心时校方需要充当父母的角色，应成为一种法定的原则。

在一项关于教师对学生自杀的知识和看法的研究中，122 个回答者中有 56 个或者说大约 46% 的回答者认为，当发现学生有自杀倾向时会感到无能为力（Westefeld，Jenks Kettmann，Lovmo & Hey，2007）。这种无能为力感可能源自于害怕、犹豫或者知识缺乏。这种现象值得我们担忧。不像虐待儿童或者对儿童照看不良，目前并没有严格的法律规定教师或者学校在发现学生有自杀倾向时应及时告知教育行政部门。尽管在法律授权上仍存在缺陷，但从 1999 年基斯·A. 金等人的研究中可以发现，教师们仍然认为自己有责任防止学生的自杀。随着人们责任意识的提高，相应的法律保护机制也应该健全。如果缺乏这种保护，在不确定的情形下就会导致教师的犹豫。

这一章主要探讨教育工作者在承担防止学生自杀责任时的焦虑程度。以印第安纳大学内森·柏乐斯为首的学者认为，学校董事会有责任防止学生自杀行为的出现。并且他明确提出学校有责任实施防止自杀的一系列举措。以北得克萨斯大学理查德·弗里为首的持反对观点的学者主要关注与这一主题相关的法律方面的进展，他们在承认学生自杀悲剧的同时又解释了学校中的个体不应对防止学生自杀承担法律责任的原因。他强调，大量事实表明，法院很少追究学校董事会没有防止学生自杀的法律责任。

苏珊妮·艾克斯
莎拉·B. 伯克
印第安纳大学

支持观点

内森·柏乐斯，印第安纳大学

持该观点的文章认为，学校董事会和教育工作者应该为防止学生的自杀承担责任。虽然持反对观点的文章指出，法院通常情况下不会追究学校董事会未能防止学生自杀的责任，但认为教育工作者应基于道德而不是法律责任来防止学生自杀的观点应是一种不合理的回应。具体地说，鉴于学生自杀行为的普遍性，直接寻找自杀产生的原因对于降低自杀率是很有必要的。然而，证明教育工作者应该为学生的死亡承担法律责任是一项艰巨的任务。更确切地说，学校董事会和教育工作者应当被要求实施全面地防止学生自杀的举措。

青少年自杀行为的普遍性

对于我个人而言，学校董事会和教育工作者是否应该承担防止学生自杀的责任并不是一个理论上的问题。作为一名中学生，我和许多同龄人一样都遭受过抑郁症的困扰，而且有过自杀的想法。虽然我从来没有尝试过自杀，但我并不能肯定地说，如果当初没有进行心理咨询的话，我会不会那么做。只是因为我在学校认识的人们，包括同伴、教师和心理咨询师在监控我的心理健康方面起到了积极的作用，使我能获得我需要的帮助。

我是一个幸运的人。来自疾病控制和预防中心的统计数据（CDC，2010b）表明：自杀是造成15～19岁人群死亡的第三大原因。每年有12％的青少年选择自杀。然而，这些数字还仅仅只是包括那些已经结束生命的人，即"自杀完成者"。每出现1例自杀造成的死亡事件，可能就同时伴随着100～200例自杀未遂事件的发生。2007年的一项调查显示，15％的学生认真考虑过结束自己的生命，对此，心理学家称之为自杀"意念"。其中，不到一半（7％）的学生曾试图自杀。

如果有超过1/7的青少年存在自杀的危险，那么美国社会机构的现任领导者就需要严肃地对待这一问题。研究表明，更广泛地以社区为基础的努力是减少自杀的最有效方法，无论是在自杀死亡、试图自杀，还是有自杀意念的事件中，教育工作者都扮演了比较特殊的角色。虽然社会服务提供者、教堂和其他社区的人员应该参与，而且家长必须向他们提供所需要的资源来保护孩子的健康。但只有学校实施的举措才最有效，因为学校拥有必要的资源、专业的知识以及更多的与学生接触的机会。从实用的观点来看，教育工作者的支持和帮助是防止青少年自杀的最好的手段。

防止学生自杀的道德责任

很显然，防止学生自杀是教育工作者责任范围内的事情，但对于学校来说是否应该承担防止学生自杀的责任？这取决于"责任"意味着什么？如果防止自杀的"责任"指的是一种道德上的责任，似乎是没有争议的。在几乎所有的宗教和道德学说中，都鼓励人们在不损害自己利益的前提下尽可能地帮助其他人摆脱痛苦。进一步来讲，即使是那些认为选择自杀是人们的一种权利的人，也认可其他人干预、试图制止或者至少是说服他们放弃自杀想法的行为。允许人们自杀是一个棘手的问题。虽然道德哲学家们对允许自杀是有争议的(Cholbi，2009)，但是这些争议并没有影响到青少年的自杀。即使自杀是一个我们可以接受的对无法生存的回应，而且即使强迫别人要努力挽救他们的生命是不合法的，但作为未成年人的他们只是依附于成年人，并没有完整的受保护的权利。很显然，未成年人在学校的自由是有限的，他们拥有有限的个人隐私和自由活动的权利，即使这是一个对特定情形考虑后或者考虑到所有可能后果的决定。

可以说，孩子或未成年人从来都不是完全理性的，但是我不会以此来证明对他们行为的干预是合理的。现实情况是，许多自杀的发生不是人类对使人衰弱的疾病的理性思考的结果，而是精神疾病或濒临绝望的结果(Miller & Glinski，2000；Shaffer，Garland，Gould，Fisher & Trauman，1988)。当然很多的青少年自杀事件也是因为一时冲动造成的，是对发生的某些特定事件的反应。从长远角度考虑，需要教育工作者和其他相关人士做出理性的决策，不能只沉浸在对当下自杀所造成的痛苦之中。在别人看来，随着时间的流逝那些受害者们可能已经不那么痛苦了，但作为受害者而言，他们的痛苦永远不会消失。而且，即使是那些认为自杀在道德上是被允许的而且制止自杀侵犯了别人的自主权的人，也表明，他们的立场多数情况下不适用于青少年自杀。

持支持观点的文章还指出，教育工作者及时发现和制止学生自杀的责任尤其重大。首先，是学校对学生暂时性监护的问题。社会大众尤其是父母将他们的孩子托付给学校已经是一个十分普遍的现象。通常学生会花更多的时间与教师和同学交流，而不是他们的父母。因此，教育工作者需要承担更多道德上的责任，而法定监护人则需要承担照料包括保护他们人身安全方面的责任。其次，学校对学生的教育需要有强烈的道德关怀。教育包括文化课的学习和智力的发展，但教师通常承担更多的责任包括使学生身体素质的提高，社会经验的增长以及心理的逐渐成熟。教育工作者对学生生命安全的关心是不言自明的，因为他们不可能教育死者。除此之外，自杀可能是由精神和心理障碍导致的，这不仅会对其自身产生影响，还可能对学生的学业成绩产生负面影响。最后，在某种程度上，学校应该承担减少学生自杀风险的责任。同学的欺凌、在学习上或社交上的失败以及其他可能在学校发生的危险都应该由学校来消除。

学校有防止学生自杀的责任，而且有理由相信他们有能力这样做。让学校董事会和教育工作者承担防止学生自杀的责任，意味着让他们在力所能及的范围内履行义务。关于预防自杀的研究表明，他们有这样的能力。学生可能会自杀的种种迹象可以被教育工作者发现，如饮食习惯、社交障碍、个人形象的变化、药物滥用、对身体疾病的抱怨、对先前有价值的活动失去兴趣、厌烦的情绪、过于偏执等（Ayyash-Abdo，2002）。教育工作者可以通过这些警示信号来识别出存在自杀风险的学生（Prevention Division of the American Association of Suicidology，1999）。成功的学校会基于提高学生应对问题的能力及提供相关咨询服务和支持来减少学生的自杀（Ayyash-Abdo，2002；McLean，Maxwell，Platt，Harris & Jepson，2008；Shaffer，et al.，1998）。

防止自杀的法律责任

如果教育工作者在道德上有防止学生自杀的责任，那么这种责任是一种法律上的责任吗？道德上的责任不会自动地进入法律的范畴。夫妻双方在道德上被要求对另一方保持忠诚，但是或许不久之后我们的社会将会禁止配偶一方对另一方的不忠行为提起诉讼。相似地，人们也会提出，即使教育工作者在道德上有防止学生自杀的责任，但他们在法律上并不必承担责任。此外，就像持反对观点的文章中提出的一样，法院一直在犹豫教育工作者是否应该因为学生自杀而备受责备。

教育工作者是否应该为学生自杀承担责任除了涉及法律问题外，还会涉及实效性、哲学性、异议性等问题。尽管教育工作者可以降低学生自杀的风险，但他们也没有能力防止所有的自杀行为。因此，让教育工作者对超出个人能力的事情负责任是不合理的。如果学校或教师因未能识别学生的自杀迹象而被起诉，则可能会产生适得其反的结果。因为这可能会导致他们报告学生每一个可能与自杀有关的可疑行为，来使自己免于承担法律责任。如果试图要求学校关注到每个学生——不管他们是否有自杀倾向——那么不仅会使学校竭尽自己的资源，还很可能在大量疑似病例中错过最有可能自杀的学生。

同时，制定承担法律责任的标准又是不被接受的，因为这一标准并不是唯一的。让我们用一个极端的例子来说明这一问题。假设一位教师收到了一个学生的留言条。在留言条上，学生描述了她严重的抑郁情绪以及考虑自杀的想法。但是，或许教师会因为之前与该生的不和谐的关系，而没有认真阅读留言条上的内容而是将其随手丢弃。之后，学生会认为自己已经被自己所信赖的教师抛弃而选择自杀。在这种情况下，教师似乎已经出现了重大的过失行为。直觉告诉我们，他不仅仅在道德上要受到谴责，还可能会承担刑事责任。这种情形下，如果我们认为这位教师应该受到法律的制裁，那么我们将为学校应在防止学生自杀中承担法律责任打开一扇大门。

问题又回到了原点。我们理所当然地认为教育工作者应该对学生的生命安全负责，但是论证教育工作者或学校应该对学生的死亡负责是一件很难的事情。然而，鉴于青少年自杀的普遍性，似乎如果教育工作者没有尽最大努力来降低自杀的风险就需要承担相应的法律责任。相应的标准不应是"教育工作者有防止学生自杀的责任"，而应是"教育工作者有落实防止学生自杀措施的责任"。在理想的情况下，州政府应该要求学校董事会采取减少学生自杀风险的一系列措施，并为他们提供相应的资源来保证他们能够实施这些措施。正如概述中所介绍的，一些州已经通过了防止学生自杀的管理办法。

缺乏法律上的规定，仅仅依靠教育工作者的道德责任来防止学生自杀是远远不够的。青少年自杀的普遍性需要更为直接的干预措施，学校是最适合落实这些措施的机构。之前的法院判例也表明学校有责任解决青少年自杀的问题。当这些机构普遍不履行道德责任时就会造成严重的社会危害，在过去，各州通常会用法律手段来改变他们的行为。例如，私人公司基于道德的责任需要限制他们污染物的排放以及生产安全的产品。但是，这些私人公司的领导并未全部采用恰当的生产方式，导致法律需要对这些行业做出一定的制裁。学校方面的一个相似案例则是近年来青少年自杀率的惊人上升。然而，在缺乏相关法律规定而且要求学校削减预算并增加责任的年代，我们不能指望学校会利用他们有限的资源来尽力防止学生自杀事件的发生。

需要一套系统方法来减少青少年自杀

有效降低自杀率需要全面而系统的措施。不幸的是，目前学校大多采用被动的、零散的方法来应对学生的自杀。许多学校很可能通过一天的会议讨论来应对自杀引起的恐慌（Ayyash-Abdo，2002），而通常缺少更系统化的解决方案。美国疾病控制和预防中心（CDC）关于学校卫生政策及实践的研究表明，各学校高中心理健康课上平均仅有 1.4 小时讲授关于预防自杀的内容。2/3 的州为促进健康教师的专业发展提供了某些形式的培训，其中大部分针对的是心理健康教师，但是只有不到一半的学区（46％）向学生提供预防自杀的咨询服务。虽然健康教师和学校咨询师在识别有自杀倾向的学生时有一定的经验，但是他们却缺少每天与学生们接触的机会。

学生更愿意将自杀的想法告诉同龄人而不是成年人，但是这些同龄人对此通常采取"沉默的态度"并且不会告诉其他人（Bloch，1999）。教育工作者团队作为一个整体有充分的与学生接触的机会，并能及时发现学生的自杀倾向，但是他们通常不能及时了解学生们在课堂上的情况，而且由于教育工作者没有受过专门的培训，限制了他们对学生自杀信号的有效识别。当然，缺乏对任课教师进行识别学生心理疾病方面的培训也同样令人担忧。研究表明，学校中的"看护者"不仅仅包括教师还包括学校的后勤人员，他们在识别和帮助处于危险中的学生方面也发挥着重要的作用（Prevention Division of the American Association of Suicidology，1999）。

任何致力于防止自杀的努力都必须完全专注于自杀。如果企图用解决其他社会弊病，如用制止欺凌或性骚扰的方法来作为防止自杀的措施将会是无效的。造成自杀的原因是多样的，如心理障碍、家庭问题、药物滥用和社会压力等（Ayyash-Abdo，2002）。采用一种间接的减少自杀的措施会导致其他的危险因素被忽略。认识到自杀不是一个简单的现象也是至关重要的。自杀死亡、试图自杀和有自杀意念都具有不同的特征（Bloch，1999）。尽管存在最大自杀风险的学生应该被优先治疗，但尝试或者考虑自杀的学生的心理问题也不容忽视。仅仅关注那些有明显或严重自杀征兆的学生就会忽视许多其他学生的情绪健康。

结论

防止学生自杀的失败与当前没有广泛的认识到心理健康教育在学校教育中的重要性有关。多年以来，自杀都被看成是可耻的，是一种由精神错乱和绝望导致的异常行为。遗憾的是，对大部分青少年来说，过渡到成年阶段是异常困难的。学生往往缺乏情感上的经验来应对这种转变，当时潜伏的一些危险因素就会成为隐患并最终导致他们陷入绝望。即使没有到要自杀的地步，青春期的压力也足以使许多年轻人质疑生命的意义。学生们认为自杀不是这些孩子的失败，而是他们的处境刺激他们产生了自杀的想法。如果仅仅是少数学生需要努力保持情绪的稳定，那么这个问题可能不需要法律来做出规定。然而，这一问题是如此的普遍，不是靠个人的力量就能解决的问题。为期一天的研讨会和一小时的心理健康课并不是对青少年自杀现象的适当回应。法律应当要求学校做得更多。

反对观点

理查德·弗里，北得克萨斯大学

持反对观点的文章认为，学校董事会和教育工作者不应该对学生的自杀承担法律责任。法院发布了 20 多个涉及学生自杀死亡的案件，但他们发现这些诉讼案件的结果都有利于作为被告方的学校董事会和教职员工。因此，学校董事会不必为了免于承担责任而把本来就紧缺的人力和财力转移到防止学生自杀上来。

当然，教育工作者应该尽他们所能来防止学生自杀，但他们应该基于一种道德和职业的责任，而不是因为害怕被起诉。学校当局有义务和责任保护学生在学校中免受欺凌和性骚扰，这从长远来看可能会减少青少年自杀的数量。持支持观点的文章认为，防止学生自杀的责任在于教育工作者和学校的观点是不正确的。大多数法院认为，除非能证明是由于教育工作者的粗暴行为导致了学生的自杀，否则教育工作者不应该对此承担法律责任。在大多数情况下，学生自杀与教育工作者的行为无关，只是因为学生的心理太脆弱了。

已公布的关于学生自杀诉讼案件的简要回顾

第一例因为学生自杀而起诉学校董事会的案件已经是至少 25 年前的事了。第一例由于学生自杀而起诉学校董事会的案件是艾赛尔诉蒙哥马利县教育委员会案，由马里兰州最高法院于 1991 年做出判决。在这一案件中，妮科尔·艾赛尔的父亲起诉她所在学校的董事会因过失未能及时阻止她的自杀。根据艾赛尔父亲的叙述，她在自杀前曾向其他同学表达了想要自杀的想法，但是却被认为是在威胁学校的心理咨询师。据说，心理咨询师发现了艾赛尔的自杀倾向，但是却没做任何处理。艾赛尔后来死于枪伤，很显然她是一个"自杀"的牺牲者(p. 448)。初审法院驳回了艾赛尔父亲的诉讼，认为学校不应对艾赛尔的自杀负法律上的责任。然而，马里兰州最高法院撤销了地方法院的裁决：

法院依据 6 个要素来判定艾赛尔父亲的起诉理由是否可行：①可预见性的伤害；②公共政策对预期伤害的保护；③被告的行为与伤害之间的关联度；④道德责任；⑤被告的责任；⑥可保险性(Fossey & Zirkel，2004，p.408)。

基于这些因素，并且权衡原告的指控后，最高法院判决艾赛尔父亲的起诉理由是有效的。根据最高法院的意见，"心理咨询师在注意到儿童或青少年有自杀倾向时，有义务采取合理的方式来试图阻止他们的自杀"(Eisel，1991，p.456)。评论家指出，马里兰州最高法院并没有明确说明学生自杀的责任人是否仅仅包括学校心理咨询师。而且最高法院也没有明确当校方被告知学生自杀是为了警告他们的父母时，应该采取什么样的措施(Fossey & Zirkel，2004，p.410)。

有趣的是，尽管艾赛尔案对学生自杀责任的判定是一个具有里程碑意义的案例，但它并没有判决学校董事会应做出相应的赔偿。审判的结果是，陪审团一致认为校方回应艾赛尔存在自杀倾向的方式不存在过失(Fossey & Zirkel，2004，p.410)。

艾赛尔案以来，有超过 20 例因为学生自杀而要求学校董事会赔偿的案件(Fossey & Zirkel，2004，2010；Zirkel & Fossey，2005)。但只有一个受理法院基于学校对学生存在自杀倾向的回应方式，判定学校董事会应做出相应的赔偿。但同时法院也指出，学校董事会仅对这类伤害事件负 1/3 的责任(怀克诉波尔克县学校董事会案，1997)。

此外，新墨西哥州一个 16 岁受过特殊教育的学生的家长，因校长和心理咨询师未经过正当合法的程序便将其在家打算开枪自杀的儿子做停课处理而提出诉讼(阿米霍诉瓦贡公立学校案，1998)。第十巡回法庭指出，家长在不违反宪法的前提下可以提出发生风险的推测，借此他们可以证明校长和心理咨询师的不当行为会直接增加学生受到伤害的风险。具体来说，家长们认为，即使校长和心理咨询师知道他们的孩子有自杀倾向，他们仍然会在不告知父母的情况下让孩子单独留在可以接触到枪支的家中。

然而，在大部分已公布的法院判决结果中，法院拒绝把学生因自杀而导致死亡的责任强加给学校董事会或教育工作者。虽然对所有学生自杀案件做回顾不太现实，但从对关键的法院判例的回顾中可以看出，法院在处理因学生自杀死亡而起诉学校的案件中所奉行的原则，而这种处理结果恰恰支持了反对观点，即认为学校不应该对这类悲剧造成的损失负责。通过对此类案件的回顾可以清晰地看出，艾赛尔案并没有增加学校在学生自杀事件中应承担的责任（Fossey & Zirkel，2004）。

政府的豁免权

学校董事会及教育工作者通常可以享受来自政府的诉讼豁免权，因为法院可以根据豁免权对学生自杀案件不予受理。例如，1995 年的福勒诉斯佐斯塔克学校案，在赛普里斯独立学区上学的 13 岁学生布兰迪的父母，在其开枪自杀后对其所在学校提起了诉讼。布兰迪在学校管理者因为她被指控向其他学生销售毒品大麻而对她做出停课的处理之后结束了自己的生命。布兰迪的母亲请求学校管理者将布兰迪的停课处理推迟到圣诞节假期结束后，因为立即停课会对布兰迪造成毁灭性的打击。校方拒绝了布兰迪父母的这个请求后，她结束了自己的生命。

得克萨斯州的预审法院驳回了布兰迪父母的诉讼请求。法院裁定，在布兰迪离开校园后，学校不需要再对其负责而且学校管理人员享有法定的豁免权。

政府的豁免权强有力地阻止了许多辖区内的索赔诉讼。在这方面，福勒案是由法院驳回的因学生自杀而向学校索赔的众多案件中的一个。有些辖区内可能还没有因学生自杀而提起诉讼的案件发生，这可能是因为原告的辩护律师考虑到在很多州学校和教育工作者都处于政府强大豁免权的保护下，因此这种索赔的要求将会是徒劳的。

教育中的失职

作为本章单独讨论的内容，教育中的失职是原告起诉的一个理由，他们认为，教育工作者的疏忽导致学生未能处于他们的监管之下。然而，由于各种各样的原因，几乎所有辖区内的法院都驳回了他们的诉讼请求。事实上，自出现学生自杀事件以来，至少有两例因教育失职而被索赔的案件，他们的诉讼之所以都被驳回，是因为教育失职并不被认为是辖区管辖范围内的事。

例如，在 1994 年纳莱帕诉坎顿学区案中，密歇根州的一个 2 年级学生在学校看完一部电影后上吊自杀，电影中讲述了一个因抑郁而曾两次试图自杀的年轻人，并且其中有一次是试图上吊自杀。孩子的父母认为教师不应该让他们的孩子看那样的电影，因此向法院提出诉讼请求，但是中级法院基于两点原因驳回了他们的诉讼。首先，法院认为，教师放电影的行为是他们职权范围内的事情，因为国家法律已经授权学校董事会来解决学生的心理健康问题。因此法院认为，根据密歇根州的法律，被告可以享受来自政府的诉讼豁免权。其次，法院裁定，家长认为教师让2年级学生观看讲述自杀行为的电影是一种过失行为而要求学校董事会对此做出赔偿的请求，是不合理的。只要教育中的失职行为在密歇根州不被承认，法院对其父母的诉讼请求不予受理就是合情合理的。

在1977年斯科特诉蒙哥马利县学校董事会案中，第四巡回法庭根据马里兰州的法律拒绝了因学生自杀而向学校董事会索赔的要求，也是因为州最高法院并不承认教育中的失职行为。此外，第四巡回法庭还指出，那些自杀的学生一直承受着各种各样的心理压力，因此，认为学校董事会和教育工作者的行为导致了他们自杀的想法仅仅是一种猜想。

没有过失责任的自杀

很多法院的裁决表明，一个人根本无法为另一个人的自杀负责，除非是被告没有考虑到后果的一些粗暴行为直接导致了死者的自杀。例如，2009年科拉莱斯诉班尼特案中，加州一名14岁的中学生安东尼与其他学生一起参加了一个民权示威游行。当他们回到学校后，副校长将他和其他3名逃课的学生叫到办公室。其中一名被叫到办公室的学生表示，副校长认为他们是"笨蛋、傻瓜、蠢才"，而且告诉他们警察可能会介入这件事，他们可能会因此被罚款250美元甚至被送到少管所拘留（p. 560）。据说副校长还告诉他们，他们将会失去在学校中的一项基本权利，如参加舞会或去迪斯尼乐园的权利。

很显然，与副校长的谈话使安东尼非常沮丧，因为他之前曾因为携带刀具到学校而被判缓刑，安东尼的母亲作证说，如果再次逃课，那么他将被判服刑3年。安东尼从副校长办公室出来后回到教室，而且在放学后回到了家中。当晚，安东尼通过电话告诉了母亲他逃课的事，但是并没有说任何让母亲为他的安全感到担心的话。在通话结束之后大约一小时，安东尼的母亲回家后发现他已经开枪自杀了。

安东尼的父母向法院提起了诉讼，但州初审法院驳回了他们的上诉。对于其父母提起的索赔要求，第九巡回法院根据加州的法律裁定，被告不必对另一个人的自杀负责，"疏忽的错误只会造成精神状态的变化，而在此案中，受害者可以认识到自杀的性质，并且如果他自己主观愿意的话，可以避免事情的发生"（科拉莱斯诉班尼特案，2009，p.572）。在这种情况下，法院认为，自杀"有一种自主的干预力，因此过错方不应对死亡承担责任"（p.572，internal citation omitted）。在第九巡回法院看来，安东尼在选择自杀前有机会对自己行为的性质进行判断。因为，他在结束了与副校长的谈话后回到了自己的教室，与母亲进行了通话并且在自杀前写下了详细的遗书。法院认为。当安东尼在选择自杀之前有机会对自己行为的性质进行判断时，学校就不必为他的自杀负责。

新罕布什尔州的最高法院对2009年麦克赛尔诉第33学区案做出了类似的判决。在这个案件中，一名7年级学生的母亲在自己的儿子约书亚上吊自杀后对学校董事会和两名教育工作者提起诉讼。大约在他自杀前的两个月，约书亚曾告诉助教"他想打开自己的大脑"（p.1053）。助教将约书亚的想法转述给了与他签订安全合同的心理咨询师。心理咨询师将约书亚的话告诉了他的母亲，但同时心理咨询师向他的母亲保证他"现在很好"，而且没有告诉他的母亲关于安全合同的事（p.1053）。两个月后，他因违反纪律被学校停课后，于当晚上吊自杀。

初审法院驳回了约书亚母亲的诉讼，新罕布什尔州的最高法院肯定了这一判决结果。一般情况下，法院认为自杀是经过仔细考虑的、有意的并且是自己可干预的一种行为，所以第三者不需要因过失而承担责任。同时，法院还指出了两条例外原则。首先，个人如果（或机构）故意用粗暴的行为导致死者因"不可控的冲动而自杀"或者在妨碍死者认识自己自杀行为性质的情况下，需要对别人的自杀负责（p.1054）。其次，如果被告与受害者之间存在特定的义务关系，并且被告违背了双方建立的特定关系时，需要对受害者负责。

根据新罕布什尔州最高法院的意见，上述例外原则不适用于之前发生的案件，所以学校董事会及教育工作者不需要为约书亚的自杀负责。

据法院了解，学校并没有做出任何令人发指的行为以使他们需要对约书亚的死亡负责。此外，法院认为，约书亚与学校之间不存在监护关系，因此学校不需要承担保护约书亚人身安全的特定义务。

就防止学生自杀而言，学校需承担道德上而不是法律上的责任

自马里兰州最高法院对艾赛尔案做出判决以来，大多数法院都认为学校董事会及教育工作者不需要对学生的自杀负责。这些法院基于多种理由做出了有利于学校董事会的判决：政府豁免权，不合理的起诉理由（如原告对教育失职行为的索赔），或者如果不存在一些暴力行为，那么被告则不需要对他人的自杀承担责任。

当然，在发现学生有自杀倾向时，教育工作者基于法律和道德上的责任需要及时制止他们的自杀行为。至少，当校方发现学生有自杀倾向时应该及时提醒他们的父母。

此外，学校在法律上需要承担保护学生免受欺凌和性骚扰的责任，严格的法律责任的规定或许会有助于减少学生自杀事件的发生。例如，在 2010 年发生的一起 1 年级大学生自杀的案件中，联邦初审法院裁定，该学校的管理员"有意漠视"学生在宿舍被轮奸的行为违反了《教育修正案》第九条（20U. S. C1681）的规定（Fossey，2010；麦格拉思诉多米尼加学院案，2009）。同时，在众所周知的马萨诸塞州一个高中女孩自杀的案例中，校方是否采取了适当的措施来保护她不受来自其他同学的恶意欺凌的问题被提出（Eckholm & Zezime，2010）。因此，如果是因为教育工作者未能及时保护学生不受欺凌或性骚扰而导致其自杀，那么学校董事会以及教育工作者可能需要承担一定的法律责任。

总之，学校领导者基于道德和职业的责任应该对学生的自杀倾向做出合理的应对。但学校董事会和教师也不需要过度担心因为学生的自杀而被要求赔偿。在大多数情况下，法院的判决结果表明，学校董事会和教育工作者不需要为这类悲剧承担责任。虽然持反对观点的文章明确了学校在防止学生自杀中扮演的重要角色，但教育工作者并不能预料到这

类校园悲剧的发生，因此，不必为它承担法律责任。

拓展阅读资料

Ayyash-Abdo, H. (2002). Adolescent suicide: An ecological approach. *Psychology in schools*, 39, 459-475.

Bloch, D. S. (1999). Adolescent suicide as a public health threat. *Journal of Child and Adolescent Psychiatric Nursing*, 13, 26-38.

Centers for Disease Control and Prevention. (2010a). *School health policies and practices*. Atlanta, GA: U. S. Department of Health and Human Sercices.

Centers for Disease Control and Prevention. (2010b). *Suicide prevention*. Retrieved July 1, 2010, from http://www. cdc. gov/violenceprevention/suicide

Cholbi, M. (2008, July 29). Suicide. In E. N. Zalta. *The stanford encyclopedia of philosophy* (Fall 2009 ed.). Retrieved July 1, 2010, from http://plato. stanford. edu/entries/suicide

Eckholm, E. , & Zezima, K. (2010, April 2). Questions for schools on bullying and suicide. *The New York Times*, Section A, p. 1.

Fossey, R. (2010, April 5). McGrath v. Dominican College: Deliberate indifference to gang rape in a college residence hall may violate Title IX. *Teachers College Record*. ID Number: 15942. Available from http://www. tcrecord. org

Fossey, R. & Zirkel, P. A. (2004). Liability for a student suicide in the wake of Eisel. *Texas Wesleyan Law Review*, 10, 403-439.

Fossey, R. & Zirkel, P. A. (2010, January11). Student suicide and the law: The courts are reluctant to hold school districts and their employees liable. *Teachers College Record*. ID Number: 15893. Available from http://www. tcrecord. org

Hartmeister, F. & Fix Turkowski, V. (2005). Getting even with schoolyard bullies: Legislative responses to campus provocateurs. *West's Education Law Reporter*, 195, 1-29.

King, K. A. , Price, J. H. , Telljohann, S. K. & Wahl, J. (1999). High school health teachers' perceived self-efficacy in identifying students at risk for suicide. *The Journal of School Health*, 69(5), 202-207.

McLean, J. , Maxwell, M. , Platt, S. , Harris, F. & Jepson, R. (2008). *Risk and protective factors for suicide and suicidal behavior: A literature review*. Retrieved June 17, 2011, from http://www. scotland. gov. uk/Publications/2008/11/28141444/0

Miller, A. & Glinski, J. (2000). Youth suicidal behavior: Assessment and intervention. *Journal of Clinical Psychology*, 56, 1131-1152.

Prevention Division of the American Association of Suicidology. (1999). *Guidelines for school based suicide prevention programs.* Retrieved June 17, 2011, from http: // www. sprc. org/library/aasguide _ school. pdf

Scouller, K. M. & Smith, D. I. (2002). Prevention of youth suicide: How well informed are the potential gatekeepers of adolescents in distress? *Suicide and Life-Threatening Behavior*, 32, 67-79.

Shaffer, D. , Garland, A. , Gould, M. , Fisher, P. & Trauman, P. (1988). Preventing teenage suicide: A critical review. *Journal of the American Academy of Child and Adolescent Psychiatry*, 27, 675-687.

Westefeld, J. S. , Jenks Kettmann, J. D. , Lovmo, C. & Hey, C. (2007). High school suicide: Knowledge and opinions of teachers. *Journal of Loss and Trauma* , 12, 31-42.

Zirkel, P. A. & Fossey, R. (2005). Liability for student suicide. *West's Education Law Reporter*, 197, 489-497.

判例与法规

Armijo v. Wagon Mound Public Schools, 159 F. 3d 1253 (10th Cir. 1998).

Corales v. Bennett, 567 F. 3d 554 (9th Cir. 2009).

Eisel v. Board of Education of Montgomery County, 324 Md. 376, 597 A. 2d 447 (1991).

Fowler v. Szostek, 905 S. W. 2d 336 (C. A. Tx. , 1st Dist. 1995).

McGrath v. Dominican College, 672 F. Supp. 2d 477 (S. D. N. Y. 2009).

Mixell v. School Administrative Unit No. 33, 972 A. 2d 1050 (N. H. 2009).

Nalepa v. Plymouth-Canton Community School District, 525 N. w. 2d 897 (Mich. Ct. App. 1994).

Scott v. Montgomery County Board of Education, 1997 WL 457521 (4th Cir. 1997).

Title IX of the Education Amendments of 1972, 20 U. S. C. 1681.

Wyke v. Polk County School Board, 129 F. 3d 560 (11th. Cir. 1997).

话题 6

教师需要报告所有涉嫌虐待和忽视儿童的情况吗？

支持观点：苏珊·C.邦，乔治·梅森大学

反对观点：斯蒂芬妮·D.麦考尔，哥伦比亚大学教育学院

概　述

很不幸，在美国很多社区仍然存在虐待和忽视儿童的恶劣行为。虐待和忽视会对儿童造成可怕的伤害，因为他们在学校里和同龄人一起成长的时候，被自己所爱的人虐待会对他们的情感、学业、社交甚至是个人的成长产生影响。

令人惊讶的是，在 1963 年以前，没有一个州颁布关于虐待儿童的法律。亨利·肯普博士在 1963 年撰写的一篇文章中开创性地使用术语"受虐儿童综合征"(Battered Child Syndrome)，为受虐儿童提供了医学上的鉴定，这促使各州开展了一系列的立法活动。同样，1963 年，国家儿童虐待和忽视中心(National Center on Child Abuse and Neglect)的儿童局制定了举报法范例。这个范例仅规定了医生有必须报告疑似案例的责任或面临可能的刑事制裁。

截至 1967 年，在联邦基本法颁布之后，几乎所有的州都颁布了相应的要求报告虐待儿童情况的法律。此外，在 19 世纪 70 年代早期，大多数州已经扩大了需要报告儿童遭受虐待和照顾不良的人员的范围(Toth Johns，2004)。在所有的辖区内真实的报告儿童遭受虐待和忽视的情况对于教师和其他专业人员来说都是一种强制性的义务。

1974 年，美国国会颁布了《儿童虐待预防与处理法案》(CAPTA)，2003 年又重新修订为《儿童和家庭安全法》(*Keeping Children and Families Safe Act*)。《儿童虐待预防与处理法案》建议将虐待儿童情况的报告和调查程序标准化，同时提供联邦资金以确保其遵守规定。1988 年，根据《儿童虐待预防与处理法案》的规定，国会设立了全国儿童虐待和忽视中心，还设立了一个顾问委员会、一个专责小组和一个国家信息交流中心。同时，《儿童虐待预防与处理法案》还会提供一些资助项目，旨在确保联邦基金将资助的重点放在防止和处理虐待及忽视儿童项目的研究和开发上。

儿童局依据美国健康和人类服务部提供的 2008 年的数据撰写了《儿童局 2009 年年度报告》。在这一报告的第三章，儿童局通过对以 370 万名儿童为对象进行的虐童调查和虐童受害者评估发现，有超过 772 000 名或 20.9% 的儿童是虐童受害者。该报告指出，这是近 5 年以来最低的受害率。不过令人悲伤的是，报告的第四章指出，2008 年有 1 740 名儿童因受到虐待而死亡，而且其中 79.8% 的儿童小于 4 岁。

一些备受瞩目案件的推动使得出台相应的防止虐童的法律成为人们关注的焦点，如 1987 年发生在纽约的一个案件，律师乔尔·斯坦伯格谋杀了自己非法收养的 6 岁女儿丽萨，并在情感和身体上虐待自己的同居伙伴海达·纳斯鲍姆（Weithorn，2001）。让该案更具悲剧性的是，孩子的教师、邻居和医生都发现了她遭受虐待的事实，但是都没有向有关部门反映她的情况。这种情况的发生，完全可以通过强制性报告来避免。而且，即使教师错误地报告了虐待和（或）忽视儿童的情况，如果他们自己能证明自己是在秉公行事，那么他们也会免于承担法律责任。学校董事会每年都需要召开相关研讨会来告诉教师和其他员工关于识别学生遭受虐待和忽视迹象的最新知识，以便他们能履行他们的法定义务（并不是所有州的法律都对此做出了强制性的规定）。

教育工作者害怕因为他们没有报告涉嫌虐童和忽视的情况而需要承担相应的法律责任，而且他们可能还会担心他们做出的错误报告可能会对儿童家庭造成伤害。例如，他们可能会错误地认为那些比较笨拙或更易受伤的残疾儿童受到了虐待；对于一些易受伤害的孩子，当他们身上有无法解释的擦伤时，教师可能会错误地猜想这些孩子或许遭受了虐待。在这种情形下，父母需要被迫面对教师不悦的表情和一些询问，实际上是审问，父母需要对自己孩子是怎么受伤的或者为什么受伤做出合理的解释。因此，重要的是找到一个平衡——让教育工作者既能履行自己诚信报告的义务，同时又不能侵犯别人的家庭隐私。

在这种背景下，持不同观点的文章在本章中就教师在报告儿童遭受虐待和忽视情况中的重要性进行了探讨。在持支持观点的文章中，苏珊·C.邦立足于现实，认为教育工作者可以经常与学生沟通，他们处于一个能够观察到学生是否有被虐待或被忽视情况的重要位置。鉴于被虐待或被忽视的经历对儿童造成的深远伤害，以及教育工作者有能够每天与孩子们接触的机会，教师应该报告所有学生可能受到伤害的疑似情况。

相反，在持反对方观点的文章中，斯蒂芬妮·D. 麦考尔提出了一些反对意见。但很显然，他也并不提倡教育工作者完全保持沉默。针对一些反对的声音，他提出，教育工作者不需要报告所有涉嫌虐待儿童和照顾不周的情况，让社会承担更多地保护儿童免遭虐待和忽视的责任或许是最好的。

　　当你阅读这些争论的时候，请思考 3 个问题。第一，教育工作者有责任如实地报告所有涉嫌虐待儿童的情况吗？换句话说，教育工作者被强制要求报告涉嫌虐待儿童的情况，但他们并不是专门的调查人员，在他们提交报告之前，应该对这些情况做什么程度的调查呢？第二，考虑到没有提交报告的潜在责任，教育工作者是否应该接受家长关于孩子受伤缘由或其他表明孩子有被虐待迹象的合理解释？第三，学校董事会是否应该被允许制定教育工作者向学校领导或心理咨询师报告儿童遭受虐待或忽视的制度，而不是像现在那样直接向行政部门报告，到底谁应该为是否提交报告的最终决定负责？

查尔斯·拉索
戴顿大学

支持观点

苏珊·C. 邦，乔治·梅森大学

虐待和忽视儿童是一种社会弊病，会直接对他们的福利和安全造成威胁，同时也会对他们的学习、成长和生活产生负面影响。虐待儿童通常被定义为对儿童的一种不友善行为，包括身体、性或情感等方面的虐待。忽视儿童则被定义为未能考虑孩子的利益，包括对孩子身体或情感的忽视，如医疗疏忽、缺乏适当的监管、教育疏忽或缺乏促进儿童身体和心理发展所必需的情感等。因为父母有抚养孩子的基本义务，所以在理想状态下，他们应该是孩子的主要保护人。然而，统计数据显示，大约 80% 的虐待和忽视儿童的作案者都是孩子的父母。鉴于这个惊人的事实，孩子的保护必须依靠外部人员的介入，尤其是教师等专业人士，因为他们是儿童日常生活里的重要组成部分。

儿童遭受虐待和忽视的经历对他们自己和整个家庭都可能产生毁灭性的影响。从短期来看，儿童遭受虐待和忽视后会立即出现痛苦的迹象，如焦虑水平的提高、饮食失调、在学校中的问题行为、成绩下降以及与同学的关系不和谐等。从长期来看，可能会导致他们成年后同样产生虐待孩子的行为或出现健康状况不佳、人际关系不稳定、经济困难以及参与暴力犯罪的情况。那些被父母忽视的孩子成年后出现犯罪行为的概率更高。

遭受虐待的负面影响对于不同性别的孩子来说稍有不同。特别是男性，童年时遭受性虐待的经历与成年之后的性犯罪有很大的关系，如猥亵儿童等。遭受性虐待的儿童吸毒和酗酒的比率也比较高。总的来说，儿童遭受虐待和忽视的负面影响是持久的，不仅对他们的后代会产生极大影响，而且对所有与他们接触的社会成员也有很大影响。当今社会，虐待和忽视儿童是一种典型的潜伏性犯罪，因为它极有可能使后代陷入遭受虐待和忽视的恶性循环当中。

联邦和各州都试图通过一些个体的努力来防止儿童遭受虐待，这些个体通常需要扮演照顾、养育、保护和教育儿童的不同角色。对于教师是否应该被包括在与虐待儿童做斗争的专业团队之中，目前还存在争议。争议主要来自教师，因为他们认为，自己缺乏专门的训练而不足以担任如此重要的角色。而且教师们认为他们工作的重点是教育孩子，由其他专业人员如学校的心理教师、心理咨询师或学校以外的其他专业人员来报告儿童遭受虐待和忽视的情况会更好。这些担忧有一定的道理，遭受虐待和忽视会对受害者产生严重而持久的影响，它只能通过多个专业团队的合作和努力才能消除，其中包括教师、儿童护理员、心理健康教师、医务人员、执法人员、律师和社会服务人员等。因此，持支持观点的文章指出，教师应报告所有涉嫌虐待和忽视儿童的情况。

教师作为报告者

教师可以为孩子们免遭虐待和忽视提供重要的防线。教师有每天与孩子们接触的机会，所以他们在发现虐待和忽视儿童情况方面有独特的优势，而且他们也可以对遭受虐待和忽视的孩子采取一些干预措施。尽管教师的主要责任是教育教学，但教学本身就是一种在道德层面上的努力。教育一直被人们视为未来成功的关键。教师不仅仅是与作为社会弱势群体的孩子一起工作，他们还会提供给孩子们一些必要的知识和技能，帮助他们成长及为成年做准备。

考虑到教育的重要性及其在融入美国社会中发挥的基础性作用，从道德上来讲，确实有责任为所有的儿童提供平等的受教育机会。《义务教育法》说明了教育的重要性并规定所有儿童必须入学接受教育。因此，教师可以经常与孩子接触，并有可能成为第一个注意到孩子身体或心理是否处于危险状态之中的成年人。教师的警惕和注意是那些遭受虐待和忽视的儿童的福祉。

如上所述，遭受虐待和忽视会同时对孩子的身体和心理造成短期和长期的危害。孩子遭受虐待或忽视后，在学习上会出现严重障碍。遭受虐待和忽视不仅会给儿童的身体和心理造成一定的创伤，还会因为一些学习上的障碍对他们的教育成就造成极大的限制。这些学习上的障碍会导致一系列的问题行为，如极端的退缩或进攻、不寻常的害羞、敏感的身体接触以及粗暴的对待其他孩子。此外，遭受虐待的儿童还可能有更高的逃课率，更容易抑郁和极度伤心。

教师在防止虐待儿童的过程中发挥了重要作用，也是目前防止虐待儿童的唯一希望。孩子有时会隐藏自己的伤痛，这就加大了人们尤其是对于那些很少有机会与孩子接触的人发现他们受虐待情况的难度。在某种程度上，这就说明了几乎可以每天与孩子们接触的教师在防止儿童被虐待中的重要作用。

教师的责任在于确保儿童的受教育机会以及接受一些专门的培训，使他们能够帮助学生克服学习上、身体上甚至是心理上的障碍。这些培训可能会包括积极行为疗法、反应干预法或者其他专门的训练。通过这些培训可以为教育工作者提供必需的技能和知识，以满足《身心障碍者教育法》的要求，确保残疾学生的独特需求得到满足。但教师同样应该获得关于如何识别和报告儿童遭受虐待和忽视情况的培训，因为儿童遭受虐待和忽视的后果严重阻碍了他们接受教育的机会。

有效识别并防止虐待儿童

预防和制止儿童遭受虐待和忽视，是一种社会责任。强制报告的法律指出，在防止儿童遭受虐待和忽视这件事上需要多个专业团队的共同努力，这些团队包括教师、儿童护理员、心理健康教师、医务人员、执法人员、律师和社会服务人员。在过去的 5 年里，联邦和州政府都加大了防止虐待儿童方面的工作力度。儿童保护服务处（CPS）确立了受理虐待和忽视儿童指控的两个步骤。首先，需要一个来自专业领域或社区的推荐人。没有这个最初的处置，儿童保护服务处不太可能意识到孩子的处境，因此虐待和忽视可能会继续下去。其次，一旦向儿童保护服务处指控了虐待和忽视一个甚至多个孩子的情况，经过专门训练的儿童保护服务员工就需要对指控的虐待和忽视情况进行全面的调查。

正如前面指出的，儿童可能会在身体上或情感上遭受虐待。因此，教师应该格外注意儿童身体上的一些疑似遭受虐待的迹象，如脸上、颈部、上肢、大腿或背部的一些无法解释的瘀伤。当瘀伤的形态不像是自然原因导致的，如捏伤或抽打的痕迹，就可能意味着儿童遭受了虐待而不是自然伤害。原因不明的香烟烫伤或绳索勒伤也可能是儿童遭受虐待的证据。教师应该进一步了解这些原因不明的重复伤痕的来源，包括撕裂伤、鞭痕、疤痕、肋骨骨折、骨折、脱发或头皮上的斑块。遭受虐待的儿童经常试图隐藏他们所受的伤害或给出令人难以置信的解释。虽然有些受害者可能会自己披露遭受性侵害的事实，但并不是所有的儿童都会这样做，因此教师应该对遭受性侵害的特殊迹象保持警惕。例如，遭受性侵害的儿童可能会出现一些反常表现，如不和谐的人际关系、在日常表现或成绩上的突然变化、出现滥交或勾引别人的行为、与年龄不符的情感表达以及自残。6 岁以下的儿童遭受身体虐待的风险比较高，但大多数被报道的性虐待案件中也包括成人或青少年男性及 18 岁以下的未成年女性。

教师不仅仅应该注意到儿童身体上一些疑似遭受虐待的迹象，还应该注意到儿童遭受虐待后可能会表现出的一些问题行为。即使没有身体上的证据，这些问题行为也可能会出现。此外，教师可能会带有倾向性地认为，攻击或挑衅行为的发生仅仅是因为孩子故意刁难或本身就是一个"问题学生"。尽管这些行为也并不总是意味着被虐待和被忽视，但至少教师应该考虑到，那些制造混乱的孩子或许是在试图通过大声呼救或引起教师注意的方式，来表达自己遭受虐待和忽视的事实。最后，当孩子存在一些问题行为时，他们几乎不太可能积极主动地投入学习。

学校中的虐待是儿童遭受虐待的另一个来源，教师处于一个格外特殊的能及时发现儿童遭受虐待情况的位置。学校中虐待儿童的行为可能包括过度的体罚，如严重的瘀伤、敏感位置的人身伤害、让儿童感到恐惧的惩罚以及不恰当的体罚。当教师带着让儿童感到恐惧或泄愤的目的实施体罚时，就可能会出现虐待儿童的行为。性虐待在学校里可能是一个罕见的现象，但是作为虐待儿童的一种形式，当一个教师有充分的理由说明另一个教师对儿童实施性虐待时，也必须举告。

教师们应该谨记这一点：任何一个和孩子们接触的人都可能成为潜在的施虐者。例如，家长、继父或继母、保姆、亲戚甚至是学校员工如教师或教练都可能虐待孩子。教师关注的焦点应该是及时给予那些遭受虐待和忽视的孩子安全感和关心。儿童保护服务处中受过专业训练的人员负责彻底调查涉嫌虐待和忽视的行为，因为错误或未经证实的指控会对他人造成不良影响。

强制性报告者

统计数据表明，教师在儿童教育和健康成长过程中发挥了非常重要的作用。即使教师无法接受自身角色的道德和伦理要求，他们也无法摆脱法律要求他们报告所有涉嫌虐待和忽视儿童的情况的规定。

美国关于虐待儿童的报告显示，教师和学校其他员工都被认为是强制性报告者。通常情况下，在私立或公立学校工作的人员包括：教师、校长、管理人员、学校医务人员、学校服务人员、语言病理学家和咨询师。例如，俄亥俄州的法律规定，如果一位教师（或其他有义务的报告者）有充分理由说明有虐待或忽视儿童的情况，那么他不需要提供证据就可以直接进行报告。根据该州的法律，如果一个孩子的年龄不到 18 岁，或者孩子存在智障、发育迟缓或身体残疾等情况，教师也有义务报告所有涉嫌虐待和忽视儿童的行为。

虽然各州的法律规定不同，但是《儿童虐待预防与处理法案》给出了虐待和忽视儿童的最低标准。根据《儿童虐待预防与处理法案》，虐待和忽视儿童包括因父母或监护人失职导致的死亡、身体或心理的严重创伤、性虐待；或因行动或不采取行动而产生的会造成严重伤害的风险。一般来说，各州的法律都要求，当被强制性报告者发现或有理由怀疑一个孩子正在或已经遭受虐待和忽视时必须向上级报告。

一些教师对他们作为强制性报告者的身份表示担忧，因为他们担心孩子的父母会发现他们的身份，这将会对家长及教师之间的重要关系产生负面影响。所有州的法律都规定对有关虐待和忽视情况的记录和报告者的身份实行严格的保密。在实行强制报告的州，个人需要对知情不报承担责任，通常情况下匿名举报是被允许的，但当情况较难记录时则不鼓励采用这种方法，除非教师能够很好地遵守强制报告的法律。考虑到对强制报告保密的要求，只有在特定和极少数的情况下，报告者的身份信息才会被公布，如故意提交错误的报告等。

　　教师在报告时可能会犹豫，因为他们担心他们的怀疑没有得到验证或担心孩子可能会遭受虐待。最终，儿童保护服务处有责任调查和验证所有关于虐待儿童的指控。儿童很少说谎，特别是那些年幼的因为性虐待提起诉讼的孩子。教师报告虐待儿童的情况时也担心可能会承担一些法律责任，因为他们可能会面临来自孩子父母的民事或刑事指控。根据很多州的强制报告要求，诚信的报告者才可以免受民事或刑事的指控。最后，鉴于州强制报告法律的性质和未能报告的潜在责任，教师可能不会断言他们不会涉足别人的家庭问题，如虐待和忽视儿童。

虐待儿童的报告和控诉

　　在 2001 年 P. H. 控诉堪萨斯城一个学区的案件中，一名教师因涉嫌在两年的时间内 4 次对一名高中男生实施性虐待而被判有罪。据学生交代，该教师经常在上课期间将他叫出，与他进行口交。因为他经常缺课、迟到且成绩也开始下降，所以其他教师向校长反映了这个情况。校长警告该教师在被开除和撤销教师资格证书之前应停止对学生的侵害行为。

　　在遭受长达两年性虐待的过程中，学生本人或任何可以代表他的成年人都没有因其遭受性虐待而提出正式的诉讼。然而，该教师的行为被发现后，其同事对他因性虐待而被指控感到很欣慰。在这种情况下，遭受虐待的孩子的权利并没有得到来自成年人的保护。他在学校遭受性虐待的事实最终被他母亲发现并告诉了校长。同时，校长向家庭服务部报告了该教师对学生实施性虐待的情况，家庭服务部对此进行调查后，要求撤销施虐者的教师资格证书。之后，学生根据《教育法修正案》第九条提起关于性骚扰的诉讼，但是没有成功，因为第八巡回法院认为校方缺乏相应的关于虐待的知识而且没有刻意用冷漠的态度进行回应。这个案例说明遭受性虐待的学生自己报告受虐待的事实是多么困难的一件事，同时也强调了教师在报告所有涉嫌虐待和忽视儿童（包括性虐待）情况中的重要作用。

　　其他州的最高法院已经明确了强制报告虐待儿童情况的意义和申请

程序，通常情况下教师需要为未能采取行动而承担责任。因此，教师或学校董事会如果不报告涉嫌虐待儿童的情况，就可能会面临民事诉讼并因学生遭受侵害而必须做出经济上的赔偿。事实上，按照各州的强制报告的法律的要求，教师需要为他们未能报告涉嫌虐待儿童的情况而承担责任。

结论

对于那些默默承受着来自虐待的毁灭性伤害的孩子来说，遭受虐待和忽视的经历会对他们的现在甚至未来产生威胁。如果那些经常可以与孩子接触的专业人士，特别是教师，对遭受虐待和忽视的孩子不进行干预，那么这些孩子在成长的过程中则可能会持续承受来自虐待的痛苦及长期的毁灭性影响。因此，教师必须认识到他们对每天坐在教室里向他们寻求指导和帮助的孩子们的重要作用和影响。最后，教师必须详细了解自己州的强制报告虐待儿童法律的内容。鉴于教师在学校中的重要地位，无论从道德上还是从法律上讲，他们都有责任向当局报告所有涉嫌虐待和忽视儿童的情况。

反对观点

斯蒂芬妮·D. 麦考尔，哥伦比亚大学教育学院

持支持观点的文章指出，对于教师来说，报告虐待和对儿童照顾不周的情况既是一种道德上也是一种法律上的责任。然而，强制教师进行报告，尤其是报告所有涉嫌虐待和忽视儿童的情况，并没有深化法律的意义。

法律的预期结果之一是防止虐待儿童情况的发生。然而，向学校外部专业人士报告关于虐待的情况，并不能促使学校内部制定防止虐待情况发生的举措。例如，报告受虐待的情况并不能对师生关系或学校课程的变化产生积极的影响——可能对让学生意识到虐待儿童是一个很严重的社会问题是有用的。对虐待情况的报告也不能促使学校营造师生共同反对沉默或共同与暴力行为做斗争的氛围。而且报告关于虐待的情况与和同事及学生们谈论、学习虐待的情况不一样。强制报告似乎还表明，教师可以不用担心学校外部的专业人士也会对学校中发生的虐待儿童的行为保持沉默。强制报告法律关注的是造成虐待的责任，而不是对受害学生情绪的特殊关照。

学校报告虐待儿童情况的次数比任何机构中的专业人士报告的次数都多。1974 年的《儿童虐待预防与处理法案》最近被重新修订为《儿童和家庭安全法》，它要求学校和其他专业人士在合理怀疑或相信虐待确已发生的情况下，报告儿童遭受虐待和忽视的情况。然而，公立学校中未报告的案例比任何社会机构都多，这可能与义务教育的要求有关。

为了更好地阐释对强制报告法律存在质疑的原因，持反对观点的文章提出了一些核心假设。强制报告会加大对教师报告结果进行预期的难度，而且会使教师做决定的过程更加复杂，这意味着他们或许没有在这方面采取行动的能力。

照顾儿童：教师的角色及责任

强制报告政策的核心原则是，假定教师是报告涉嫌虐待和忽视儿童

情况的最佳人选。正如支持观点提出的"教师在识别虐待方面处于独特的优势地位",但是这个问题远远没有这么简单。教师与儿童接触和交流的机会通常比社区服务人员更多,所以在报告涉嫌虐待儿童的情况方面,教师被认为有更深入了解学生的机会。即便如此,教师在发现学生遭受虐待方面还是会受到很多因素的阻碍,如班级规模、学校生活的节奏、高风险的决定需要的时间、教学水平、密切观察学生并与每个学生互动交流的困难等。虽然,与其他社会服务人士相比,教师有更多的与学生相处的时间,但这并不意味着他们能完全理解学生的生活并可以从学生的行为表现中发现他们遭受虐待和忽视的迹象。

学生文化与种族的多样性和教师的责任观念是考虑教师的地位及识别虐待的能力时两个尤为重要的问题。首先,美国学生文化和种族的多样性,增加了教师报告虐待情况的难度。多样性增加了师生之间在文化和种族背景上存在差异的可能性。如果童年经历和家庭生活的规范被认为是带有文化烙印的,就会加大教师了解每个学生特定经历的难度。虽然这并不意味着教师不可能了解学生的生活,只是他们可能会不理解孩子们家庭文化上的细微差异。教师通常会通过自己的专业知识和个人经验来理解学生的行为,所以文化上的差异可能会导致教师误解或曲解虐待的迹象和症状。

其次,教师对照顾孩子的责任的理解受不同学校的氛围及教师个人价值观的影响。教师和其他专业人士被强制要求报告是基于学校和社会机构在照顾孩子成长过程中所扮演的重要角色。然而,对一位教师而言,照顾学生可能意味着是在履行协议的规定,而对于另一位教师而言,则可能是一种自发的行为。当前,关于教师做出报告的决定的研究还不完善。大多数关于教师做出报告的决定的研究认为:教师如何看待他们照顾孩子的责任或义务往往决定了他们对强制报告的回应方式。但很少有人对教师做出不报告的决定的情况进行研究。教师向研究人员承认,他们无法忍受法律强制要求他们报告所有涉嫌虐待和忽视儿童的情况。在美国,这些对照顾孩子的责任的不同理解,以及教师如何解决跨文化的障碍直接关系着预期教师报告结果的复杂程度。

知识储备上的差距

目前的研究指出，专业人士在识别和报告虐待和忽视儿童的问题上存在着知识上的差距。当试图探寻教师不报告的原因时，研究人员试图推测教师不报告的行为与不知道报告什么和如何报告或犹豫是否会被卷入诉讼有关。可以将关于如何识别虐待儿童迹象的培训作为学区对实习教师培训的一部分，但前提假设是儿童遭受虐待的症状和迹象是可以被有效整理和编写的。当前，每个州都有各自的关于虐待和虐待儿童的定义，而且在一定经验的基础上，教师基于个人的观点和价值观也提出了很多对于虐待的理解，这说明对虐待的解释仍有很大的空间。

教师在知识上的差距关系到他们如何定义和理解"合理的原因"。具体地说，学生的行为变化、行为、迹象和"合理的症状"都会被特定社会地位和背景经历的教师获知，以使他们有机会了解他们所在州和学区虐待儿童的情况。强制报告也存在着一定的问题，在知识快速更新的社会背景下，对教师在识别虐待的迹象、症状方面的能力的评估是一件很困难的事。知识可以被客观、有效地学习并且可以有效报告虐待的情况的观点是一个误区，除非在教师教育中包括足够的关于识别和报告虐待情况的知识的培训。换句话说，制定关于判定虐待的客观标准是可能而且必要的。通过怀疑和报告的方式可以使虐待的事实被发现，同样也是一个错误的假设。

最近讨论的关于防止儿童遭受虐待和忽视的策略中不包括增加对教育领域内专业人士的关注。此外，尽管掌握更多的关于虐待儿童方面的知识有利于教师的专业发展，但对于复杂知识结构的建构也是难以避免的。

虚报和漏报

研究表明，虚报和漏报是当前在儿童保护方面存在的主要问题。教师的虚报会造成许多负面影响，因此需要努力减少虚报造成的这些负面影响。几乎没有人讨论漏报产生的负面影响和后果,但它确实会对强制报告的有效性产生重要影响。虚报会加重那些致力于保护儿童的机构的人力和财力负担,因为法律规定他们有责任对所有报告的真实性进行调查。而且用于调查的资源本来可以被用来预防虐待和向有特殊需求的家庭提供。

此外,为了确保强制报告的有效性,教师被要求报告所有涉嫌虐待和忽视儿童的情况。但 2003 年政府公布的儿童和家庭报告显示,大约有 2/3 的报告并没有被证实。因为缺乏对严重程度的说明,教师的报告并没有得到社会专业人士过多的关注。研究还表明,儿童保护服务处并不重视学校报告的案例,因为儿童保护服务处认为他们不够认真。本研究认为,可以通过改进学校和社会机构合作的方式来改善当前儿童保护的现状。

报告不仅包括虐待儿童的情况,还包括教师自身的感受。由于教师对虐待构成要素的有限理解,使得他们在对孩子进行有效干预时感到措手不及。另一个影响教师做出报告决定的因素是他们担心会对孩子造成不良影响。教师不报告涉嫌虐待和忽视儿童的情况是综合考虑若干担忧后做出的决定,包括害怕在公众面前尴尬、担心会进一步触怒施虐者、担心孩子的家庭可能会被破坏。当然,这些报告不管能否被证实都可能会对儿童产生意想不到的影响而且仍然不能保证儿童能够摆脱受虐待的处境。教师对照顾孩子的责任的理解,会直接影响他们对涉嫌虐待和忽视儿童行为的回应方式,甚至是是否要报告的决定。对于一位教师来说,报告可能意味着结束虐待;而对于另一位教师来说,报告则可能意味着会给孩子带来一系列新的麻烦。

结论

持反对观点的文章提出了针对强制要求教师报告的一些局限性和批评。但这并不表明,持反对观点的文章认为教师应该保持沉默、与施虐者串通或不认同基于法律和道德上教师应该做出报告的责任。对强制报告法律的评估是很有必要的,可以减少其自身存在的一些局限并达到保护儿童的目的。强制可能会限制教师的基本判断力和质疑的能力，因为他们需要对不报告的决定承担法律上的责任。而且，他们很有可能为了遵守法律的规定而采取一个不恰当的解决问题的方式。

一个关于强制报告虐待行为的研究表明，让教师服从强制要求是没有任何保障的。除了强制要求，我们还能采取哪些措施来保护儿童和防止儿童遭受虐待呢？而且，强制报告的方式仍然需要被讨论，我们可以利用学校、社区、教师教育课程以及正在进行的专业培训来增加一些关于虐待的本质、虐待的预防以及做出报告决定的复杂心路历程的讨论。

目前，预防虐待的重点在于强调教师对虐待情况的报告。然而，教师获得关于虐待的知识的过程以及在识别虐待的迹象和症状的过程中遇到的困难，表明预防虐待的重点应该转移到其他的方面。例如，社区中心和其他校外机构的课程通常不会受到标准化测试的影响。这些地方为支持儿童、父母、教师以及所有社区成员之间进行对话和交流提供了可能的空间。虚报问题的存在表明，用在调查上的资源可以被用来建立关于虐待这一社会问题的关键对话和支持性的社会网络。

报告儿童遭受虐待和忽视的情况的行为遵守了教育以及其他许多专业领域内法律和专业标准的规定。然而，教师应当被鼓励基于自愿而不是依靠法律的授权来报告，并努力建立让所有虐待、暴力、忽视和沉默的同谋者之间进行关键性对话的空间。沉默会纵容对儿童实施暴力的行为。可以认为报告儿童遭受虐待和忽视情况的行为是一个试图打破沉默的尝试，也可以认为该行为是一种不同于将虐待作为一种社会问题而谈论和学习的回应方式。

拓展阅读资料

Melton，G(2005).Mandated reporting：A policy without reason. *Child Abuse & Neglect*，29，9-18.

Reiniger，A, Robinson，E. & McHugh，M. (1995). Mandated training of professionals：A means for improving reporting of suspected child abuse. *Child Abuse & Nelect*，19(1)，63-69.

Tite，R. (1993). How teachers define and respond to child abuse：The distinction between theoretical and reportable cases. *Child Abuse & Neglect*，17，591-603.

Toth Johns, J. A. (2004). Mandated Voices for the vulnerable: An examination fo the constitutionality of Missouri's mandatory child abuse reporting statute. *University of Missouri-Kansas City Law Review*, 72, 1083-1096.

U. S. Department of Health and Human Services, Children's Bureau. (2003). *The role of educators in preventing and responding to child abuse and neglect*. Retrieved from http://www. childwelfare. fov/pubs/usermanuals/educator/educator. pdf

U. S. Department of Health and Human Services, Children's Bureau. (2008). *Mandatory reporters of child abuse and neglect: Summary of state laws*. Retrieved form http://www. childwelfare. gov/systemwide/laws-policies/statutes/manda. cfm

U. S. Department of Health and Human Services, Children's Bureau. (2009a). *Child maltreatment 2008*. Washington, DC: U. S. Government Printing Office. Retreeved July 2010 form http://www. acf. hhs. gov/programs. cb/pubs/cm08/index. htm

U. S. Department of Health and Human Services, Children's Bureau. (2009b). *Definitions of child abuse and neglect: Summary of state laws*. Retrieved form http://www. childwelfare. gov/systemwide/laws-policeies/statutes/define. cfm

U. S. Department of Health and Human Services, Children's Bureau. (2009c). *State statutes search*. Retrieved form http://www. childwelfare. gov/systemwide/laws-policies/state

Weis, L. , Marusza, J. & Fine, M. (1998). Out of the cupboards: Kids, domestic violence and schools. *British Journal of Sociology of Education*, 19(1), 53-73.

Weithorn, L. A. (2001). Protecting children from exposure to domestic violence: The use and abuse of child malttreatment. *Hastings Law Journal*, 52(1), 1-156.

Zellman, G. (1990a). Linking schools and social services: The case of child abuse reporting. *Education Evaluation and Policy Analysis*, 12(1), 41-55.

Zellman, G. (1990b). Report decision-making patterns among mandated child abuse reporters. *Child Abuse & Neglect*, 14, 325-336.

判例与法规

Child Abuse Prevention and Treatment Act of 1974, reauthorized as Keeping Children and Families Safe Act of 2003, 42 USC & 5101 et sep.

Individuals with Disabilities Education Act, Pub. L. 101-476, 104 Stat. 1142 (2004).

P. H. v. School District of Kansas City, 265 F. 3d 653 (8th Cir. 2001).

话题 7

公立学校中的体罚是否应该被废除？

支持观点：艾梅·弗农·吉布斯，密歇根州底特律市
狄金森-莱特知识产权律师事务所
反对观点：艾米丽·理查森，印第安纳大学

概　述

"不打不成器"的观念最早可以追溯到《圣经》箴言篇第十三章第二十四节中的一些相似的箴言，即要求用体罚来惩戒行为失当的儿童，这清晰地反映了自古以来成年人的思想。作为这则箴言的体现，直到现在，体罚仍然是世界各地的教师包括美国教师最常用的手段。然而，尽管大多数国家都已经禁止教师和其他学校人员用体罚的方式来惩戒行为失当的儿童，但是否允许使用体罚在美国仍然存在争议。尽管允许教师使用体罚的方式惩戒行为失当儿童的辖区的数量在继续减少，但事实上，在美国大约仍然有 20 个州承认体罚是合法的（Center for Effective Discipline，2010）。

在法定的"代理父母（Loco Parentis）"原则下，自殖民时代以来，美国教师拥有了除对学生施以适当体罚的职权之外的所有权力。但是，大多数州并没有明确规定体罚是违法的，如果学校董事会允许，教师仍然可以在学生家长反对的情况下用体罚的方式来惩戒学生（贝克诉欧文案，1975a，1975b）。

为了解决教师通过适当惩戒来保证安全有序的学习环境的责任与家长的教养权之间的冲突，体罚的合法性地位发生了转变。更具体地说，这可以从越来越多的禁止使用体罚的法律的颁布和体罚诉讼案件的减少上反映出来，许多学校董事会出于对家长意愿的尊重，也放弃了对学生实施体罚的做法。同时，如果对学生施以不合理或非法的体罚或有其他违反学校董事会或州法律相关规定的行为，教师会被解雇（博特诉中央学区学校董事会案，1977）。

美国最早的涉及体罚的案件发生在 1859 年。案件的起因是一名高中生在校外看到自己的教师并直呼了教师的名字。第二天，该教师便用教鞭打了该生，佛蒙特州最高法院对该教师体罚学生的行为采取了支持的态度。根据判决，当学生的行为会"直接和立即给学校造成损失或有辱教师权威"时，体罚在一定程度上是一种正当的惩戒手段（兰德尔诉西维尔案，1859，* 5）。然而，20 年后，在另一个案件中，法院却对体罚的行为持否定的态度。在这个案件中，爱荷华州最高法院裁定，教师对一名因健康原因而被免除代数课后表现很"傲慢"的女生使用体罚的做法是不恰当的。不过，法院认为该生应该被开除而不是受到体罚（斯塔特诉米茨纳案，1878）。

在 1977 年的英格拉姆诉怀特案中，最高法院认为体罚并不违反宪法。法院裁定，宪法《第八修正案》的禁止残酷和非正常刑罚的条款是为了保护那些有犯罪行为的人，因此不适用于为了维持纪律而惩戒学生的行为。在对该案件进行分析时，法院认为，不应该在儿童和服刑人员使用的体罚之间作类比。追溯它的历史我们会发现，在当时的美国，体罚在大部分辖区内是被允许使用的，虽然在体罚的使用上，专业人员和公众舆论的看法一直存在分歧，但在任何情况下法院都不认为它是违宪的。

在此背景下，本章对在公立学校中使用体罚的不同态度进行了讨论。反映在持支持观点的文章中，艾梅·弗农·吉布斯认为，体罚作为一种古老的惩戒形式应该被废除。吉布斯反对使用体罚的理由是体罚与告诫学生不要用暴力来解决他们与同龄人之间的分歧的教导相悖，体罚甚至会向学生传达教师可以用武力来管教他们的信息。她还认为，体罚不仅是一种无效的惩戒方式，而且可能会对遭受或目睹这种惩戒方式的学生造成意想不到的伤害。

相反地，艾米丽·理查森的持反对观点的文章首先分析了最高法院在明确联邦、州和地方政府对教育的管理权限之前不愿限制使用体罚的行为。通过这种方式，她认为在学校中使用体罚应该是一个州或地方的问题。理查森认为，全面禁止使用体罚对公立学校而言是无益的。她断言这样的禁令剥夺了当地教育管理者对自己区域内的需求做出回应的权利，同时也剥夺了他们选择、使用恰当惩戒方式的自由。

当你阅读这些文章时，你需要问自己两个问题。首先，你怎么看待体罚？其次，如果你生活在一个仍然允许体罚的州，在未经你允许的情况下，教师是否可以用这种方式来惩戒你的孩子？

查尔斯·拉索
戴顿大学

支持观点

艾梅·弗农·吉布斯，

密歇根州底特律市狄金森-莱特知识产权律师事务所

　　体罚应该被废除，因为它是一种古老的、无效的惩戒学生的方式，而且会对各个年龄阶段的学生造成不利的影响。这不仅包括体罚的受害者，也包括这种严酷惩戒方式的目击者。尽管长期以来公共政策一直支持被家长和学校作为控制孩子手段的体罚，但体罚也不应该因为其历史渊源而长期存在，特别是当体罚的消极影响远远大于其积极影响时。体罚不仅是一种无效的管理和改善学生行为和表现的方法，而且它还会向被惩戒的学生传递错误的信息，让他们误以为自己之所以被惩戒是因为有某种形式的暴力行为。在研究体罚对学生造成的诸多不利影响之前，有必要详细说明什么是体罚、体罚的适用范围，并对历史上及当前反对在学校中使用体罚的案件做简要回顾。

学校中体罚的定义

　　美国儿科学会将体罚定义为有意使用外力使孩子体验到痛苦，但不会使他们受伤，只是为了纠正或控制孩子的行为。此外，国家学校护士协会将体罚定义为通过有意造成身体疼痛而使行为发生改变的一种方法。可以看出，所有关于体罚的描述中均包含着有意使身体疼痛的因素。根据这些定义，当学校用体罚作为惩戒学生的方式时，就会与平时不让学生打、掌掴或用不适当的方式接触其他同学的教导相悖。构成体罚的行为包括用皮带、尺子或棒子打孩子，也包括捏、拍或打学生的臀部、手或大腿。这些校方权限范围内的不同惩戒形式以及体罚本身所固有的定义掩饰了体罚对学生身心造成的伤害。鉴于这种惩戒方式所产生的大量负面效应，在军队、精神病院、少年教养所和监狱中体罚是不被允许的。然而，在美国的一些州体罚仍然被允许。

体罚在学校中的盛行

综上所述，在殖民地时期，体罚在美国就已经成为一种惩戒手段。然而，进一步追溯体罚的历史，最初则是在 19～20 世纪的英国及其他欧洲国家普遍流行的一种惩戒方式。第一个禁止体罚的国家是苏联，也就是后来的俄罗斯，因为它与当时国内的意识形态不一致，苏联从 1917 年革命开始便禁止在学校中使用体罚。英国在 1987 年取缔了体罚，当时欧洲大陆上的大部分国家已经在学校中禁止使用体罚十几年了。随后，其他国家也纷纷效仿并禁止将体罚作为一种惩戒手段，包括日本、南非和新西兰等。最近，在 2004 年，根据加拿大儿童、青年和法律基金会诉加拿大司法部一案的判决，最高法院正式宣布在学校中使用体罚是不合法的。现在，美国是西方国家中唯一没有在学校中禁止使用体罚的国家。

由于体罚的无效性和对学生造成的伤害，近几十年来的一个明显的趋势是学校中的体罚逐渐被废除。大多数的专业协会和学术专家都提倡禁止体罚，包括所有在美国认证的教师学院、美国儿童和青少年精神病学会、美国学校辅导员协会、美国儿科学会、美国公民自由联盟、人权观察组织和全国中学校长协会等。然而，美国并没有颁布一项关于体罚的全国性禁令，很多学校仍然将体罚作为惩戒的一种手段。虽然国会没有以联邦立法的形式禁止在学校中使用体罚，但是由于禁止使用体罚的州的数量越来越多，国会也越来越希望消除恶劣的、不公平的和无效的体罚。到目前为止，大约有 30 个州在他们的学校中禁止使用体罚。在其他州，体罚虽然是合法的，但其被使用的频率也在持续降低。

尽管体罚的使用频率呈明显的下降趋势，但发生在美国学校的体罚事件仍很令人担忧，因为即使每个学校中有一名学生被体罚，其数量也是很多的。根据美国教育部民权办公室最新公布的数据，在 2006－2007 学年全国范围内有 223 190 名学生至少被打过一次。这与之前相比已经大幅度减少。因此，即使国家尚未正式立法禁止在学校中使用体罚，教育管理者和教师也已经在实践中将体罚从他们所在学校的惩戒方式中移除了。

法院反对使用体罚

尽管法院还没有在国内的学校中统一废除体罚，但是大量关于体罚的诉讼，使得在学校中使用体罚的权限和范围得以有效地缩小。20 世纪下半叶以来，历史上广泛授权使用体罚的做法，已经受到法院和参众两院的联合攻击。20 世纪 70 年代，两个引人注目的案件都是关于家长反对在学校中使用体罚的，而且他们声称这样的惩戒违反了宪法，尤其是《第四修正案》《第八修正案》和《第十四修正案》。这些案件由最高法院审理，法院裁定体罚并不涉及宪法《第八修正案》的禁止残酷和非正常刑罚条款，也不违反宪法保护的实质性正当程序（贝克诉欧文案，1975a，1975b；英格拉姆诉怀特案，1977）。虽然法院驳回了这些关于体罚的诉讼，但随后很多案件都根据实质性正当程序来攻击其合宪性。

例如，根据第 1983 款的要求，各联邦上诉法院同意在适当的情况下，违反实质性正当程序作为一个法律问题具有可诉讼性。最典型的一个案件是新墨西哥州的一名学生被一名管理员倒吊，而另一名管理员则用木桨反复击打她的大腿，直到流血（加西亚诉米拉案，1987，1988）。

除了这些成功地发现体罚侵犯了学生的实质性正当程序权利的案件外，20 世纪 90 年代，国家层面也加大了对体罚政策的审查和修订。在1977 年的英格拉姆案中，法院认为体罚并不属于残忍和非正常刑罚，而且法官指出只有新泽西州和马萨诸塞州颁布了在学校中禁止使用体罚的政策，这就意味着体罚会对学生造成伤害的威胁是微不足道的。如上所述，认识到体罚的无效性及其产生的负面效应并出台禁止使用体罚的政策的州的数量已经超过 30 个。这些州政策的出台在很大程度上是由于随着社会科学的发展，体罚的作用受到质疑。

无效的政策结果和不良后果

不仅缺乏证据表明体罚是一种有效的惩戒学生的方法，而且还有大量证据表明，在学校中使用体罚不仅会对遭受体罚的学生造成很多意想不到的伤害，而且还会对那些目击者造成伤害。这些不利的后果由多种原因导致，但它们无疑都会对孩子产生负面影响。这些原因包括以下几个方面。

1. 体罚并不是一种有效的惩戒方法，而且还会向孩子传递暴力是一个合理解决冲突的方法的错误信息。

关于体罚有效性的研究通常是关于父母对孩子的体罚。即便如此，这些研究的结果也可以很容易地推广到学校的体罚上。这些研究发现，尽管体罚可以使孩子立即顺从或暂时停止不当行为，但从长期来看，它在促进孩子养成适当的行为方式上起的作用很小。一个关于体罚对孩子影响的开创性研究发现，体罚实际上会降低儿童对道德规则的内化水平（Gershoff，2008）。换句话说，惩戒的目的是减少或消除一些负面行为并阻止孩子将来出现不当行为，从这个意义上讲体罚是无效的。当用体罚作为惩戒方式，但没有关于对惩戒的必要性、惩戒的原因以及正确行为的重要性等的适当说明时，这一点尤其正确。

同时，通过让教师打违纪学生的方法来教导学生不要有类似打或推搡同学的不当行为的做法，会得到事与愿违的结果。当肢体接触是由一个权威人物，如学校中的教师发起时，就会向学生传递一种错误的信息，使他们认为暴力是解决问题的一种方法。研究表明，这些错误的信息不仅会影响受到体罚的学生，而且也会影响那些目睹体罚的学生。我们不应该让教师或其他学校成员间接担当这样的角色，即强化武力是控制个人或局面合理方法的角色。如此严厉的惩戒不但会造成不信任，还会使公立学校学生的攻击性行为增加。其实，有很多比体罚更有效地处理和解决冲突的方法。

2. 学业成绩与体罚呈负相关关系。

可以预期，如此严厉的惩戒不仅是一个无效的改变学生行为的方法，而且也不利于学生未来的成功。那些遭受或目睹过体罚的学生在学校中更容易感到不安。此外，频繁地对学生使用体罚，会营造一种消极的、有威胁感的校园氛围。这种内在的消极氛围，会使学生在学业上的能力受到负面影响。严厉的体罚会使学生的在校行为表现和学业成就出现显著恶化，在某种程度上，当学生感到自己被边缘化后便会逐渐脱离学校。

事实上，已经证实的是，在那些经常使用体罚的州，其学校的学业成绩也低于同类已经禁止使用体罚的学校。通常情况下，那些已经废除体罚的州会有更高的 ACT 分数和更高的毕业率。这在一定程度上可能是由于学生没有能力求学或者集中精力学习的结果，而不是学校的惩戒方式致使其害怕或分心的结果。

根据有效管教中心（CEO）和国家教育统计中心的数据，在禁止使用体罚的州，89％的学生的 ACT 分数高于全国平均水平。相比之下，在允许使用体罚的州，只有 36％的学生的 ACT 分数高于全国平均水平。此外，禁止使用体罚的州的毕业率为 66％，明显高于全国平均水平。然而，那些允许使用体罚的州的毕业率为 57％，低于全国平均水平。当今世界，学生要摆脱负责保护和教育他们的成人的控制和支配并取得学业上的成功会面临重重阻碍。

3. 残疾学生、少数民族学生和较低社会经济地位的学生遭受体罚的比例较高。

在那些仍然允许使用体罚的州，也不是始终如一地在不同学生之间实施体罚。那些家庭贫困的学生、少数民族学生和有残疾的学生在学校经常被打。例如，根据美国教育部民权办公室公布的数据，在 2006—2007 学年，全国范围内有 223 190 名学生遭受体罚，其中 41 972 名是残疾学生。因此，遭受体罚的残疾学生的数量占所有遭受体罚学生总数的 18.8％，而残疾学生的人数只占全国学生总数的 13.7％。残疾学生更容易遭受体罚，他们的缺陷可能会阻碍他们表现出符合学校期望的行为，因此体罚经常被滥用在已经处于危险中的学生身上。

4. 体罚会对学生社交、情感和心理健康产生长期的负面影响。

研究表明，遭受体罚的学生会感到羞辱、无助、沮丧和愤怒。除了这些短期的负面效应，体罚也经常会产生更多的长期影响，如更多的暴力行为和侵略性、自我控制力的减弱以及大量社交、情感和心理问题。在学校有过耻辱和痛苦的体罚经历的学生，更容易出现反社会行为和不信任的态度。在学校遭受体罚的直接后果就是，这些学生更可能出现长期的抑郁和无力感。所有这些负面情绪再加上本身对遭受体罚这件事的愤怒和尴尬，往往会导致学生出现更多的攻击性行为甚至可能出现犯罪行为。国家教育统计中心的数据显示，排名前十位的最频繁使用体罚的州中，有 8 个也在犯罪率最高的前十个州内。因此，体罚不仅是一种无效的纠正学生不当行为的方法，而且它还会带来长期的负面影响，包括增加它试图控制的攻击性行为和暴力行为。

结论

体罚不但不能减少学生的不当行为，而且还会对遭受体罚的学生产生很多意想不到的负面影响，这种惩戒形式是一种无效的，而且往往是一种不利于管理学生行为和促进学校安全的方法。此外，有很多可以替代体罚的惩戒学生的好方法，包括建立明确的行为准则、实施与行为准则等效的惩戒、开会讨论有关不当行为，并要求教师和家长参加关于讨论学生不当行为和对学生做出停课或留校察看处分的专门会议。

反对观点

艾米丽·理查森，印第安纳大学

2011年以来，大约有30个州宣布在学校中使用体罚是不合法的，体罚通常被定义成为了改变学生的行为而有意对其施加痛苦的行为。即使在那些没有宣布体罚是不合法的州，有时学校董事会也会制定禁止对行为失当的学生使用体罚的政策。此外，近些年来体罚盛行的州或地区也在不断减少对体罚的使用频率，因为一些学校董事会明确规定了体罚的适用范围以及可以实施体罚的人员。然而，众议院在2011年9月出台了一项结束在学校中使用体罚的法案，这有可能是联邦政府禁止在学校中使用体罚的一个举动（H.R.3027，2010）。

持反对观点的文章认为，由联邦政府颁布禁止使用体罚的法令确实是不必要的，因为这有可能会损害州和地方政府教育的独立性，而且也限制了学校管理者选择惩戒方式的自由。尽管如此，这篇文章既不认为体罚适用于所有的惩戒问题，也不为其在法律上被界定为滥用而辩护。首先，文章明确指出，最高法院并不愿意限制对体罚的使用。其次，这篇文章探讨了联邦、州和地方政府在管理教育过程中的相互作用，并认为体罚的使用应该是一个州或地方的问题。最后，文章分析了全面禁止使用体罚无益于学校的其他原因。

体罚和美国法院

在美国的教育系统中，体罚有着悠久的历史。英美普通法系允许代替或替代父母进行体罚，这使得学校可以共享一部分父母的角色，如惩戒儿童等。在今天的学校中，最普遍的体罚形式是用棒子打，当然其他的形式也一直在被使用。体罚之所以一直被沿用至今，最主要的原因是需要维持一个有序的、安全的和能够促进学生学习的校园环境。法院驳回了一些令人震惊的体罚诉讼，而且也没有认为体罚的使用是违宪的。本章在描述体罚的宪法地位之前，先讨论了最高法院拒绝全面禁止使用体罚的正确性。

在英格拉姆诉怀特案(1977)中，最高法院裁定体罚并不违反宪法《第八修正案》中关于禁止残酷和非正常刑罚条款的相关规定。法院认为，宪法《第八修正案》并不涉及学校中的情形；相反，它只适用于犯罪情形。理由是学校比监狱或其他拘留场所的环境更加开放，法院裁定"各州'为了适当地教育孩子和维护组织的纪律'而使用体罚或许是合理的、必要的"(p. 662)。

关于英格拉姆案讨论的另一个问题是，是否遵循了宪法《第十四修正案》中正当程序条款的要求，如校方对学生实施体罚之前应进行公示或举行听证会。正当程序条款要求，当政府剥夺公民的生命、自由或财产时，应当给予公民一定的程序性权利。法院认为，英格拉姆案符合正当程序的要求，因为学生有不被惩戒或限制人身的自由。但是，最高法院指出，对于人身伤害罪而言，在违反正当程序的情况下，有效的侵权救济可以争取到足够多的赔偿。这些现有的救济途径抑制了校方的不良行为。为了公平起见，法院又鼓励校方为学生提供有限的正当程序保护，如在实施体罚之前将他们的不当行为进行公示并给他们反驳的机会。但法院认为，根据正当程序条款并不需要这些过程。

尽管英格拉姆案并没有直接认定体罚不合法，但它确实通过刺激各州立法起到了相同的作用。在1977年英格拉姆案被判决时，只有新泽西州、夏威夷州和马萨诸塞州禁止在公立学校中使用体罚。英格拉姆案被判决20年之后，在20世纪80年代初已经有27个州颁布了此禁令及很多与此相关的法规，现在这一数字已经增加到了30个。

一些提倡禁止使用体罚的人提出，在学校中使用体罚的做法是残忍且不必要的，棒球棒、腰带、分机线绳或窒息等会让我们想起很多可怕的惩戒学生的案例。还有一些人则认为体罚是一种轻微的犯罪行为。然而，这些严厉的体罚可能已经是违法的，尽管它们可能不符合大多数法院目前所使用的判定违法的标准。就像被各州法律强行限制的父母的体罚一样，校方的体罚行为也应被限制在合理的范围之内。

宪法《第十四修正案》中的实质性正当程序条款禁止滥用和过度惩戒，这类惩戒或许已被各州法律或规章所禁止。尽管最高法院在审理英格拉姆案时拒绝就过度惩戒问题做出裁决，但其他法院已经解决了这个问题。

实质性正当程序条款是为了防止在一些重要的情形下，政府做出不合理或随意的决策。学生身心的创伤是很难恢复的，因此，为了使学生尽快恢复，需要政府"凭良心"做出决策。

在霍尔诉托尼案中(1980)，第四巡回法院认为，如果因惩戒而造成的伤害与过错严重不成比例，那么体罚就违反了实质性正当程序条款。而且当体罚是"一种以恶意或虐待为目的，而不仅仅是因为粗心或一时头脑发热而做出的举动时，它就相当于是对官方权力的一种残忍和不人道的滥用"，这样的体罚冲击着我们的良心(p.613)。这在一般情况下被称为"合理性检验"。其他联邦巡回法院也采用类似的标准。例如，第十一巡回法院在审理尼尔诉富尔顿县教育局案(2000)时，关注教练用重量仪器的一部分戳学生，致使其眼睛受到严重伤害的情况。法院裁定，学生可以得到来自校方的经济赔偿，因为体罚是"有意的、明显过度的，而且是可以预见到有严重伤害危险的"(p.1071)。

英格拉姆案并不是第一个法院拒绝对公共教育进行干预的案例。事实上，法院往往不愿意干涉公立学校管理者的决策权。例如，法院不喜欢判决有关课程的问题，因为校方有更多的做出这些类型的判断所必需的理解和认识。此外，法院不愿意干预学校问题的另一个原因是，担心这样做很可能会激起更多的最好交由教师解决的问题的诉讼。

教育的地方性

体罚不应该被联邦政府禁止，因为教育是州和地方政府的一项职责。为此，只要美国宪法中未提及教育，根据宪法《第十修正案》，它就已经被预留给了各州进行管理。各州进行管理至少会起到两个方面的作用。首先，它允许各州尝试寻找最佳的教育结果。事实上，各州已经尝试实行了很多成功的政策，这也会进一步促进这些政策跨州实行。最近的一个例子便是特许学校运动。特许学校首次出现是在20世纪90年代初期的明尼苏达州，此后这种类型的学校被许多州采用。

允许各州进行尝试的第二个原因是，让学校有实施例如体罚等活动的权力是为了使他们与当地习惯保持高度一致。所以一些州或地方政府

愿意继续使用体罚也就不足为奇了，特别是当考虑到它在美国教育史上
所起到的作用时。长期以来，体罚一直在学校中存在，甚至有人认为它
的使用是宗教授权的。事实上，那些仍然继续允许使用体罚的州大多位
于南部地区，这个地区比其他地区的宗教色彩更明显（Center for Effective
Discipline，2010）。所以，毫不奇怪，这种对体罚的偏爱会反映在这些地
区的学校教育里。

因此，各个州或社区都应该有权对教育做出决定。如果各州不在他
们的学校中禁止使用体罚，当地社区最好站在自己的处境上来判断体罚
是否适合自己的社区。因为学校通常都是可见且开放的，所以社区可以
对当地的学校和风俗习惯进行检查。尽管外部对学校的控制是有限的，
但学校内部确实有一定的民主程序。因为学校董事会由选举产生，家长
可以就关心的问题与校方进行自由的交谈，也可以参加一些利益团体，
如家长教师合作协会。

在一些州，当州或联邦政府没有强制规定实行什么政策时，就需要
当地学校董事会和他们的行政人员一起进行尝试。社区可以对当地的学
校系统进行检查，而且社区成员还可以要求对体罚的使用实行一定的限
制。大部分允许体罚的学校可以让家长选择是否对他们的孩子使用体罚。
另外，尽管学校董事会允许使用体罚，他们同时也会允许教师使用其他
惩戒方法代替体罚。这样一来，学校董事会通常不会要求个别教师使用
体罚。这样的命令将不仅难以执行，而且还可能使体罚起到相反的教育
效果。

体罚在教育中的有效性

学校惩戒是一个越来越重要的问题。课堂混乱会直接影响到学生的
学习，然而，课堂管理对很多教师尤其是新教师而言仍然是一个需要面
临的挑战。虽然课堂管理是复杂的，但很少有人会否认体罚在课堂管理
中所发挥的作用。当然，正面的激励和强化也可以发挥作用。如果体罚
的使用是适当地，对于学校来说它可以成为一个非常有用的工具。

废除学校管理者的一种惩戒手段意味着他们的选择可能会越来越受

限制，而这些剩余的惩戒手段又可能会对学生的学习产生影响。例如，在一所仍然允许体罚的学校，学生偷盗同学东西后可能会被用棒子打。然而，一旦体罚不再被允许，犯同样错误的学生就可能被处以停课甚至是开除的处分。离开学校会使学生的学习时间减少，尽管有时候这样的惩戒是恰当的。家长可能会因这些失去的学习时间而抱怨，并且还会进一步地对孩子停课期间的膳宿监管问题产生抱怨。此外，学生还可能会把离开学校的时间当作一个假期。与其他类型的心理惩戒一样，无论是留校察看、停课或其他这种类型的惩戒，都很难预测学生的想法。为此，一些学生可能将这种隔离理解为一种惩戒，而另一些可能就理解为可以从繁忙的社交日程中解脱出来。

体罚可能会为这些问题提供一些解决方法。被体罚后，学生可以很快地重新开始学习。同时，家长也没必要去寻找托儿所，因为体罚不像停课或开除那样会有离开学校的情况，身体的疼痛是更普遍地被人们接受的惩戒方式。

此外，按照管理者或教师的时间支出来算，体罚可能是一个更高效的做法。管理课堂和学校需要占用教师大量的时间，而且需要各种类型的惩戒方式，如停课、星期六学校或减少上课时间。这种官僚主义的管理方式是为了支持这些类型的惩戒措施和监督实际的惩戒过程。这些类型的惩戒方式本身并不能提供任何有价值的教育机会，而且与体罚相比也没有其他的优势。

其他的教育效益也可能与体罚有关。一些人认为体罚是一个促进学习的好方法，因为它可以向学生提供及时的反馈（Gershoff，2002）。而且，这种及时的反馈至少在短时间内会让学生遵守学校的规章制度。相比之下，其他的惩戒形式可能无法做到这样及时的反馈。例如，一所高中可以在每周五的下午让学生放学后留校。如果学生在周二违反了学校的规章制度需要放学后留校，那么第一次真正的惩戒需要被推迟到3天后进行。另外，如果同一名学生在周三又违反了另一项学校制度而且也需要放学后留校，那么在星期五之前他将不会受到任何惩戒。对于很多学生而言，这样的延迟惩戒可能会使惩戒的效果大打折扣。

在学校中禁止使用体罚可能影响的不仅仅是用棒子打这种做法。回顾前面给出的关于体罚的定义，是指为了改变某些行为而有意施加的疼痛。用棒子打并不是唯一的符合这个定义的体罚形式。相反，教练员在体育课上使用的很多传统的惩戒方式也符合这个定义。沃尔克尔（1991）提供了一个很好的与体育运动有关的案例。他提到，一位教练在没有成功引起他的队员们的关注后，要求队员们进行"冲刺跑"，这也是一种体罚的形式。沃尔克尔认为，这种运动带来的不适感可能比传统的用棒子进行体罚造成的不适感更强烈，但"假设教练心中有合理的目标而且队员们也可以完成冲刺跑，那么造成的这种身体的疼痛，就可能是一种适当的惩戒形式"（p. 280）。在训练期间对队员们进行密切地关注，则可能会达到预期的效果。只要这种类型的惩戒在整个美国的体育课上是有效且普遍的，那么就没有必要禁止其使用。

结论

尽管很多人，包括持支持观点的文章都认为，现在是时候由国家颁布一项对体罚的禁令了，这种普遍的禁令并不是对所有学校都有利的。因此，不应该由国家干预，而是应该允许各个州和学校董事会颁布符合自己情况的政策。在一些地区体罚或许是不受欢迎的，但是在另一些地区，它或许就是一种公认的、有效的惩戒形式。让那些能够接受体罚的地区继续使用体罚，这样可以给当地的学校管理者多提供一种可供选择的、对某些学生可能会更有效的惩戒方式。体罚并不适合于教育中的所有情形，而且滥用体罚既是不恰当的，也是不被法律所允许的，但是联邦政府不应该在所有的学校中禁止其使用。

拓展阅读资料

American Academy of Pediatrics. (2006). *Corporal punishment in schools*. Retrieved from http: //aappolicy. aappublications. org/cgi/content/full/pediatrics；106/2/343

Arcus，D. (2002). School shooting fatalities and school corporal punishment：A look at the states. *Aggressive Behavior*，28，173-183.

Benatar，D. (1998). Corporal punishment. *Social Theory & Practice*，24(2)，237-260.

Center for Effective Discipline. (2010). U. S.：*Corporal punishment and paddling statistics by state and race.* Retrieved August 9, 2011, from http: //www. stophitting. com/ index. php? page=statesbanning

Center for Effective Discipline. (n. d.). *Discipline at school (NCACPS).* Retrieved June 17, 2011, from http: //www. stophitting. com/index. php? page=atschool-main

Fuller, J. (2010). Corporal punishment and child development. *Akron Law Review*, 43, 537-602.

Gershoff, E. T. (2002). Corporal punishment by parents and associated child behaviors and experiences: A meta-analytic and theoretical review. *Psychological Bulletin*, 128(4), 539-579.

Gershoff, E. T. (2008). *Report on physical punishment in the United States: What research tells us about its effects on children.* Columbus, OH: Center for Effective Discipline.

National Parent Teacher Association. *Position Statement-Recommendation on Corporal Punishment.* Retrieved from http: //www. pta. org/1749. htm

Punke, H. H. (1959)Corporal punishment in the public schools. *NASSP Bulletin*, 43 (248): 118-138.

Robinson, D. H. , Funk, D. C. , Beth, A. &. Bush, A. M. (2005)Changing beliefs about corporal punishment: Increasing knowledge about ineffectiveness to build more consistent moral and informational beliefs. *Journal of Behavioral Education*, 14: 117-139.

Society for Adolescent Medicine, Ad Hoc Corporal Punishment Committee. (2003)Corporal punishment in schools: Position paper of the Society for Adolescent Medicine. *Journal of Adolescent Health*, 32: 385-393.

Vockell, E. L. (1991)Corporal punishment: The pros and cons. *The Clearing House*, 64(4): 278-283.

Wasserman, L. M. (2011)Corporal punishment in K-12 public school settings: Reconsiderations of its constitutional dimensions thirty years after Ingraham v. Wright. *Tauro Law Review*, 26: 1029-1101.

判例与法规

Baker v. Owen, 395 F. Supp. 294(M. D. N. C. 1975a), aff'd, 423 U. S. 907 (1975b).

Bott v. Board of Education, Deposit Central School District, 392 N. Y. S. 2d. 2d 274 (N. Y. 1997).

Canadian Foundation for Chidren, Youth and the Law v. Canada, 1 S. C. R. 76 (2004).

Garcia v. Miera, 817 F. 2d 650 (10th Cir. 1987) *cert. denied*, 485 U. S. 959 (1988).

Hall v. Tawney, 621 F. 2d 607 (4th Cir. 1980).

Ingraham v. Wright, 430 U. S. 651 (1977).

Lander v. Seaver, 32 Vt. 114, *5[online Westlaw designation at 1859 WL 5454] (1859).

Neal v. Fulton County Board of Education, 229 F. 3d 1069 (11th Cir. 2000).

State v. Mizner, 50 Iowa 145(1878).

U. S. Congress(111th), H. R. 5628, June 29, 2010.

话题 8

学术造假和学生违规行为之间是否应该有所区别？

支持观点：菲利浦·布莱克曼，宾夕法尼亚大学
反对观点：彼得·L. 莫兰，宾夕法尼亚大学

概　述

　　剽窃，是一个作者抄袭另一个作者的观点或整段文字，但没有注明引自何处的一种偷窃行为(Weidenborner & Caruso，1982，p. 97)。对于借用别人的观点或文字却没有注明引自何处的这种剽窃行为的控告，能够给剽窃者带来毁灭性的影响。对剽窃行为与日俱增地关注，使得具有检测未注明引用复制率功能的特殊计算机程序迅速出现。教师要求学生上交作业时附上一个报告单，报告单的内容是软件得出的作业与数据库进行对比的情况，这种要求使得未注明引用的情况非常容易被发现。某联邦地区法院对这些计算机程序(Turnitin)进行了考察，得到的数据是惊人的，"全世界有超过 7 000 个教育组织使用 Turnitin 软件，使得 Turnitin 每天要提交 100 000 份报告"(A. V. 诉 iParadigms 网站案，2008，p. 78)。这种发现学生剽窃的经验也同样适用于教职工，对学生剽窃行为的控告可以使得该生被学校开除(麦考利诉卡洛斯阿尔比组大学案，2006)。对教职工剽窃行为的控告也可以使得该教职工被解雇(阿加瓦尔诉明尼苏达大学董事案，1986)或者被终止聘任(博腾诉美洲大学案，1999)。

　　这种反学术剽窃行为的惩罚措施的执行导致了越来越多诉讼案件的出现，并且伴随着大量的法律索赔。对于教育机构中的学生和教职工而言，最大的挑战是对于他们剽窃行为的严重惩罚，剽窃诉讼已经扩展到控诉人要求剽窃行为人支付损害赔偿金(斯莱克诉斯缇姆案，2008)，以及控诉人要求剽窃行为人进行禁令救济赔偿(杜迪诉史密斯第 100 特殊学区案，1987)。

　　剽窃的初始问题在于构造一个合适的并且能够被普遍接受的定义。法律机构认同的剽窃概念是："盗用他人的文字作为自己的成果却不承认其来源"(Best & Samuels，2008，pp. 778-784)。但法律机构不认同剽窃行为需要得到某种程度的精神责罚(Johnson，2008，pp. 73-74)。

　　剽窃最广泛的定义是"没有注明的复制他人的作品"。但是，事实上剽窃可能会涉及两种分析判断标准：一种是客观的，另一种是主观的。客观分析判断只考虑复制是否有明确标注，而不考虑一个人抄袭的意图。

然而，根据这种客观分析，虽然剽窃并不适用于"常识"问题，但它适用于非法从其他来源使用"思想和表达"的情况（Winkler & McCuen，1985）。一般来说，"一条信息在 5 个或者更多的材料中出现就会被认为是常识"（p.40），但是常识的边界和有来源材料之间的联系并不容易被发现，并且不同学术领域的规则也不相同。主观分析判断是考虑剽窃是否发生在主观想要剽窃的情况下，或者证据是否足以支持对剽窃的指控。

目前，很多教育机构对于剽窃的定义存在争议，但是这对于剽窃的归因是十分必要的，对于剽窃的主观分析判断还没有证据足以支持。为了维护一位被解雇的教师，第一巡回法院宣布有意抄袭在界定剽窃时并不是一个必要的条件，因为"一个人可以因为过失或鲁莽而抄袭，并没有欺骗的意图"（纽曼诉布尔案，1991）。相似地，在一个优秀学生的剽窃案中，一个学生的毕业证因为剽窃而被扣留一年。新泽西法院注意到学生所在大学的新版学生手册中有条例规定："故意剽窃"包括但不仅限于有将他人成果作为自己作业的意图的行为。

在反对这种剽窃观点的背景之下，本章的讨论主要考虑对剽窃的惩罚的不同态度。菲利浦·布莱克曼在持支持观点的文章中认为，剽窃根本上是一个道德行为的问题，因为许多剽窃行为的发生是因为学生不理解教育机构的道德要求。作者认为，学生的剽窃行为来自父母和社会对其成功的压力、懒惰、无效的实践管理以及其研究技能的不足。学生如果能够得到咨询来减缓其压力，剽窃事件就会减少。抄袭在今天之所以十分容易是因为学生与技术的密切联系。布莱克曼将剽窃和版权法联系在一起，认为教育机构应该利用版权法来矫正学生认为互联网上的材料是免费的而且不需要标明来源的错误观念。

在持反对观点的文章中，彼得·L. 莫兰认为，关于剽窃问题，学术造假和学生违规之间有区别是一个伪命题。他警告说学生学术造假源于学生缺乏尊重学术的诚信，因为学生不认为学术违规和纪律违规会造成同样的后果。莫兰主张，对于剽窃指控应该具有正当的听证程序并且其倡导学术诚信体系的实施。

拉尔夫·D. 莫兹利
克利夫兰州立大学

支持观点

菲利浦·布莱克曼，宾夕法尼亚大学

基础教育阶段的教师和行政人员处理由于作弊和剽窃造成的学术造假事件，是学校教育中的常态事件。出生在 1982—2000 年的千禧一代学生比他们的前辈在学术造假方面更加普遍（McCabe，1999；McCabe & Trevino，2005；McCabe，Trevino & Butterfield，2001）。

研究表明，不同因素导致了学术造假的增加（Howe & Strauss，2000；McCabe，1999；McCabe, et al.，2001）。这些因素包括源自父母对其成功要求的压力；自尊心的自我膨胀和权利感的自我扩大；熟悉、精通并且严重依赖技术；以及对美国版权法不了解、持有矛盾态度或者公然漠视（Madray，2007；Rivera，2008；Wilson，2004）。如果这些因素是学术造假与日俱增的原因，教师和学校将会采用支持的和有教育性的裁判程序来处理千禧一代学生高比例学术造假的问题，并且在处理这种问题时，不会像处理违规行为那样简单对待。

学术与违规行为

之前讨论了支持这个观点的基本理由，人们必须明确学术造假与学生违规行为之间的区别。学术造假包括像剽窃、作弊、无署名地帮助他人完成作业以及其他相似的学术违法行为。学生违规行为包括像未成年饮酒、打架、破坏、偷盗和其他通常被认为是刑事犯罪的行为。在此观点下，对学术造假行为的支持的和有教育性的裁判程序意味着，对学术违规行为的处理除了给予适当的惩罚性措施之外，还要采取纪律程序来帮助学生在学业和社会方面得到成长。学生违规行为却正相反，应该继续强化原有的惩罚管理。

法院并没有对违规行为和学术造假之间的区别进行明确界定。尽管如此，法院对学生违规行为和学术造假进行区分是今后发展的趋势。但是，目前许多学校管理者对学术造假和学生违规行为采用同样的纪律程序进行管理，这种包罗万象的方法应该改变。

解决学术造假

　　教师和管理者必须引导学生通过学校教育和个人成长的力量，来消灭能够造成学生学术造假行为的诱因。这种方式让教师使用学生纪律程序来帮助学生培养其学术和社会责任。支持教育的环境也为教师提供了重要的帮助。此外，基于刑法的对抗式的审判模式对于教育机构来说不是十分的适合。这种模式没能反映学术界的思想和习惯。像这样，学校在处理学术造假过程中会使用支持的和有教育性的裁判程序。通过这样做，学校和教师会更好地理解为什么学生会欺骗并且有能力来分析学术造假的原因。

　　许多人认为，导致学术造假的原因基本上是道德问题。一些学生进入学校后，没有明确的指导帮助他们了解自己在受教育过程中应该承担何种道德责任。学校和教师应该通过相应的方法来帮助其解决这个问题，帮助学生培养能够获得学术成功的必需的道德素养。举例来说，学校应该将对学生的学术诚信要求融入课程，采用荣誉准则或者营造承担学术和社会责任的氛围。学校应该营建积极的教育和道德环境，因为，许多学术违规行为的发生都源于学生的道德模糊而不是恶意。认识到这些后，制度安排和学校管理者应该致力于发现导致教育系统中学术造假的特殊因素。

　　支持的和有教育性的裁判程序会帮助发现千禧一代学生学术造假比例高的特殊因素。制度的方法能够针对不同的学术造假原因，通过实施不同类型的教育和咨询项目来解决问题。来自父母和社会对成功要求的压力是心理问题；学生依赖技术可能源于懒惰、不良的时间管理或者研究技能的缺乏；学生对版权法的漠视源于合作学习的不规范和对版权法的忽视。支持的和有教育性的裁判程序除了能够惩罚违规行为之外还可以解决这些潜在的问题。此外，支持的和有教育性的裁判程序不仅能够通过裁判的过程来解决这些问题，还能够通过将补救措施纳入课程的方式来解决这些问题。尽管这在本质上是积极的方法，但是人们也必须接受支持的和有教育性的裁判程序仍然要包括一些适当的惩罚措施。然而，对于首次违规的学生，学校需要细致分析该生为何会违规，目的是为了识别和纠正他们学术造假的潜在原因。该生再次的违规行为能够表明该生漠视学术责任，因此，对其实施更加严厉的惩罚措施是合适的。

支持的和有教育性的裁判程序能够减少由于成功的压力所造成的学生学术造假行为。家长、同伴和自身期望能够给学生带来较大的成功的压力。许多学生将其未来事业成功的机会与他们现在的成绩联系在一起。这些较大的压力和自身期望会导致学生的学术造假行为。学校应该为那些觉得为了他们的学术成功而应该去造假的学生提供咨询。既然许多学校已经雇用了心理咨询师，在实现这一目标时并不会有过多的财政负担。此外，心理咨询师和教师应该指导学生尽可能地利用能够帮助其培养自信和提高学业成就的学术和社会资源。这种方法能够减缓导致学生造假行为的压力。支持的资源可以包括内在的或者外在的心理支持、时间管理技能的培养以及能够获得教师主导的师生关系。最后，学校也应该帮助学生减轻导致其造假行为产生的心理压力，从而帮助学生在情感上和学术上能够得到成长。

支持的和有教育性的裁判程序能够减少由于依赖技术带来的学生学术造假行为。剽窃和欺骗通常是由于学生与技术的密切关系造成的。现在，许多学生的成长都离不开房间里的电脑、手里的手机和耳朵里的iPods。这种联系导致这代人比之前任何一代人在与技术的关系上都更加密切，学生通过互联网可以很轻松地获得他们想要的信息。事实上，今天的许多年轻人都期望他们喜欢的音乐和媒体是免费的。学生们对互联网资源的轻松利用和对获得免费资源的期望带来了问题，许多学生不愿意花费时间来完成他们的作业，因为用技术来完成作业是简单且快速的。还有一种情况是，一些学生缺乏技能，不能够很好地标明其引用的内容。这两种情况都可以通过支持的和有教育性的裁判程序来解决。

如果违规行为的根本原因是过分依赖技术，那么学校就应该为学生提供关于图书馆技术的使用技能、合理引用要求和时间管理技能的补偿教育。这类教育能够促进学生发展并且能够营建良好的教育环境。学校也应该对如何培养学生的基础研究技能和时间管理技能问题进行研究。

很多学生从来没有接触过"硬拷贝"研究，因此，这些学生需要一些接触这些研究方法的指导和鼓励，学校可以通过提供教程研讨会、个人研究能力培训和时间管理培训来达成该目标。学生们直接或间接接触研究方法的机会取决于其不同的学习风格。

支持的和有教育性的裁判程序能够减少由于不了解版权法带来的学生学术造假行为。许多学生有意地或者无意地剽窃是因为他们漠视或者忽略版权法。学生每天都会下载音乐、电影、图片或者其他类型的媒体。这些学生在下载这些资源的过程中正在有意或者无意地违反版权法。学生认为网络上的知识和媒体是免费的，这导致一些学生不仅依赖网络去补充他们的作业，而且把其他人的作业当成是自己的。

为了解决上述问题，学校应该为学生提供关于版权法的基本知识，并且要理解某些学生之所以会学术造假是因为对版权法的无知、矛盾的态度或者忽视。与此同时，学校应该教育学生要保护版权所有人的权利并要重视智力财富的价值。学校可以通过为学生提供版权规范和合理引用规范的课程，以及能够提高学生对版权法认识的课外项目来达成该目标。学校图书馆的工作人员对于该目标的达成十分重要。但是，如果学生对学术责任和智力产权的价值是十分清楚的，学校就要对这种剽窃行为采取十分严厉的惩罚措施。

支持的和有教育性的裁判程序在保证积极的、鼓励的教育环境情况下允许学校对于学术违规行为采取惩罚措施。学校允许教师和行政人员通过将学生的首次学术造假行为作为"可教育的时刻"。学生首次违规会受到较轻的惩罚，因为这项规定的根本目的是为了纠正违规行为。这允许学校实行合适的惩罚，实施支持型解决方案来促进学生的社会和学术成长，例如，强迫学生重写抄袭的论文或者考试得零分。这个方法将会有助于密切学生和家长之间的关系，使得学校成为学生教育生涯的伙伴而不是对立方。

学校应该通过了解学生学术违规行为的根本原因来实施前瞻性的措施，以治理学术造假。一旦学校明确和理解了造成学术造假问题的根本原因，就应该提前制定策略来治理这些问题。例如，在 1 年级就培养学生的基础研究技能和合理引用技能；要求学生参加版权法的学习课程。

这些措施能够保证学生知道使用他人作品应该承担责任。学校应该尽早并且经常向学生传授与学术和社会责任有关的内容。这样做也能够帮助教师和行政人员区分哪些学生的学术造假行为是出于恶意的动机，哪些学生的学术造假行为是出于无伤大雅的动机。

规定的惩罚措施的问题

对于学术造假行为的预设惩罚措施是不公正而且无效的，而且这些措施会导致学生对于教师和行政人员产生负面情绪。剽窃行为的范围可以从轻微到严重。举例来说，有的学生会在他们的整篇文章中错误地使用来源于网络的一句或者两句话。相反，有的学生也会将整篇来源于网络的文章当作自己的作品。这两种行为无论在态度或者分量上都是不同的，也不应该受到同样的惩罚。尽管如此，许多学校对于任何学术造假行为都会进行惩罚。这对于那些并没有恶意动机的学生来说是不公平的。学生由于没有理性的期望，过分依赖技术或者忽视版权法而造成的欺骗行为应该被给予改正错误的机会。支持的和有教育性的方法能够教育学生而不是简单地用一个惩罚的方法来惩罚他们。

严厉的惩罚措施对于治理后续的剽窃行为是无效的。学校在处理学术违规问题过程中采用零容忍理念，利用规定的惩罚措施对学生进行惩罚并不能够解决学生学术造假问题，因为学生仅仅接受了规定的惩罚而没能明白自己为什么会有学术造假行为。惩罚仅仅向学生传达出其行为是错误的，但是对彻底解决学术造假问题是没有作用的。举例来说，规定的惩罚措施对学生缓解来自于父母的压力是无效的。事实上，严厉的惩罚措施在这种情况下会给学生带来更大的压力，因为学生会放弃向父母表达负面情绪，并且这些负面情绪由于学生担心未来成功会受到影响而转化为更大的压力。学生应该在开放的和支持的教育环境中明确自己学术造假行为的动机，其学术造假问题才能够彻底解决。

严厉的惩罚措施会让学生产生对教师和行政人员的负面情绪。接受了惩罚的学生如果觉得自己受到的惩罚是不公正的，那么其就会蔑视那些让他们接受惩罚的人。规定的惩罚措施很容易就会造成对学生的不公正的惩罚结果。教师或学校会发现，一旦学生失去对教师的尊重，让学生接受教育就会十分困难。与此相反，如果教师帮助学生改正其错误，再让学生接受自己的教育会十分容易。学生会寻求教师的帮助，这些教师会帮助学生找到无论是因为缺乏教育还是因为心理问题引起的首次学术造假行为的原因。这种方法能够增强学生对教师、行政人员和教育过程的信任，也能够让学生今后不会出现学术造假行为并且能够营建支持型的教育环境。

结论

在学生首次学术造假过程中采用支持的和有教育性的裁判程序会让学生、教师以及行政人员受益。学生会接收到必要的教育和心理支持来帮助其较好地完成学术任务。采用支持的模式，教师和行政人员可以随时教育和指导学生，该程序在没有弄清楚学生学术造假动机的情况下不会仅通过实施规定的惩罚措施来解决问题。因此，在处理学术造假案件中应该采用支持的和有教育性的裁判程序。

反对观点

彼得·L. 莫兰，宾夕法尼亚大学

对学术造假行为和违纪行为进行司法区分是一个伪命题，这样的区分淡化了学术造假行为的恶劣性质。法院认为，违纪行为涉及与实际调查有关的不当行为，而学术行为涉及与研究者专业内容有关的行为。剽窃涉及的不仅与学术行为有关，而且包括抄袭他人成果的行为。纪律处分赋予学生听证的权利，而学术决议通常是模糊的，处于一个朦胧的状态，教师和学生都不十分清楚什么是剽窃，他们缺乏文档的信息处理技能和评估信息来源可信度的能力。因此，对学术行为的全面保护会妨碍对剽窃进行明确定义。这是在当今年轻人剽窃和欺骗率较高的现实情况下的实际问题（McCabe，2005）。今天的年轻人对于剽窃可能会有不同的看法，学校必须主动地治理学术造假问题并且采取办法培育学生的信息素养。

制度体系主要依靠纪律程序——对违规行为的详细描述；清晰和连贯的过程；规定的惩罚措施以及透明的裁判过程，这些将构成学术诚信体系的核心内容。在这样的体系中，学校能够教育学生如何获取文献和写作；学校能够明确学术造假行为的确定程序、处理事件的具体细节程序以及实施的惩罚措施。如果教师不能够严惩学术造假行为，学生将不会意识到这种行为的严峻性，也不会意识到学术诚信的重要性。因此，学校应该采取该制度体系，培养学生学术诚信意识，还要对学术造假行为进行严厉惩罚。

学术决议和法院

美国法院传统上一直不愿干涉学校的学术决议。学术决议涉及像课程、教学以及不同类型欺骗和剽窃的学术造假等问题。而纪律决议涉及的是像打架、偷盗和其他犯罪行为的问题。法院处理案件过程中对纪律违纪行为案件和学术违纪行为案件采用的法律标准不同。对纪律违纪的学生必须按照宪法《第十四修正案》规定的正规程序处理（迪克逊诉亚拉巴马州教育委员会案，1961a，1961b）。之所以会有不同的标准，是因为学校处理纪律违纪行为的调查程序是在模仿司法处理纪律违纪的程序，利用宪法来维护基本的公平。相反，法院认为在涉及学术诚信问题的处理方面，教师需要具备必要的专业知识。因此，法院在处理剽窃案件中一般会尊重教师和学术机构的学术决议。这种与处理纪律违纪行为不同的方式，缺乏规定程序和指导方针，会在培养学生学术诚信方面出现问题。

千禧一代的信息素养

教师在治理剽窃问题的过程中，面临着许多挑战。挑战的主要内容是"困惑"。在当今的信息时代，越来越多的学术研究都通过网络来进行。出生于 1982—2000 年的人被称为千禧一代（Strauss & Howe，1991），这些学生与技术联系紧密并且网络信息是他们学术资料的重要来源。然而，与网络的紧密联系不代表就具有了良好的信息素养。在这方面，学者对学生的信息素养和处理信息的能力不能够帮助其对信息来源的可信度进行评价的问题表达了疑虑（D'Esposito & Gardner，1999；Jenson，2004；Metzger，Flanagin & Zwarun，2003）。如果千禧一代的学生不提高能力来判断资料的合理来源，没有能力对资料的可信度进行评估，那么"升入大学的学生将不会清楚剽窃和适当引用之间的关系"（Wilhoit，1994，p. 162）。

与此同时，千禧一代的学生成长在一个人人可以轻松地非法下载版权作品的时代，他们会有关于剽窃的错误观念。技术为学生提供了更多的机会去抄袭别人的作品，他们或许不会将他们的行为看作是剽窃或者欺骗。在这样的环境中，教师想要发现学术造假的所有方法，但是其开发检测技术的速度却跟不上技术迅速发展的步伐。

错误区分的影响

基础教育阶段，剽窃问题的解决方案是教师采取措施消除对学术决议和纪律违纪之间的错误区分。虽然这种区分是对追求正当程序的一种司法解释。但是正因为如此，学校在处理学术违纪问题时才应该同处理纪律违纪问题时一样采用同样的听证和调查程序。这种错误区分的理念使教师能够对学术决议进行主观评价，认为教师和行政人员能够对剽窃进行定义。但是，不同教师由于经验和水平的层次不同对剽窃的认识并不相同，其评价就会与学校标准相悖。此外，这种错误的区分所采用的调查程序更加适合纪律处分，因为违纪决议涉及具体的行为；而剽窃则涉及学术违纪和纪律处分。剽窃是一种学术盗窃行为，不仅涉及挪用另一个人的思想，也包括在作业中主动误传这些思想。只要学生在论文或者演讲中将别人的思想当成自己的思想，他们的剽窃行为就产生了。

这种错误区分同样会导致学生缺乏对学术诚信的尊重。纪律处分对于违纪行为有明确规定，并采用连贯的程序和惩罚措施，从而提醒学术界其重要性。剽窃的产生也会源自于对学术造假规定的不了解。在许多教育组织中缺少相应的规定，从而导致学生剽窃行为的产生，因为他们忽视了学术诚信的重要性。如果学校没有制定关于剽窃的政策和处理程序，那么剽窃问题就不会显现，因为这表明学校暗中支持"抄袭文化"。学生认为，由于欺骗行为而被处理或者遭受到惩罚对遏制学术不良行为并没有效果（Hollinger & Lanza-Kaduce，2009）。一个对违纪行为、处理程序、检测措施和惩罚措施界定清楚的体系，会通过对违法行为进行严厉惩罚来让学生明白剽窃行为在学校是不被接受的。

最后，这种错误的区分淡化了剽窃行为的恶劣性质。如果学校对纪律决议有正式的听证会，学生就会树立起纪律而不是学术诚信是学校的核心这种观念。否则，为什么学校对纪律行为投入这么多的精力？如果学术诚信对于学校来说十分重要，为什么学校不对剽窃行为做出明确的禁止性规定？为什么学校不制定明确的政策和程序来处理剽窃行为？进一步来说，为什么学校没有营建学术诚信的教育环境？

学术诚信体系

一旦取消了对于纪律违纪行为和学术违纪行为的错误区分，学术诚信体系(AIF)是能够解决学术造假问题的机制。学术诚信体系是一项在高中阶段培养学生学术诚信的策略，这项策略突出了对纪律违纪行为和学术违纪行为不进行区分的优势。多年来所倡导的对于学术违规行为惩罚措施的规范能够带来崇尚学术诚信的教育环境。

对于学术诚信体系至关重要的四项内容是透明度、适合性、公平性和连续性(Park，2004，p.294)。学术诚信体系是为处在学术发展中间阶段的高中学生而制定的，公平性成为起着至关重要作用的内容。为了解决公平问题，学术诚信体系包括与高中学制相匹配的为期 4 年的课程，目的是培育学生的信息素养和批判性思维。既然图书馆将学术资源越来越多的转换成在线资源，图书管理员经过了特殊的培训才能来管理学术资源，那么图书馆就可以发挥教育功能，因为图书管理员熟悉资源的发展，能够评价资源的可信度以及懂得如何将这些资源作为文章的论据。高中一年级，这个课程集中于一个话题，像"气候变化"，学生能够学习到怎样寻找资料来研究这一问题。在这个层次上，学生能够学会判断像博客、报纸、书籍、视频等媒介的可信度。一年级的培养目的是熟悉资源。

在高中二年级和高中三年级，学生将学到在论文中怎样使用和选择资源。在这个层次上，教师可以将全班聚焦于同样一个观点，也可以在高中二年级时聚焦于一个话题，然后高中三年级时转换到对立的论点。在前面的例子中，教师在高中二年级让学生利用研究资源来探索气候变化的负面影响，到高中三年级时，则利用研究资源来探索气候变化的重要性。从两个不同的角度研究这一问题，学生会学到能够对任何一个方面的问题进行论证，在论证某一方面的过程中，学生需要考虑论据的可信性。

最后就是写一篇论文，论文中学生能够表达自己的观点并且能够利用可信资源论证该观点。伴随学生研究和写作的过程，教师向学生讲解写作难点和建立论据的价值。学生鉴别原始观点的能力和信息素养会逐步提升。

制度体系的另一个特性是适合性。学生将在 4 年的时间里学习如何研究，体现适合性的措施每一年都会实行，包括规定的惩罚措施。在高中期间的 4 年，与各阶段的学生发展水平相匹配的惩罚体系将会用来惩罚学生的学术错误。对学生的期望每一年都会上升，因此，学生的信息素养每年都会提升。甚至在课程的早期阶段，学生就会被期望能够展现出学术诚信。如果学生在第一年就学会了引用资料的基本原理，那么无论在任何阶段出现的剽窃行为都应该被惩罚。

因此，高中二年级的首次剽窃行为将会导致作业不及格，如果有第二次剽窃行为，该课程将会不及格。在高中三年级和高中四年级，首次剽窃行为就会导致课程的不及格，如果有第二次剽窃行为将会被开除。在高中一年级，当学生还在学习资源引用的时候，首次剽窃行为将会得到警告，第二次剽窃行为将会导致作业不及格，第三次剽窃行为将会导致课程不及格。利用增加惩罚措施来识别和纠正违背学术规范的行为，这个方案在学术诚信体系的每个阶段都会有与之相匹配的适合行为。

连续性是这个体系的另一个特性，如果没有体现连续性的措施，学生的欺骗行为就会不间断地发生，因为他们不用担心该行为的后果。在高中阶段，适合的惩罚应该与学生每个阶段的发展水平相一致。有些学者可能会谴责规定的惩罚措施的严厉性。但是在学术诚信体系中，学生会主动意识到学术诚信和责任的重要价值。有些人可能认为，规定的惩罚措施让教师关注的是规则，而不是造成剽窃的原因。正相反，实际上，连续性程序和规定的惩罚措施通过每年增加对剽窃行为的处罚力度，降低了学生潜在的剽窃意识。通过每年的培训，学生被期望能够理解和遵守他们学到的规则，并且会因为不遵守而受到惩罚。这阐明了学术造假的重要性和严重性，并且以同样的方式阐明了严厉的处罚措施所要突出的恶劣性质。不断升级的惩罚措施帮助学生内化了尊重学术诚信的意识。学生必须学会自我管理，规定的惩罚措施同时要突出不文明行为并且建立起学术诚信的规范。

涉嫌抄袭的人有听证的权利。听证不会给教师和涉嫌抄袭的人带来仇恨，因为学术诚信体系将学术诚信当作学术界的核心。4 年的课程让学生掌握了达成学术诚信所需的技能以及学术行为的规范模式，也明确了学术诚信是学校的核心价值，鼓励学校成员遵守这个原则。

制度体系的第四个特性是透明性。第一，学校必须明确规定哪种类型的行为是剽窃，因为这个界定将作为学生和教师的指导方针。第二，学校必须将审判学术造假行为的政策、程序和惩罚措施规定清楚。例如，帕克(2004)对每一种违规行为都规定了相应的惩罚措施，涉及从重新提交作业到开除学籍。对每种违规行为的惩罚措施都做了明确规定，如果学生有剽窃行为，其会明确知道该行为所带来的后果。第三，规定的惩罚措施应该减少教师和行政人员的责任。教师和行政人员不能随意实施惩罚，因为对于违规者的惩罚措施是伴随着学术诚信课程的发展而明确规定的。

此外，由于学术诚信是学校的核心价值，剽窃应该被看作一个违反学术界原则的事件，而不是成为造成教师和学生之间关系紧张的原因。

学术诚信体系应该具有透明、程序化的公众听证会和被认可的检测程序。公众听证会应该明确学校对学术行为的期望，以及通知教师对剽窃行为的界定。这应该被看作交流学校内学术标准的一种有效的方式。此外，被认可的检测程序应提供给教师适当的工具来揭露学术造假。教师对剽窃的定义、处理违纪行为人的程序、听证会的相关内容和潜在的惩罚措施应该十分了解。听证会也将给涉嫌剽窃者提供辩解的机会。通过这些程序，学术诚信体系能够解决处理违规行为具有不确定性的问题，并且能够透明的对违规行为进行处理。与英美法系传统类似，对于违规者的判决源于学校听证会关于学术行为的定义、预期、政策、程序以及对于学术造假行为惩罚的记录。

结论

学术违纪行为和纪律违纪行为的错误区分淡化了剽窃的恶劣本质。教师和行政人员必须制定一个全面的制度体系来培养学生的学术诚信，并要求学生能够对学术造假行为负责。在这个体系中，教师、学生以及行政人员能够消除对纪律违规行为和学术违规行为的错误区分，能够提升学生的学术诚信素养，能够建立公开透明的学术规范行为，以及能够保证学术诚信是学校的核心价值。

拓展阅读资料

Bast，C. M. & Samuels，L. B. (2008). Plagiarism and legal scholarship in the age of information sharing: The need for intellectual honesty. *Catholic University Law Review*，57，777，778-784.

D'Esposito，J. E. & Gardner，R. M. (1999). University student's perceptions of the Internet: An exploratory study. *The Journal of Academic Librarianship*，25(6) 456-461.

Hollinger，R. & Lanza-Kaduce，L. (2009). Academic dishonesty and the perceived effectiveness of countermeasures: An empirical survey of cheating at a major public university. *NASPA*，46(4)，587.

Howe，H. ，& Strauss，W. (2000). *Millennials rising: The next great generation*. New York: Vintage.

Jenson，J. D. (2004). It's the information age，so where's the information? Why our students can't find it and what we can do to help. *College Teaching*，52(3)，107-112.

Johnson，V. R. (2008). Corruption in education : A global legal challenge. *Santa Clara Law Review*，48(1)，73-74.

Madray，A. (2007，June). Developing students' awareness of plagiarism: Crisis and opportunities. *Library philosophy and Practice* [e-journal].

Mawdsley，R. (1994). *Academic misconduct : Cheating and plagiarism*. Dayton，OH: Education Law Association.

McCabe，D. L. (1999). Academic dishonesty among high school students. *Adolescence*，34(136)，681-687.

McCabe，D. L. (2005). *Levels of cheating and plagiarism remain high: Honor codes and modified codes are shown to be effective in reducing academic misconduct*. Center for Academic Integrity，Duke University. Retrieved from http://www.academicintegrity.org/cai-research/index.php

McCabe，D. L. & Trevino，L. K. (2005). It takes a village : Academic dishonesty & educational opportunity. *Liberal Education*，91，26-31.

McCabe，D. L. ，Trevino，L. K. & Butterfield ，K. D. (2001). Cheating in academic institutions: A decade of research. *Ethics and Behavior*，11(3)，219-232.

Metzger，M. J. ，Flanagin，A. J. & Zwarun ，L. (2003). College student web use，perceptions of information credibility，and verification behavior. *Computers & Education*，41，271-290.

Park, C. (2004). Rebels without a clause: Towards an institutional framework for dealing with plagiarism by students. *Journal of Further and Higher Educational* , 28(3), 291-306.

Rivera, C. (2008, March 30). High tech cheats, low tech reasons. *Los Angeles Times*. Retrieved June 17, 2011, from http://articles.latimes.com/2008/mar/30/local/me-cheat30

Strauss, W. & Howe, N. (1991). Generations: *The history of American's future , 1584-2069*. New York : William Morrow.

Weidenborner, S. & Caruso, D. (1982). *Writing research papers: A guide to the process*. New York: St. Martin's Press.

Wilhoit, S. (1994). Helping students avoid plagiarism. *College Teaching* , 42(4), 161-165.

Wilson, M. (2004). Teaching, learning, and millennial students. *New Directions for Student Services*, 106, 59-71.

Winkler, A. C. & McCuen, J. R. (1985). *Writing the research paper: A handbook* (2nded.). San Diego, CA: Harcourt Brace Jovanovich.

判例与法规

Agarwal v. Regents of University of Minnesota, 788 F. 2d 504(8th Cir. 1986).

A. V. v. iparadigms, Ltd. Liability Co. , 544 F. Supp. 2d 473, 478(E. D. Va. 2008).

Boateng v. Inter American University, 190 F. R. D. 29(D. Puerto Rico, 1999).

Dixon v. Alabama State Board of Education, 294 F. 2d 150(5th Cir. 1961a), cert. denied, 368 U. S. 930(1961b).

Dodd v. Ft. Smith Special School District NO. 100, 666 F. Supp. 1278(W. D. Ark. 1987).

McCawley v. Universidad Carlos Albizu, Inc. , 461 F. Supp. 2d 1251(S. D. Fla. 2006).

Napolitano v. Princeton University, 453 A. 2d 263(N. J. Super. Ct. App. Div. 1982).

Newman v. Burgin , 930 F. 2d 955(1st Cir. 1991).

Slack v. Stream, 2008 WL 162618(Ala. 2008).

话题 9

教师是否应该在课堂管理方案中使用外部激励？

支持观点：罗宾·L. 范克豪泽，印第安纳大学东南分校

反对观点：艾琳·B. 斯内尔，德鲁特许学校

概　　述

教师在学校中扮演着不同的角色并且承担着相应的责任。然而，教师每天面对的最重要的任务就是保证学生的安全以及管理好课堂。混乱和无序的课堂，无论是对教师的教学还是对学生的学习都是十分不利的。教师仅凭感觉构建协作学习环境的能力的重要性很难再被夸大。事实上，很多研究者认为，在那些教育领导者能够控制的影响学生学业成就的因素中，教师课堂管理效能是最重要的因素（Marzano，Marzano & Pickering，2003）。

好的课堂管理是多层次的，并且要求有经验的教师能够在建立并经营课堂的过程中仔细地考虑各种因素。早期，教师在课堂中通过构建积极的协作学习环境以及应用明确的程序来管理课堂。教师通过在教室中穿行和安排教室的空间来使其监督和管理课堂的能力得到最大化发挥。虽然这些常规的方法有助于学生的课堂学习，但是教师用有创意的课程计划来吸引学生的方法依然面临着挑战。毕竟，积极参与学习活动的学生遇到纪律问题的可能性很小。最后，如果纪律问题真的产生了，有经验的教师由于运用了预先计划好的多级干预策略，就能够转变学生的消极行为（Crimmins，Farrell，Smith & Bailey，2007）。

即使教师在课堂管理中采用各种具体的策略来帮助他们，但重要的是，教学是一项依赖于教师的个人能力来构建其与学生之间和谐关系的工作，这也是教师这一职业的核心。为了管理好学生，教师要试着去理解自己及学生的个性与动机（Bradley，Pauley & Pauley，2006）。

一些教育家和研究者认为，教师应该只负责激发学生学习的内部动机，而另一些人则认为，应该利用外部激励来满足学生的心理需要（Bluestein，2008）。就像持支持观点的文章中提到的："教师必须考虑怎样通过内部动机和外部激励来鼓励公立学校的学生遵守规则。"然而，持反对观点的文章则强调，教师在课堂中应用外部奖励体系必须谨慎。

具体地，正如持反对观点的文章所述："如果一个孩子已经对阅读产生了热爱，在这时因为读书而给予其奖励，这种奖励实际上很有可能遏制了其对于读书的本质动机。"反方文章的观点与这一领域的研究结论一致。例如，外部激励可能会减少儿童的内部动机。再如，如果一名学生每次练完钢琴后都可以得到一块糖，那么这名学生将会比没有得到外部奖励的人在练琴上花更少的时间(Lepper，Greene & Nisbett，1973)。

虽然哲学范式不同，但是大多数研究者认为仔细了解每一名学生是教师探索学生潜在积极动机的第一步。相应地，仔细了解自己的学生也能够让教师在学生发生不当行为时，有准备地来调查和理解学生不适应行为产生的根本原因(Gootman，2008)。成功课堂管理的某些方面可能是由个体凭借直觉而获取的。为此，马扎诺(2007)曾经强调过，目前的教育研究证明，成功的课堂管理者不是天生的，而是后天培训出来的。实际上，根据这一观点，教师在一段时间内通过被传授运用具体技术和策略，就能够学习如何成为成功的课堂管理者。但是，与此同时，有必要明确的是，没有在任何情况下都能够成功应用的课堂管理策略。所以，教师必须意识到成功的策略是随着时间而变化的，因为课堂的规范是需要适应文化的迁移并根据 21 世纪工作环境的需要而变化的(Bluestein，2008)。

持支持观点的文章和持反对观点的文章阐述了不同的课堂管理方法。在持支持观点的文章中，罗宾·L. 范克豪泽强调，课堂管理对为学生提供一个安全的学习环境有至关重要的作用。她认为，外部激励是一种能够在帮助教师控制课堂方面起到作用的方法。与此同时，范克豪泽也认为实施外部激励需要考虑周全。艾琳·B. 斯内尔在持反对观点的文章中也强调了课堂管理的重要性，但是提出了不同的方法。她聚焦于内部动机的激发，教师应该成为学生动机的激发者和控制学生的"温暖要求者"。斯内尔强调了在管理好课堂的目标下师生关系和谐发展的重要性。

苏珊妮·艾克斯
斯蒂芬·M. 哈珀
印第安纳大学

支持观点

罗宾·L. 范克豪泽, 印第安纳大学东南分校

正如学校管理者招聘教师一样, 他们主要寻找那些可以证明他们教学能力的应聘者。学校管理者为了保证学生可以在一个安全有序的环境里学习, 不仅要考虑应聘者是否有足够的知识储备和教学能力, 还要考虑应聘者是否有能力管理课堂纪律。事实上, 知识储备丰富并且能够很好地传授知识的教师在课堂纪律发生混乱时不一定能够有效地保证安全的课堂环境。

有效课堂管理方案的设计可以包括很多的组成部分, 但是两个最基本的要素就是规则和处罚结果。规则的设计围绕着教师有必要保证课堂的安全和有序, 并且保证教室里不发生打扰课堂纪律的事。因此, 规则的制定应该聚焦于帮助学生更好地学习, 同时也要保证排除打扰学生学习的行为发生。规范学生行为规则的例子如下:

> 专注于学习任务
> 做你最擅长的事
> 保证你的手脚在其应该在的位置
> 尊重你自己和他人

一旦教师明确了课堂管理的主要规则, 教师要做的第一件事就是通过解释规则、提供和树立期望行为的例子来保证规则的有效实施。伴随着规则的实施, 教师必须对遵守和违反规则的行为给予设计、解释、模仿和练习。

学生遵守规则的行为将会推动教师考虑学生遵守和违反规定后果的相关问题。随之而来的是, 教师和其他教育工作者关于激发学生遵守规则的因素到底是内部的还是外部的讨论。关于两种动机到底是截然相对的, 还是仅仅是学生在学习和活动中的不同表现的思考, 使得讨论变得复杂。关于学生是否受到内外因共同影响的问题的出现, 导致了关于额外的、复杂的因素的讨论。

我们可以用一个本科学生的例子来思考一下这个问题。例子表明了动机是怎样与他本科阶段前两年的 3 门主修通识课程的教育经历有联系的。我们可以具体思考一下每个例子，以及到底是内因还是外因对学生的成功产生了影响。学生主修的 3 门通识课程分别是英文文学、地质学和心理学。

1. 在英文文学课中，学生为了得到"B"的成绩，决定所有作业必须要成功地完成，因为"B"是获得奖学金所必需的成绩。学生谨慎地关注着其作业的成绩而不做额外的任务，包括参加课堂讨论。

2. 在地质学课中，学生会选择参加去洞穴旅行，积极参加课堂讨论，期待每一次课堂聚会，并且经常在没有完成其他课程作业时首先做这门课程的作业。学生会在这门课上花费额外的精力，并且他不是为了获得额外的加分以得到"A"的成绩。

3. 在心理学课中，学生为了得到"B"的成绩不得不做很多作业，这是教育学院的基本要求。学生有导师，要和导师进行必要的交流，并且在本科前两年要花费比其他课程更多的时间来准备这门课程。

那么，在这 3 种情况中，内、外因是如何起作用的呢？

学生在学习英文文学课的过程中受到的是外部激励。学生并不是很喜欢学习文学，仅仅是把它当成学校要求必须学的 6 小时的课程。他需要获得奖学金，因为如果没有奖学金支持，他就要去找工作。他并不想在暑假或是不在学校的时候工作。

学生在学习地质学课的过程中受到的是内部动机激励。因为他对理科课程比较感兴趣，因而选修了这门课，并且希望能够成为一名理科教师。他这么努力学习的动力主要源于他对这门课的喜爱。

学生在学习心理学课的过程中为了成绩而学习，似乎受到的是外部激励。但是通过随后的调查中发现，该生对成为教师有很大的热情。他想成为教师是发自内心的，并且对帮助他人有很大的满足感。他觉得教师这份职业并不单纯是为了赚取工资，而更多地是为了教师的称谓。对这名学生来说，看似是外部激励实则是内部动机。

上述这名大学生的案例，对什么是内部动机和外部激励做了很好的解释。有一名小学3年级的学生，她很少能够完成作业并且在教师讲课时总和其他同学说话。在尝试处理这个问题的时候，教师建立起了一套分数机制，当该生遵守课堂纪律、完成作业、认真听讲和尊重他人的时候，教师就会给其加分；当该生不遵守规则的时候，教师就会给其减分。这些分数可以兑换成该生乐于收集的小贴纸。作为一种外部激励的方法，这个分数机制在让该生按时完成作业方面是有效的，并且只要该生具有收集贴纸的热情就不会失效。但是，当教师要求在课堂上根据学生们喜欢的书中内容做实景模型的时候，该生的行为就会有所不同。当教师说明对课程的要求时，她听得十分认真，在完成任务时也充满了热情，并且在休息时仍然要求继续做模型。教师并没有因为她专心学习而给她加分，但是她一点也不介意，就像那名大学生在上地质学课一样，学习的乐趣促使学生学习，并且学习任务本身成为内部动机。

这两个案例证明，教师必须考虑怎样通过内部动机和外部激励来鼓励学生遵守规则。当设计学生遵守和不遵守的课堂规则——课堂管理制度的时候，教师必须要考虑这些。对3个课堂的参观可以帮助我们理解教师在课堂管理方案中如何利用外部激励、内部动机或者内外因结合激励。当参观每一个课堂的时候，假设每一个课堂都有设计良好的课程计划、指导方法，并且每一位任课教师都会讲授知识。发布的课堂规则聚焦于学生的合适行为，完成任务以及作业。每个参观都要聚焦于教师如何处理遵守和不遵守规则的情况。

在第一个课堂，大多数学生都专注于学习。这里的学生都在听教师讲课，回答教师提出的问题，并且遵守发言的规则。教师通过向他们走去，站在他们身边等方法、提醒他们、盯着他们或是再次提醒来约束几个不专心的学生。你会发现有几个学生在教师提醒后仍然没有专注于学习。

当被问到关于她的课堂管理方案的时候，教师解释道，她相信内部动机。她不相信如对遵守规则者给予奖励这样的外部激励。该教师精心设计课程是为了保证学生能够喜欢上自己的课。她也承认有些学生没有认真听课。她认为这是因为这些学生并不喜欢学习。该教师也认为其设计的课程能够鼓励学生并且希望学生可以专心听讲或至少可以遵守规则。

该教师并没有明白站在学生旁边、盯着学生、提醒学生或是通过动作直接规范学生的行为，正是在使用外部激励。然而，她使用的外部激励并不是对所有学生都有效的。不想遵守规则但是也不想被教师点名或被教师盯着的学生会遵守规则，因为学生想要避免这种不好的经历。如果学生没有意识到教师的干预会给自己带来不开心的经历，学生的不适当行为也将会继续。

在下一个课堂中，当进入教室的时候，你会观察到同样在上课的学生，每个学生桌子右上角有类似于扑克的筹码。当教师讲课或是和学生互动的时候，教师会往注意力集中的学生的桌子上放一个筹码；如果学生没有遵守规则，教师则会拿走一个筹码。当学生桌角上的所有筹码都被拿走的时候，教师会把学生的名字写在黑板上。你在教室待的时间长了之后，就会观察到某个学生会因为其名字在黑板上出现了 4 次而被叫到办公室。

当问到关于他的课堂管理方案的时候，教师解释说，他相信利用奖励制度规范学生行为这样的外部激励。该教师使用学生在遵守班级规则时会获得筹码奖励，在违反教师规则时会失去筹码这样的机制。他的班级里有一个文具商店，学生可以用得到的筹码在这里购买东西。教师制定这项计划所做的一个调整是，当学生失去所有的筹码的时候他的名字会出现在黑板上。并不是所有的学生都对商店里的文具感兴趣，所以教师就利用另一种外部激励——惩罚——来对待这些学生。他说，某些学生从来不会失去所有筹码，但也没有足够的筹码去买东西。他也表达了如快速补充筹码、在黑板上写名字、补充商店里的文具以及边实施这项管理机制边教学等方面的一些困难。

该教师并没有有效地使用外部激励。当他制定课堂管理机制的时候，没有明确什么样外部激励是学生需要的。这些从来不会失去筹码也不会被送到办公室的学生并不是被商店里的文具激励，而是被不想招惹麻烦而激励。那些经常被送到办公室的学生既不会被商店里的文具而激励，也不会因为被送到办公室而激励。那些有足够多的筹码来购买文具的学生也许是被商店里的文具而激励的，也许是被表现好能够让教师或家长高兴而激励的。对于某些这样的学生，真正发挥作用的是内部动机。教师实施这项机制的时候浪费了很多教学时间，课堂管理机制控制着教师。

当进入第三个课堂的时候，你会再一次发现学生桌角上的筹码。教师在注意力集中的学生的桌子上放上红色筹码；在违反班级规则的桌子上放蓝色筹码。大多数学生的注意力都很集中，并且桌子上有蓝色筹码的学生也会很快集中注意力。教室后面的桌子上贴有一张纸，上面有以下内容：额外的电脑时间、没有休息、家庭作业通过、积极表现后果、消极表现后果、荧光笔、铅笔以及"合同项目"，每项内容都有不同的分数与之对应。

当被问到关于她的课堂管理方案的时候，这名教师解释说，她最初利用外部激励来建立这个方案。在开学的第一周，她把给遵守规则的学生发红色筹码以及给没有遵守规则的学生发蓝色筹码这一规则告诉了学生。她在学生明确了规则之后使用了这个方案，建立了一项将筹码作为外在激励因素的机制。她让学生告诉她什么能够激励他们的学习或者什么能够让他们想要获得红色筹码。她也会通过询问学生来明确什么样的消极结果会让他们避免获得蓝色筹码。她用这些信息做了一个列表，明确了学生获得红色或蓝色筹码所对应的积极和消极结果。学生对他们的行为能够带来愉快的结果或者能够避免不愉快的结果做出选择。她认为，某些学生喜欢学习或者想要表现好以获得成就感，她知道内部动机在这些学生身上发挥了作用。她鼓励这些学生，并且承认这些学生不是为了获得红色筹码而做事，但是她把这些作为其课堂管理机制的一部分。

这名教师明确了什么样的外部激励能够对学生起作用之后，对这个机制进行了区分。她明确了什么样的外部激励能够让学生遵守班级规则，也明确了有些学生不需要筹码而是依赖内部动机。然而，这项机制并没有让他们发现学习的乐趣。她认为，她可能还不知道什么时候内部动机会发生作用，并且认为如果她明确了学生的外部激励，其课堂管理机制就会发挥作用。

在学年开始的准备中，教师有很多重要的事情要做。设计课堂管理机制是重中之重。此外，为了明确课堂规则并且决定如何教学生，教师必须制订方案来强化学生明确遵守和违反规则的后果。最有效的方式就是利用外部激励。教师采用的外部激励必须考虑到要适合学生的年龄和发展水平、支持奖励能够得到的资金和学校资源、学校或学区关于使用休息、时间、食品和优先权这样外部激励因素的政策。教师必须要考虑实施的可行性。一个过于复杂的机制会让学生感到困惑，也会让教师过多关注课堂管理方案，而减少对通过这项机制来保障实施的课程计划的关注。如果学生在教室中跟随知道教什么，如何教，如何营造远离注意力分散、外界干扰或学生纪律问题课堂环境的教师学习，学生的学习就会特别好。

反对观点

艾琳·B. 斯内尔，德鲁特许学校

假设有一名新任职的中学教师，她认为，课堂管理仅仅是管理纪律、制定规则并确定结果，并且让学生知道是谁在管理他们。当这名教师制订第一个课堂管理方案的时候，她受教科书的启发，并且经过头脑风暴很快就能提出规则来鼓励学生的积极行为和抑制不当行为，并且设计给予作业完成情况较好的学生的奖励。这名新教师不确定内部动机能不能激发学生学习，所以为了激发学生学习，她会制定一系列外部奖励措施。她认为，课堂管理与她的教学是分开的。经过几个月的教学，她意识到她的学生已经获得了很多分数，但是似乎学生完全没有聚焦课堂的动力，并且不愿深入具有挑战性的任务。她的课堂管理方案由于是不完整的而失败了。

教师清楚地、有效地管理课堂并不仅仅是建立秩序、对学生内部动机做出假设，或者简单地利用外部激励。的确，建立和维持秩序是非常重要的，学生有不同水平的动机，而且外部激励是有效的方法，但是课堂管理计划中更重要的是建立一个积极的学习环境以及鼓励学生的自我激励。

创建学习环境

概述

当讨论课堂管理这个话题的时候，建立和维持秩序与纪律通常是教师传统的想法。许多人或许已经观察到了课堂上的混乱，学生们并没有专注于学习。很显然，缺少课堂纪律和秩序让学生不能够学习并且感到不安全。因而，我们知道，建立学习环境是非常有效的，学生能够在这个环境中学习，并且能够通过与教师和同学们的合作而成功地做事。创建学习环境比控制课堂更有效。

学习环境

作为教师，我们已经学习到了通过关心、和谐的关系来管理学生比通过外部奖励、惩罚和其他强制方式来管理学生更有效。从杰雷·布罗菲关于激励学生的研究概述以及凯洛琳·伊文森和卡尔·西蒙·韦恩斯坦的《课堂管理手册》中，我们知道，当学生感觉到教师对他们的关心时，学生就更有可能去学习。

当学生在与教师相处的过程中感受到害怕、痛苦或者有其他消极情绪时，学生就可能不会学习。要建立积极的关系，教师必须建立对学生行为的期望，并且监督课堂组织的体系。理想状态下，教师需要用基本的关心和关注有意义的学习来完成上述过程。伊文森和韦恩斯坦建议教师要成为"温暖要求者"的角色，教师应该表现出对学生的关心并且明确对学生的期望。教师必须明确对课堂的期望，以及主动教育学生怎样达成这些期望。这有效避免了许多时候的纪律干预。

同样，成为"温暖要求者"，教师应该对学生的学习和行为有较高期望，并且对课堂的目标有清晰的愿景。如果学生表现得很好但教师没有明确的教学目的，就不能带来好的学习效果。如果没有好的指导计划，就不会有好的课堂管理。教师和学生应该知道他们努力的方向是什么。

用良好的师生关系、积极的教学期望以及明确聚焦于有意义的学习等方式来创建学习环境，教师能够激励学生积极的社会交往、情感和道德的发展。通过这个坚实的基础，教师能够帮助学生建立起更和谐的关系，更好地调节自己的行为并且提高与同学们沟通的能力，这些就能够带来一个有序的课堂。

完善学习环境的课堂管理方案

创建良好的学习环境涉及许多因素，包括教师和学生建立和谐的关系，传授和强化期望，拥有并传达清晰的、针对学生高水平学习的愿景，并且帮助学生成为一个社会的、有情感的以及有道德的人。

当制订课堂管理方案的时候，教师应该考虑他们如何才能与学生建立起和谐的关系。建立积极的关系可以运用很多策略，如每天热情地欢迎学生、抽出时间与学生进行交流，或者用尊重的方式与学生交流等。教师希望学生怎么对待他人的前提是教师必须以身作则。

传授和强化课堂期望、规则和程序同样是课堂管理方案中的重要内容。在学年开始的时候，教师需要深思熟虑并且将这些内容传授清楚。教师通过某种对学生有益的方式来解释期望、规则和程序，继续完善与学生之间的和谐关系，这需要建立在尊重他人的基础上。学生也应该被给予机会参与制定课堂期望和规则。在整个学年的过程中，教师应该在必要的时候强调以及监督学生的行为是否满足了期望的要求。

计划课堂学习的愿景是教师的教学计划中最重要的部分，但是这个教学计划必须与课堂管理方案紧密联系。作为课堂管理方案的组成部分，教师应该提出明确的学习目标。

为了帮助学生成长为一个社会的、有情感的和有道德的人，课堂管理方案需要包括如何教育学生与他人有效交流的课程。在小组学习时，教师可以指导学生如何有效处理矛盾。此外，教师尊重他人的示范和与学生平等的交流，能够让学生学会怎样与他人交往。

鼓励学生自我激励

概述

正如前面所探讨的，有效的课堂管理方案的主要功能是协助教师创建一个良好的环境以及促进学生自我激励。理想状态下，所有的学习行为都源于个体对学习的迷恋和热爱（或称为内部动机）；但现实中，个体是被要求去学习和掌握知识的，以至于他们并没有感受到本应该有的乐趣和享受。是的，我们希望教师让学生学习的材料能够尽可能的有趣和吸引学生，但如果学生并没有天生就对某方面内容感兴趣，我们也必须激励学生去学习。如果教师没有帮助学生进行自我激励，当学生遇到他们不喜欢的内容时就会放弃学习。弄清楚什么是动机对促进学生自我激励是有所帮助的，包括了解内部动机、外部激励以及其他影响动机的因素。

内部动机

通过对动机的研究，爱德华·德兹和理查德·瑞恩发现，人类有基本的需求和自由选择的权利，这种需求会使人们有动力去完成某项任务或做出某种行为。研究者总结说，如果学生在校学习源于内部动机，例如，他们因为发现这件事很有趣并且很享受而渴望去做某件事情，在这种情况下，学生对这项任务的注意力会持续较长时间，并且会带来独创性或有意义的学习。例如，如果一名学生自然而然地喜欢学习和研究飞机，并且选择去做与之有关的项目。那么，这种学习比为了通过考试而学习有更强的作用；比为了获得奖励或者为了避免陷入麻烦而在拼写测验上好好表现这样的外部激励而学习持续的时间更长。当个体在学习中是处于自我指导并感到成功的情况下，内部动机就会发挥作用。

外部激励：好处与坏处

研究表明，外部激励实际上会影响内部动机。在他们关于动机的研究和理论的概述中，德兹、科斯特纳和瑞恩（1999）认为，事实上所有有形奖励的类型似乎都对内部动机有消极影响（pp. 658-659）。其他研究者发现，威胁、截止期限、命令和竞争也会减少学生的内部动机，因为学生是尽力控制自己的行为才去行动的。例如，如果一个孩子已经对阅读产生了热爱，然后教师开始因为他阅读而给他奖励，那么这个奖励事实上减少了他出于本性的阅读动机。如果个体发现他们的学习是受别人的控制并且他们自己不能独自掌控的话，那么他们就会失去兴趣和动机。

外部激励并不是本质上就是消极的。德兹和瑞恩发现，虽然很多类型的外部激励会对内部动机产生干扰，但是考虑到个人自主性、与个体兴趣相联系、与学生社会关系相联系的外部激励能够增强内部动机。例如，如果一个学生不喜欢语法练习，但是她喜欢写作并且想做一名作家，然后教师为了让她攻克语法考试，会通过"掌握语法会让学生更轻松和更有能力，并且也会帮助学生成为作家行列中更专业的一员"的解释来增加她的动机。这种外部压力实际上会增加她的内部动机，或者至少可以成为有益的外部激励，因为这与她目前的兴趣相联系并且也会为其成为作家而有所准备。当学生从学习中得到积极的结果时，他们的内部动机也会增加或持续下去。如果使用得当，外部激励也会非常有作用，但是其需要经过考虑而慎重的使用。

影响动机的其他因素

除了外部激励和内部动机以外，很多其他因素也会影响个体的动机，包括与个体好奇心和兴趣、个体目标和目标定位、自我效能等相关的内容。正如梅西·德里斯科尔在《学习心理学概论》这本书的"学习和动机"一章中所讨论的那样，动机会被个体对内容的好奇心和兴趣水平影响。例如，如果一个学生真的喜欢艺术但是不喜欢科学，那么他更有可能在艺术课程上更努力学习而不是在科学课程上。或者如果一个学生对某个生物话题产生了好奇，那么他更可能有动力去学习生物课程。相似地，学生有不同的性格类型，像喜欢交流和小组合作的外向型或者喜欢解决问题的内向型；学生也有不同的学习类型，像视觉或听觉学习者。因此，学生会被教学风格接近他们的性格类型或学习类型的教师所激励。

此外，我们知道，设置可以实现的目标有助于动机的产生并且能够改善学生的表现。确立了写一篇优秀论文的目标的学生会比没有目标的学生更努力和更有动力。个体对自己成功完成任务能力的了解也会影响其动机。如果一个学生认为他并不擅长数学并且之前有过失败的经历，那么他在代数课上就会缺少动力。

将对动机的了解作为课堂管理的基础

正如简短的概述所揭示的那样，动机非常复杂而且具有个体差异性。个体动机的水平依赖于对事物的兴趣和功效的感觉等许多因素。个体动机也会被表扬，或对效果的积极强化，或使用某种指导策略这样不同的方法所影响。我们既然已经知道了什么是动机，那么教师的教学就应该激发学生的内部动机，使用有效的、避免有害的外部激励，以及采用其他能够影响动机的策略。

调查者发现了许多可以激发学生内部动机的策略。我们知道，教师无论何时都应该给学生选择权并且允许学生提出他们自己的问题，还要让学生去探求他们觉得重要的课题。比如，如果学生在做调查的时候被给予了选择权，或者被允许选择如何展示他们学到的东西（无论是通过PPT、文章，还是海报），学生会用更多的精力来完成任务。

梅西·德里斯科尔建议教师可以通过使用新鲜的或多样的方法吸引学生的注意力，或者通过用有趣或神秘的事物来刺激学生的好奇心等方法来激发学生的内部动机。这和用笑话或新技术来导入课程一样简单。教师也可以通过使教学与学生的生活、兴趣和目标有关来激发学生的内部动机。类似的方法有：让学生小组合作，这样能够在学生与他人交流或作为领导的过程中激发学生的兴趣；或者教学结合学生的真实生活。在课堂管理方案中，教师应该尽可能地给学生选择作业的权利，将吸引学生的注意力作为课堂的一部分，经常变化教学策略以及结合学生的实际生活来教学等。教师应该制订激发学生动机的计划。例如，教师让学生完成目标，以学会知识与技巧来帮助学生增强自信心；教师用分层的方法揭示期望，以至于学生不会不知所措；教师给学生设置他们能够通过的挑战，以及教师给学生适当的协助；等等。

教师必须避免某种能够减少学生动机的行为。教师应该避免过度控制学生，这会剥夺学生的独立性和削弱学生内部动机。教师也应该避免仅仅依赖奖励和分数这样的外部激励。

结论

课堂管理不仅仅是规范学生。想要成为有效的课堂管理者，教师需要将自己作为学生的激励因素并成为"温暖要求者"。教师通过与学生建立和谐的关系、树立良好的榜样和给予关爱、保持前沿的教学目标以及明确教学行为的期望等来完善学习环境，这将成为激励学生获得较高成就的基础。激励学生并不是简单的任务，但是通过激发学生的内部动机以及持续帮助学生增强自我激励，学生的为人和学习都会获得发展。

拓展阅读资料

Bluestein，J.(2008). *The win-win classroom：A fresh and positive look at classroom management*. Thousand Oaks，CA：Corwin.

Bradley，D. F. ，Pauley，J. A. &. Pauley，J. F. （2006）. *Effective classroom management：Six keys to success*. Lanham，MD：Rowman&Littlefield.

Brophy，J. E（2004）. *Motivating students to learn* （2nd ed. ）Mahwah，NJ：Lawrence Erlbaum.

Crimmins，D. ，Farrell，A. ，Smith，P. &.Bailey，A. （2007）. *Positive strategies for students with behavior problems*. Baltimore，MD：Paul H. Brookes.

Deci，E. L. ，Koestner，R. &. Ryan，R. M. （1999）. A meta-analytic review of experiments examining the effects of extrinsic rewards on intrinsic motivation. *Psychological Bulletin*，125(6)，627-668.

Driscoll，M. P. （2005）. *Psychology of learning for instruction* （3rd ed. ）. Boston：Pearson Education.

Evertson，C. M. &. Weinstein，C. S. （Eds. ）. （2006）. *Handbook of classroom management：Research，practice，and contemporary issues*. Mahwah ，NJ：Lawrence Erlbaum.

Gootman，M. E. （2008）. *The caring teacher's guide to discipline* （3rd ed. ）. Thousand Oaks. CA：Corwin.

Lepper，M. ，Greene，D. &. Nisbett，R. （1973）. Undermining children's intrinsic interest with extrinsic rewards：A test of the over justification hypothesis. *Journal of Personality and Social Psychology*，28(1)，129-137.

Marzano，R. （2007）. *The art and science of teaching：A coprehensive framework for effective instruction*. Alexandria，VA：Association for Supervision and Curriculum Development.

Marzano，R. J. ，Marzano，J. S. &. Pickering，D. J. （2003）. *Classroom management that works：Research-based strategies for every teacher*. Alexandria，VA：Association for Supervision and Curriculum Development.

Rigby，C. S. ，Deci，E. L. ，Patrick，B. C. &. Ryan，R. M. （1992，September）. Bey ond the intrinsic-extrinsic dichotomy：Self-determination in motivation and learning. *Motivation and Emotion*，16，3. Retrieved from http：//www. springerlink. com/content/h2n7205042428750

Ryan，R. M. &. Deci，E. L. （2000，January）. Intrinsic and extrinsic motivations：Classic definitions and new directions. *Contemporary Educational Psychology*，25(1)，54-67.

Sprick，R. S. ，Baldwin，K. ，Booher，M. ，Gale，M. ，Garrison，M. ，Nieves，A. ，et al.

(2009). CHAMPs: *A proactive and positive approach to classroom management* (2nd ed.). Eugene, OR: Pacific Northwest Publishing.

Vanderbilt University. (2009). *Motivating students.* Retrieved July10, 2010, from http: //www. vanderbilt. edu/cft/resources/teaching _ resources/interactions/motivating. htm

Wong, H. K. & Wong, R. T. (2009). *The first days of school: How to be an effective teacher.* Mountain View, CA: Harry K. Wong Publications.

话题 10

驻校警察是否应该和执法人员承担相同的职责？

支持观点：M. 大卫·亚历山大，弗吉尼亚理工大学
反对观点：詹妮弗·萨格鲁，弗吉尼亚大学

概　述

自从科罗拉多州科伦拜恩高中的校园枪击事件发生以来，执法人员在全国的学校中已经越来越常见。这些执法人员或驻校警察（School Resource Officers）与当地执法部门合作来保证学校安全。虽然这些人的工作是由州或者联邦政府提供资金的，但是这些驻校警察独特的法律和社会地位在公民自由组织、学校董事会、行政人员、家长和学生自身之中引起了诸多争议。更具体地说，对于驻校警察在公立学校中所扮演的角色有许多争议。在本章中，支持观点是驻校警察应该和执法警察一样有相同的职责，而反对观点是应采取一种更全面的学校安保模式。

正如持支持观点的文章和持反对观点的文章所述：驻校警察面临着一个潜在的有争议的问题，也是最基本的一个问题：他们为谁工作？他们是警察局还是学校的代表？他们是在调查犯罪活动，还是在处理违反学校纪律的活动？这些基本问题同样影响了在侵犯学生权利案件中应如何进行审问以及如何收集证据。在驻校警察进入学校工作之前必须制定明确的管理规则（Wheeler & Pickrell，2005）。这些基本问题也是美国公民自由联盟（ACLU）对驻校警察担忧的核心问题。正如他们的工作提案一样，"学校治安：为义务教育阶段学校的驻校警察制定政府规范"（Kim & Geronimo，2009）。除了呼吁制定驻校警察为谁工作的基本规则以外，美国公民自由联盟也十分关心对学生权利的保护。美国公民自由联盟认为，驻校警察的角色必须转变为学校的员工和成员，并且他们的工作是在处理学生时通过采用非惩罚的手段来为学校营造良好的氛围。事实上，法律评论员和公民权利倡导者，都表达了对由于驻校警察角色的模糊而导致对学生公民权利的侵犯和正当性程序被破坏这一问题的担忧。

学生权利的问题不仅是美国公民自由联盟和法律评论员所关心的主要问题，也是家长和学生最关心的问题。当涉及调查学生不当行为或对学生进行审问时，警察和学校会依据不同的标准进行操作。学校使用"个体化合理怀疑"作为标准，警察在处理学生时则会使用"合理根据"这一更高的标准。这一差距必须通过州法律或者司法手段来澄清驻校警察是警察还是安保人员来解决(Maranzano,2001)。

更广泛地说,许多人担心驻校警察的存在会增加学生不当行为的犯罪化——将学生的违规问题划分为犯罪问题,而不是用学校纪律手段能够解决的问题。马修·T.塞里奥特(2009)通过对同一学区内13所有驻校警察的学校和15所没有驻校警察的学校的对比来研究这一问题。他总结说,有驻校警察的学校因不良行为而被抓捕的人数很多,但因恶意攻击或武器攻击而被抓捕的人数很少。总的来说,塞里奥特的调查发现,两组学校被抓捕的人数几乎相同。

本章主要讨论驻校警察的作用。在持支持观点的文章中,M. 大卫·亚历山大认为,驻校警察应该和执法人员一样有相同的职责,这样就不会使学生、家长或其他人对其在学校内的角色产生困惑和误解。文章进一步指出,驻校警察应该被培训,通过促进学生的认知、情绪和社交发展来完善学校环境。他认为:

> 虽然用管理执法人员的法律规定来管理驻校警察并不能消除关于驻校警察职责的所有问题,但是这能够澄清调查、逮捕和审讯等领域的问题。

与此相反,詹妮弗·萨格鲁在持反对观点的文章中指出,管理驻校警察最有效的方式是让其角色多样化,而不能仅和执法人员的职责相同。她指出,当20世纪90年代校园枪击案不断被媒体曝光后,驻校警察开始在学校中大量出现。这一变化带来的结果是,驻校警察成为社区警察的重要组成部分,用以帮助学校管理者维护学校安全。因此,驻校警察的作用应该大于执法人员。基于此,持反对观点的文章认为:

> 驻校警察在学校中不是来创造监狱般的学校环境的,而是来帮助学生做出正确决定并让他们远离少年感化院甚至监狱的。他们在为学生和学校员工创造和保持安全的学习环境方面发挥着重要作用,他们的存在绝不仅限于简单地执法。

很显然，关于这个问题的争论还会继续下去——学校管理者在驻校警察的角色问题上被灌输了相互矛盾的信息。

苏珊妮·艾克斯莎拉·B. 伯克
印第安纳大学

支持观点

M. 大卫・亚历山大，弗吉尼亚理工大学

学校里有警察并不稀奇。一些学校好几年前就有警务部门了。例如，早在 1948 年，洛杉矶的联合学区就已经成立了洛杉矶学校警察局（LASPD，2011）。1957 年，佛罗里达州戴德郡的学校（DCS）就任命了与执法部门及其他政府机构联络的安全员，其直接对教育厅长负责。1966年，佛罗里达州戴德郡的学校已经具有了人员配备齐全的安全服务部门（Miami-Dade School Police Department，2011）。差不多在同一时期，1967 年，内华达州的克拉克郡学区建立了自己的警队，并且在这个警队中已经有 161 名宣誓就职的员工来为这个全国第五大学校系统服务。早期，学校警务部门的职责非常明确——调查犯罪以及保护学生、职工和学校安全。警方不承担执法人员的角色。

正如持反对观点的文章提到的，在学校中执法的人被称作驻校警察（SROs），驻校警察要遵循被称为"三合一"模型的渐进式方式来管理学校。这种管理学校的形式鼓励驻校警察要同时承担 3 种角色的职责：执法人员、非正式辅导员或导师、相关法律的教育者[Office of Community Policing Services（COPS），2010]。这一方法是有误导性的：首先，也是最重要的，驻校警察是执法人员；其次，其他两个职责是附属或者支持这个主要职责的。对驻校警察来说，在任何情况下，驻校警察都不能徇私舞弊或有法不依。

随着校园中更多警察的出现，学校和社区将驻校警察的作用重点放在确保学校的安全和平安上，即使没有明确的证据表明学校是不安全的。虽然最近学校中有关毒品和武器的犯罪有所上升，但是联邦政府多年的数据表明，在推行驻校警察前，学校犯罪率甚至是大幅度下降的。无论是在广泛招聘驻校警察之前犯罪率的下降，还是在学校内设有驻校警察后犯罪反而增加，对于驻校警察有效性的质疑已经成为一个问题。

令人警惕地是，新的调查报告中体现出学校中有执法人员的意想不到的后果：这项调查和联邦法院，包括美国最高法院判定的涉及驻校警察的案例都主张驻校警察仅应该有和执法人员相同的职责。

这篇文章的前提是认为驻校警察应该和执法人员有相同的职责,这样就不会让学生、家长或其他人对其在学校中的角色产生困惑和误解。并且,驻校警察应该被培训通过促进学生的认知、情绪和社交发展来完善学校环境。进一步讲,正如公民权利倡导者、法律学者和其他研究者所坚持的那样,是时候需要对驻校警察审问学生、调查学生和从学校人员获取信息和证据时需要遵循的法律原则这一问题进行澄清了(Holland,2006;Kagan,2004;Thurau & Wald,2009)。持反对观点的文章认为,驻校警察的职责应该是多样的,并且不能仅限于与执法人员相同。但是,许多论证都已经表明,文章的反对观点是有缺陷的。

请严格执行法律

即使有研究表明学生普遍会"感觉"比较安全,但还没有令人信服的证据表明有驻校警察的学校更加安全或降低了危险。但是有证据证明驻校警察的存在增加了对学校学生行为的定罪(Theriot,2009;Thurau & Wald,2009;Youth United for Change & Advancement Project,2011);导致了对不同人种的差异对待(ACLU & ACLU of Connecticut,2008;NYCLU & ACLU,2007);以及由于驻校警察的作用和责任不明确造成的其与学校管理者、教师和学生之间的矛盾(Thurau & Wald,2009)。许多案例使人们关注驻校警察在学校中采取行动的法定权限及审问学生与员工的权力问题。

随着学校中警员数量的不断增加,许多研究者、公民权利组织和法官对校内抓捕量的增加较为关注,特别是关注对低龄儿童的抓捕和通常不被认为是犯罪行为的事件的抓捕。一项美国自由公民联盟在康涅狄格州3个学区(东哈特福德、西哈特福德和哈特福德)做的研究指出了几个惊人的趋势。第一,被捕学生低龄化。例如,在哈特福德学区,可获得的两年的数据表明,有86名低年级学生在校内被抓捕。这些学生大多是7年级或8年级的学生,但是有25人是4~6年级的学生,并且有13人是 3 年级或 3 年级以下的学生。第二，在 2006—2007 年，东哈特福德的校内抓捕量相当于每 1000 人就有 17 人被抓捕，这个数据比上一学年增加了 30%（ACLU & ACLU of Connecticut，2008，p. 26）。此外，有色人种学生被抓捕量很高。2006—2007 年，东哈特福德学区非洲裔和西班牙裔学生占总学生人数的 69%，但是这些学生中有 85% 在校内被抓捕。同样，在同一年，西哈特福德学区非洲裔和西班牙裔学生占总学生人数的 24%，但是这些学生中有 63% 被校内抓捕（p. 25）。

另外两个令人惊讶的数据表明，有色人种学生和白人学生在犯同样错误的情况下，有色人种学生被抓捕的可能性更大，并且因为像吸毒、酗酒或吸烟这样的事件，有色人种学生比白人学生被抓捕的概率要高 10 倍（ACLU & ACLU of Connecticut，2008，p. 26 ）。最后，美国公民自由联盟指出，应当更为担心的是残疾学生被抓捕的概率很高，但是州官员禁止发布数据来证实或否认这些担心。

校园中警察数量的增加会导致将以往教师和学校管理者按照违纪来处理的事件被定罪，这种情况被叫作"学校至监狱通道"（ACLU & ACLU of Connecticut，2008；Cobb，2009；NYCLU & ACLU，2007；Texas Appleseed，2010；Thurau & Wald，2009）。例如，在过去，青少年被认为"夸夸其谈"的评论或者在走廊里吵架会被当作典型的纪律问题来处理，并且会被教育；现在，这种行为会被当作"扰乱社会治安"行为来处理，学生会收到传票并且出庭。正如得克萨斯州的一项名为《得克萨斯的苹果粒》（Texas Applessed)的关于公立学校纪律程序的研究成果中所述：

> 扰乱课堂纪律、使用不敬的语言、在校车上行为不当、学生打架以及逃学一次就意味着要被送到校长办公室。现在，这些不当行为就会导致学生获得 C 类行为不端的传票，每年得克萨斯州都有上千学生及其家长由于这种情况而被送上法庭。（2010，p. 1)

相似地，得克萨斯州的研究得到了与康涅狄格州美国公民自由联盟的研究相似的结果，少数民族学生和残疾学生被处理的比例较高。

学校的困惑

　　加剧这种情况的原因是因为缺少明确的角色和职责定位。当不清楚应该由谁来负责和具体是什么情况的时候，歧义和紧张的局面就会产生。对于学生和学校职员来说，他们并不清楚学校安全中各类人员职责的差别，如安全员、保安员、驻校警察、学校安全督导、校园安全人员等。

　　马萨诸塞州查尔斯·汉密尔顿·休斯敦种族和公平研究所（CHHIRJ）发布的研究成果认为，缺少培训和职责定位都会对驻校警察、学校管理者和教师产生影响，而最终受害者是学生。

　　　　（驻校警察）在调解、基本的分析技术或发现有暴力倾向或
　　　滥用武力的学生的行为特征等方面没有经过培训。他们在青少
　　　年心理和发展、如何尊重学生和与学生交流，或者需要采取个
　　　人教育计划的学生的行为预防和保护等方面缺少专业的知识，
　　　也没有经过培训。（Wald & Thurau，2010，p. 7）

　　由于很多学校的教职工对驻校警察的出现措手不及，驻校警察对学校管理者和教师对其在学校中执法角色的无知表示失望。

　　　　教师和学校管理者让他们来处理学校纪律事件。他们普遍
　　　表达了如下观点：当学校管理者和教师未能建立有序的环境时，
　　　他们会倾向于草率执法。在教师相对缺乏经验的学校，这种做
　　　法就更加明显。（p. 8）

　　塞缪尔诉第 279 独立学区案（2003）是典型的学校驻校警察职责被误解的案件。9 岁的小男孩 R. J. 在班级中和另一名男孩发生了口角，在此期间教师担心他们会发生肢体冲突，于是向校长助理寻求帮助。虽然男孩们停止了争吵，但是校长助理将 R. J. 带到办公室，并且让驻校警察给他上了手铐；当警员认为 R. J. "要走"时，该警员给他戴上了手铐（p. 3）。但是，警员

立即意识到校长助理要给学生戴上手铐的主要意图是"让他知道在学校打架可能的后果是什么",所以警员马上就把手铐摘了下来(p.4)。

法院规定,被戴上手铐30~40秒之后,就被视为被抓捕。根据宪法《第四修正案》的规定,校长助理和警员的行为已经算是抓捕了R.J.。法院认为,校长助理侵犯了学生由宪法《第四修正案》所赋予的权利并且不能申请豁免权。警员被赋予了豁免权是因为当他意识到校长助理的意图是想给学生一个教训并且没有涉及健康和安全问题之后立即为学生摘下了手铐。

现在亟须对驻校警察进行强制和特殊的培训。有些州已经有关于培训的明确规定,但是许多还没有。大多数警察和治安部门,特别是小地方,还没有提供这样的培训。给警员提供执法基本职责的培训对于其巡逻的学校会有所帮助。在其他例子中,资金缺乏也限制了学区或警察局派遣职员到学校工作的能力。

同样,学校管理者和驻校警察之间没有正式的工作关系,对驻校警察也缺乏监督。许多负责管理学校安全和完善教育环境的学校管理者并没有和驻校警察进行日常协作,一些学校管理者放弃了他们的责任并且默许由驻校警察来处理纪律问题。

与此相反,也有学校管理者与驻校警察存在矛盾的例子。例如,纽约市一位德高望重的老校长因为妨碍和抵抗政府执法而被捕,他之所以被捕是因为当驻校警察试图将被戴着手铐的一名17岁的学生带出学校的时候,校长把学校的前门锁上了。校长要求将学生从后门带走,这样可以避免该生从几百名学生面前走过的尴尬情景。但是驻校警察拒绝了这个要求并且还把校长抓铺了。法官驳回指控并且认为:

> 十分不幸,这个案例突出了关于校长监管学校的权威的问题;以及学校管理者和纽约警察局之间的紧张关系。进一步说,这个案例突出了在进行学生抓捕和转移被捕学生时需要注意敏感的问题,特别是有很多学生在附近的情况下。

法院希望教育部门和纽约警察局能够就校长的领导角色和校长处理学生纪律事件的自由裁量权以及保护学生的情感和身体健

康等方面的问题进行会谈。(公民诉费德曼案，2008，pp. 481-482)

　　警员在未来仍然会在学校中存在，越来越多的州和社区会向肯塔基州学习，将驻校警察作为"经过专业培训的与年轻人一起工作"的职员；并且遵守对于得克萨斯州学校纪律的一项《得克萨斯的苹果粒》研究(2010)中所提出的建议，即驻校警察应该接受关于学生问题的额外培训。

　　相应地，其他组织强烈要求当地学校制定关于处理各种违规行为的纪律政策；并且要对需要警员干预的行为以及干预的后果等方面内容也进行规定，并且保证这些政策能够传达给学校的所有成员，包括学生、教师和家长。

结论

　　这篇文章提出了对学校管理者和执法者在处理学校纪律事件中的角色和责任模糊的担心。在一些案例中，角色和责任的模糊使得法院将驻校警察当作学校员工而不是执法人员。因此，他们没有被当作由宪法规定的"在外围"工作的警察。

　　研究表明，给学生行为定罪和校内抓捕数量呈现上升的趋势，研究同样指出，这种趋势在有色人种学生和残疾学生身上体现地更为明显。由于学校学生受到传票和被抓捕的数量成倍增加，研究将这种现象称为"学校至监狱的通道"。

　　"三合一"模式被广泛吹捧实际上仅仅增加了"现代学校执法协作的复杂性"(Holland，2006，p.43)，以及混淆了学校员工、学生和家长对学校执法的基本认识。

　　由于这些原因，持支持观点的文章认为，驻校警察应该和其他执法人员具有相同的职责并且按照和其他执法人员相同的标准来对待。彼得·普锐斯(2009)认为，"明确的规则"能够解决学校中由于警员的存在而出现的普遍矛盾：

　　所有问题的根本问题在于，这些人员到底是学校人员还是学校的保安人员，他们的行动是由学校授权的还是由警察局授权的。通过建立起无论是在警察局工作还是在学校工作，无论是驻校警察还是为了特定案件派遣到校园的警察，警察就是警察，这样的明确的规则，这些问题就能够被解决。因此，驻校警察进行审讯和调查的时候必须遵循标准的警察办案标准。所有人都会受益于这条规则的明确规定。(p. 567)

　　虽然用管理执法人员的法律原则来管理驻校警察并不能消除关于驻校警察职责的所有问题，但是这能够澄清如调查、抓捕和审讯等领域的问题。这种方法，与为了让他们在学校中能够更好地行使职责而对其进行培训相配合，非常有助于学校教育任务的完成。角色和职责的明确规定会改善所有利益相关者之间的信任关系，并且能够消除由于缺乏沟通和误解而造成的不良后果。

反对观点

詹妮弗·萨格鲁，弗吉尼亚大学

驻校警察（SROs）项目最有效率的方式就是：允许驻校警察承担多种职责而不是仅仅和执法人员具有同样的职责（COPS，2010）。实际上，美国司法部、多个州的教育和司法部门以及全国驻校警察协会（NASRO）和全国教育协会（NEA）等专业协会极力主张"三合一"模式，即驻校警察承担执法人员、非正式辅导员或导师、相关法律的教育者3种角色的职责。

"三合一"模式能够让驻校警察和学生建立起积极的关系并且能够将他们看成是多种角色而不仅仅是执法人员（COPS，2010；NASRO，2010b；NEA，2008）。此外，对于驻校警察来说，建立积极的关系以及成为积极的角色被认为是一种重要的实践。当驻校警察被要求去调解冲突，或对发生犯罪和严重违反学校安全规则的事件进行调查时，建立信任能够为他们带来其需要的可信度。

建立信任同样能够使驻校警察了解学生和社区的需要，能够帮助其采取预防措施来减少威胁校园安全事件的发生。进一步说，这也为驻校警察提供了机会，使他们可以采取措施来预防校园安全事件的发生而不是在事件发生后再进行处理。了解学生、学校职员和社区的担忧，无论是真实的还是猜测的，都能够让驻校警察对潜在的影响学校安全的环境和组织因素进行评估。这些评估结果能够帮助学校和社区的领导者去改善学校环境，消除外界人员干扰学校活动的机会以及更好地在社区中执行法律。持支持观点的文章提出的驻校警察应该和执法人员具有同样的职责的观点是错误的。

社区警务理念

具有可预见性、可评估性以及与学校和社区进行沟通是驻校警察是社区警务办公室团队的一部分的原因，以及联邦政府要为校园执法者提供竞争性资金的原因。学校是社区警务办公室明确的社区合作伙伴，社区合作伙伴是最初成立社区警务办公室的 3 个职能之一（COPS，n. d.）。其他两个职能是进行组织变革和问题解决。社区警务办公室解释说：

> 社区警务是一个新的理念，即通过运用合作和解决问题的策略来主动应对诸如犯罪、社会混乱和对犯罪的恐惧等能够产生公共安全问题的情况。（p. 3）

社区警务办公室认为："执法机构和这些机构所服务的个人和组织的合作伙伴关系能够促进问题的解决并且能够增加对警察的信任。"（p. 3）为了达成这两个目标，社区警务办公室进一步认为，执法人员不能通过他们自己，而需要社区合作伙伴的协助来保护公众安全。

社区警务在全国范围内已经非常普遍，并不仅限于高犯罪率区域和市中心。这和学校雇佣驻校警察的情况相类似。据估计，"1/3 的警官办公室和几乎一半的地方警察局派遣了 17000 名职员在学校中工作"（COPS，2010，p. 1）。在乔治·布什总统的任职期间，通过社区警务服务办公室，一个联邦司法部的代理机构，拨付的联邦资金的数量大幅增加，有效促进了学校董事会和当地法律执行部门的协作，并分担了安置学校警察的费用。

驻校警察的角色演变

正如持支持观点的文章所述，学校中存在驻校警察并不是近期发生的事情，他们存在于学校中已经超过 50 年了。驻校警察最初的职责和执法人员相同。20 世纪 90 年代，当多起惊人的校园枪击事件成为媒体头条的时候，有驻校警察学校的数量成倍增加。对暴力事件的恐惧和对学校存有毒品的担心的学生和家长强烈要求学校董事会采取一些措施来改善学校安全。学校董事会寻求执法部门的协助来遏制学校中的犯罪行为。

20 世纪 90 年代，全国城市和农村中执法人员的角色与传统角色相比发生了较大变化，驻校警察的角色在社区警务理念的背景下也发生了变化，就是在20世纪90年代，执法开始采用社区警务的理念。因此，驻校警察很自然地成为法律执行者、学校和大型社区之间的联络人。驻校警察的职责扩展到提前采取措施来参与和解决问题，而不只是当严重和危险的问题发生后才做出反应。这种驻校警察能和学校员工、学生和社区成员联系的"三合一"模式是积极的、主动的和富有支持性的。

持支持观点的文章认为的驻校警察职责应该和执法人员相同的观点违背了现在的实际情况。"三合一"模式已经被广泛应用，它将驻校警察安置在学生的日常生活之中并且为其提供了大量的机会来进行交流。作为"教师"，驻校警察能够和学生长时间相处并且能够为学生提供其他课程不能提供的专业知识内容。驻校警察能够教授给学生的一般课题如下：

> 警务工作可以作为职业
>
> 犯罪调查
>
> 酒精和毒品的识别
>
> 黑帮和陌生人的识别与抵抗
>
> 普通犯罪预防
>
> 矛盾解决
>
> 恢复式司法（Restorative Justice）
>
> 照顾宝宝时的安全问题
>
> 骑车，步行和摩托车的驾驶安全
>
> 学生极有可能参与或是受害者的特殊犯罪，像蓄意破坏、

偷窃以及性骚扰（COPS，2010，P.5）

作为辅导员和导师，驻校警察可以为学生解答问题，特别是那些学生在校内外能够遇到的与毒品和暴力有关的问题。驻校警察可以进行"推门"咨询和正式咨询（CPSV，1998）；可以和有纪律问题的学生配对进行单独指导（NCPC，1995）。驻校警察邀请所有学生来拜访并且让他们随时可以来这里进行面对面的交流，并且在法律允许的范围内对听到的事情进行保密。更进一步地，驻校警察可以引导学生和家长寻求其他机构来

帮助他们解决超出警员能力和责任范围的相关法律问题（COPS，2010；
NEA，2008）。但是，驻校警察不能僭越正规学校辅导员的职责，也不能
参与学校日常纪律问题的处理。这些事情是专业的教育人员需要做的。
驻校警察只负责处理学生安全问题和少年司法问题。

驻校警察是良好的倾听者、问题解决者、社区联络人以及是能够被
信任的人，特别是社区成员和家长可以寻求驻校警察来帮助解决家庭和
社区中的问题。一位原高中校长描述了当犯罪行为发生时，附近居民如
何专门到学校来寻求驻校警察的帮助或报告对即将发生的事情的担心
（V. Wanza，personal communication，2010-6-12）。如果一位警察就在附
近，而且很容易找到，这能够给学校和附近的人带来安全感。

用在每种角色的时间比例需要根据学校和社区的需求而变化。例如，
学校暴力预防中心（CVPS）根据其 1998 年进行的调查在全国驻校警察协
会年会上汇报说，驻校警察大约 50％的时间用在执法活动方面，用在辅
导员和教师角色的时间各自是 30％和 20％。

之后，在全国驻校警察协会年会上公布的另一项调查显示，用在 3
种角色上的时间发生了转变，46％的时间用在了辅导员和导师角色上；
只有 41％的时间用在了执法上（NSSSS，2002）。在 658 名被调查者中，
91％的驻校警察认为，他们大部分时间都用在了预防职责上，而只有 7％
的人觉得他们把大多数时间用在了调查和执法上。超过 81％的人认为他
们的工作体现了"三合一"模式。

调查汇总了驻校警察所汇报的他们在学校中执行任务的情况。表 10-1
列出了不同类型的活动以及驻校警察从事这项活动的比例。驻校警察活跃
在这 3 个角色中是为了能够接触到学生并与学生建立融洽的关系，以及
为了主动将工作扩展到社区中（NASRO，2010b；NEA，2008）。

表 10-1　2002 年驻校警察任务执行情况调查结果

驻校警察执行的任务	警员所占百分比
一对一地对学生进行法律咨询	93％
要求到课堂进行服务	88％
课堂指导	87％

续表

驻校警察执行的任务	警员所占百分比
防范危机计划	83%
安全审计/校园评定	82%
特殊的安全项目/介绍	78%
教师/员工服务介绍	75%
旷课干预	70%
与学生进行小组咨询	69%
监督/协调 课外的非应变性事件	60%
实地考察监护人	57%
家长组织机构介绍	57%
训练运动竞技项目	30%

来源：2002 NASRO School Resource Office Survey by Ken S. Trump，M. P. A. Cleveland，OH：NSSSS. Copyright 2002，NSSSS. Reprinted with permission.

为学校训练驻校警察

与学校中所有专业人员一样，适当地培训、监督和领导是能够胜任工作和工作成功的关键。驻校警察通常会接受执法方面的培训，但是缺乏和文化、语言、种族、年龄差异较大的学生一起工作的训练。驻校警察同样缺乏进行教学或担任辅导员工作的必要训练。相应地，驻校警察必须了解独特的校园环境，包括家长、志愿者和销售商等不同的在学校里进出的人士；学校同样是学生学习和玩耍的地方，也是青少年努力发现自我和适应其中的地方。某些初中和高中的校园是开放的，而有些是封闭的，驻校警察如何监控学校、学生和职员的安全是不尽相同的。因此，正如全国教育协会所述，"有一件事是明确的：学校负责安全的人员必须要接受充分地训练，而且他们不仅要懂得安全技术，还要了解学校里人员的独特性。"（n. p.）

培训

公立或私立的专业的组织，以及联邦或州的政府机构大力提倡推行包括驻校警察培训在内的一系列培训模块，这些培训模块聚焦于满足学校需求以及与学生、教师和行政人员一起工作。某些州的立法机关还采取了额外措施，要求驻校警察接受特殊教育并且达到资格标准之后才能进入学校。

很多政府的、非营利性的和营利性的组织成立附属的学术机构，并且为驻校警察提供多种类型的培训。例如，全国驻校警察协会、全国教育协会、全国预防犯罪委员会（NCPC）和全国学校安全服务公司（NSSSS）这样的很多机构不间断地为驻校警察提供研讨班、课程以及其他服务。

全国教育协会有一个附属组织，教育支持专业人员协会（ESP），它包括学校安全人员。根据学校、其经费和学生的特殊性，教育支持专业人员协会对驻校警察进行持续且严格的培训。教育支持专业人员协会网站上展示了大量培训主题的介绍，这些主题是根据全国学校安全服务公司制定的学校安全人员训练项目的教学大纲提出的。全国学校安全服务公司是一个通过提供专业服务来促进学校安全的私立公司，基于此，许多学校董事会和社区与它签订了合约。主题如下：

法律体制的运行和程序（青少年和成人）

虐待和忽视儿童（包括在国家法律和学校政策下如何识别和报告虐待）

调查和扣押的法律程序

人际关系和文化差异

儿童心理学概述

自我防卫和语言脱险技能

武器的持有和隐藏技术

处理打架、斗殴和与武器有关的犯罪案件

目前学校犯罪趋势

识别和处理黑帮

毒品滥用、持有和贩卖

愤怒家长的干预

压力管理

危机事件中的安全保障(炸弹、炸弹恐吓、人质等情况)

特殊活动安全/监督和群众管理

媒体关系

警察、家长、员工和社区的关系(NEA，n.d.，n.p.)

全国驻校警察协会网站提供了培训新课程的另一个案例，对新手和有经验的驻校警察都适用。例如，该组织提供了一个驻校警察培训的基本项目：

强调对 3 个主要领域的指导：在学校中发挥警察的作用；成为问题解决者；以及教学技巧的发展。参与者能够学习到有关驻校警察概念的知识以及如何与学校建立长久的合作关系。(2010c，n.p.)

设计高级驻校警察课程是为有经验的驻校警察提供学校安全项目的信息，以及提供额外的技巧来"识别和消除校园中潜在的危险情况"(2010a，n.p.)。其他课程还包括学校法律更新以及驻校警察的监督与管理等。

监督

驻校警察的监督与管理的课程，带来了关于驻校警察应该受高级执法官员的监督还是受学校安全负责人的监督的讨论。此外，大量私立机构、公共机构和政府机构的文献强调了监督对驻校警察保持预期的服务水平和能力的重要性，并且监督能够加强警员与学校、执法机构之间的联系。研讨会和课程的设计是为驻校警察的监督者监督驻校警察的特殊工作做准备的。

定期与执法监督者交流、经常被视察和评估对驻校警察非常重要，因为驻校警察是法律执行机构的成员而不是学校的雇员。这一过程能够帮助驻校警察保持与同事的联系并且减少他们的孤立感。

领导

领导是驻校警察项目的另一个重要组成部分。管理者和驻校警察如何以及多久进行联系决定了合作的成功。调查结果表明，"驻校警察和管理者的关系是非常重要的……这两者都有一个共同的目标，那就是让学生能够安全以及获得成功"（CPSV，2002）。更为重要的是，驻校警察和管理者建立密切联系能够消除对驻校警察有不同角色的误解；能够将驻校警察和教师、管理者的职责明确界定清楚。如何将驻校警察介绍给学校人员和社区成员，以及驻校警察的职责是局限在学校内还是包含整个社区，这两个问题也十分重要。

驻校警察和管理者之间密切的关系能够为识别安全问题以及解决这些问题提供建设性意见和计划。这就是社区警务理念的第二个和第三个职能，即组织变革和问题解决的体现。驻校警察、管理者和其他利益相关者，结合各自的专业知识来决定应该做什么才能减少学校安全问题，以及应该如何去做。这些学校安全问题涉及学校内外的暴力和毒品问题，以及危机管理和防范入侵者等。

结论

在关于驻校警察的讨论中有许多误解。这其中包括：因为他们是武装着的，给学校带来了不必要的危险；他们不知道怎么和学生一起工作，他们在学校只是把学生们抓起来并把他们送到监狱，他们的存在给学校增加了恐惧感；他们并不是为学区工作，因此他们不需要听从学校管理者的指挥和要求等。正如本文所述，如果驻校警察得到了专业的培训并且他们能成功地与学校管理者、学生、员工和社区建立密切的联系，这些问题就会得到解决的。

同样重要的是，驻校警察必须要承担不同角色的职责，主要包括执法人员、辅导员和导师以及教育者。这样就消除了驻校警察在学校仅仅是抓做坏事的学生的执法人员这样的观点，能够消除学生和家长的恐惧感。

驻校警察协助学校管理者来评估学校的安全需要，以及制定策略来应对这些需求。驻校警察通过在学校中巡逻，以及通过为想要了解与法律执行有关、与安全有关的问题的学生和家长提供专业咨询来为学区和学校提供有价值的帮助。

虽然从某种意义上讲，待在学校里比站在大街上安全，但是我们不能忽视学校中存在毒品、枪支、帮派和恐吓的现实。驻校警察在学校中不是来创造监狱般的学校环境的，而是为了帮助学生做出良好的决定并让他们远离少年感化院甚至监狱的。他们在为学生和学校员工创造和保持一个安全的学习环境方面发挥着重要的作用，他们的存在绝不仅限于简单地执法。

拓展阅读资料

ACLU &. ACLU of Connecticut. (2008，November). *Hard lessons：School resource officer programs and school-based arrests in three Connecticut towns.* Retrieved from http：// www. aclu. org/racial-justice/hard-lessons-school-resource-officer-programs-and-school-based-arrests-three-connecti

Center for the Prevention of School Violence(CPSV)，North Carolina Department of Juvenile Justice and Delinquency Prevention. (1998，February). The school as"the beat"：Law enforcement officers in schools. *Center. Link Research Bulletin*，1(3). Retrieved July 2，2010，from http：//www. ncdjjdp. org/cpsv/pdf _ files/Res _ Bull _ national. PDF

Center for the Prevention of School Violence(CPSV)，North Carolina Department of Juvenile Justice and Delinquency Prevention. (2002，June). School resource officers and school administrators："Talking and walking" together to make safer schools. *Center. Link Research Bulletin.* Retrieved July2，2010，from http：//www. ncdjjdp. org/cpsv/pdf _ files/research _ bulletin _ sro _ 6 _ 02. pdf

Cobb，H. (2009). Separate and unequal：The disparate impact of school-based referrals to juvenile court. *Harvard Civil-Rights Liberties Law Review*，44(2)，581-596.

Holland，P. (2006). Schooling Miranda：Policing interrogation in the twenty-first century schoolhouse. *Loyola Law Review*，52，39-113.

Kagan，J. (2004). Reappraising T. L. O. 's"special needs" doctrine in an era of school-law enforcement entanglement. *Journal of Law Education*，33，291-325.

Kim，C. &. Geronimo，I. (2009). *Policing in schools：Developing a governance document for school resource officers in K-12 schools.* New York：ACLU.

Los Angeles School Police Department：http：//www. laspd. com

Maranzano，C. (2001). The legal implications of school resource officers in public schools. *NASSP Bulletin*, 85(621), 76.

Miami-Dade School Police Department, News Center. (2001). *History*. Retrieved from http: // police. dadeschool. net/? page _ id=234

National Association of School Resource Officers (NASRO). (2010a). *Advanced School Resource Officer Course*. Retrieved June 19, 2010, from http: //www. nasro. org/ mc/page. do? sitePageId=114181&orgId=naasro

National Association of School Resource Officers (NASRO). (2010b). *Basic school resource officer course*. Retrieved June 19, 2010, from http: //mwics. com/nasro. mobi/ downloads/oldNAS-RO/nasro. org/course _ basic. html

National Association of School Resource Officers(NASRO). (2010c). *Basic SRO*. Retrieved June 19, 2010, from http: //www. nasro. org/mc/page. do? sitePageId=114186&orgId= Naasro National Crime Prevention Council(NCPC). (1995). Strategy: School resource officers. *350 Tested Strategies to Prevent Crime: A Resource for Municipal A-gencies and Community Groups*. Retrieved July 10, 2010, from http: // www. ncpc. org/topics/school-safety/strategies/strategy-school-resource-officers/? searchterm="school resource officers"

National Education Association (NEA). (2008). *More than "campus cops": School resource officers are also role models for students and staff*. Retrieved June 20, 2010, from http: // www. nea. org/home/15729. htm

National Education Association(NEA). (n. d.). *Getting educated: Security services professionals*. Retrieved June 20, 2010, from http: //www. nea. org/home/18628. htm

National School Safety and Security Services (NSSSS). (2002). 2002 *National School Resource Officer Survey: Final report on the 2nd annual national survey of school based police officers*. Cleveland, OH: Author.

New York Civil Liberties Union(NYCLU), & American Civil Liberties Union(ACLU). (2007, March). *Criminalizing the classroom: The over-policing of New York City schools*. Retrieved from http: //www. nyclu. org/pdfs/criminalizing _ the _ classroom _ report. pdf

Office of Community Oriented Policing Services(COPS), U. S. Department of Justice. (2010). *Assigning police officer to schools*. Problem-Oriented Guides for Police, Response Guides Series No. 10. Retrieved June 19, 2010, from http: //www. cops. usdoj. gov/files/RIC/ Publications/e041028272-assign-officers-to-schools. pdf

Office of Community Oriented Policing Services (COPS), U. S. Department of Justice.

(n. d.). *Community policing defined*. Retrieved July 10, 2010, from http://www. cops. usdoy. gov/files/RIC/Publications/e030917193-CP-Defined. pdf

Price, P. (2009, Spring). When is a police officer an officer of the law: The status of police officers in schools. *Journal of Criminal Law Criminology*, 99, 541-570.

Texas Appleseed. (2010, December). *Texas' school-to-prison pipeline: Ticketing, arrest, use of force in schools. How the myth of the "blackboard jungle" reshaped school disciplinary policy*. Retrieved from http://www. texasappleseed. net/images/stories/reports/Ticketing _ Booklet _ web. pdf

Theriot, M. T. (2009, May-June). School resource officers and the criminalization of student behavior. *Journal of Criminal Justice*, 37(3), 280-287.

Thurau, L. H. & Wald, J. (2009). Controlling partners: When law enforcement meets discipline in public schools. *New York Law School Law Review*, 54, 977-1020.

Wald, J. & Thurau, L. (2010, March). *First, do no harm: How educators and police can worktogether more effectively to preserve school safety and protect vulnerable students*. A CHHIRJ research brief. Charles Hamilton Houston Institute for Race and Justice, Harvard Law School. Retrieved from http://charleshamiltonhouston. org/Publications/Item. aspx? id=100025

Wheeler, T. , II & Pickrell, T. (2005). School and the police. *American School Board Journal*, 192(12), 18-21.

Youth United for Change & Advancement Project. (2011, January). *Zero tolerance in Philadelphia: Denying educational opportunities and creating a pathway to prison*. Retrieved from http:// www. njjn. org/resource _ 1707. html

判例与法规

Definitions for chapter, Ky. Rev. Stat. Ann. § 158. 441(2010).

People v. Federman, 852 N. Y. S. 2d 748(NY Crim Ct of NYC 2008).

Samuels v. Independent School District 279, 2003 WL 23109698(D. Minn. 2003).

州和联邦的《教师保护法案》需要在与学生纪律有关的诉讼中保护教师吗？

支持观点：艾米·斯特凯蒂，印第安纳州南本德贝克
和丹尼尔律师事务所
反对观点：珍妮特·R. 德克尔，辛辛那提大学

概　述

当教师违反职责去管理学生时，他们应该对由此产生的问题承担责任。在确认教师是否应该负责这一问题时，法庭通常会考虑他们的行为是否与一般教师在这种情况或类似情况下的行为相似，以及其行为所产生的后果是否是可预见的。一般来说，如果教师行为与一般教师的行为相似，且行为所产生的后果是不可预见的，那么他们就不会被判需要承担责任。尽管这是一个事实，但是当教师合理使用权利去惩罚学生时他们还是会有一些担心。

《不让一个孩子掉队法案》中有一部分叫作《教师保护法案》（2001）。这个规模较大的法案的目的在于在教师惩罚行为不端的学生而产生不良后果时保护教师。确切地说，根据这一规定，当教师"为了维护学校和课堂纪律而采取控制、惩罚、开除、停课等手段使学生受到伤害时，教师不会被起诉[20 U.S.C. § 6736(a)(2)]。"在《教师保护法案》出台后，其他州也采取了相似的法律，即教师在惩罚学生的过程中，如果伤害到了学生，教师会受到法律保护。

全国教育协会警告教师说，《教师保护法案》"是非常狭隘的，是充斥着异议的，在某种程度上说，它在法律层面上基本没为学校雇员们提供什么保护，同样值得注意的是，它也没有为教师提供一些法律层面的经济支持"。换句话说，当学生因教师的过失或其他处罚而受伤时，《教师保护法案》既没有让教师免于诉讼，也没有让教师免于受罚。全国教育协会提供了以下学生受伤的事例来解释《教师保护法案》的狭隘范围：

在操场上因突发事件而受伤
在化学实验室因实验而受伤
以其他学生殴打受伤
因买东西而受伤
在短途旅行受伤
同学性侵

《教师保护法案》还有两个重要的例外。第一，教师如果违反联邦法律、本州法律或本地法律而伤害学生，他们不能免责。比如，学生只需要通过家长或是律师宣称教师行为侵犯了他们的以合理原因行动的宪法权利。第二，法庭只允许教师使用"合理的权利"，如果教师被证明使用了"不合理的权利"，那么他们就不会受到保护了（NEA-NM，n. d. ）。

如前文指出的，除了《教师保护法案》，一些州通过了他们自己的保护教师的法律。比如，2009 年印第安纳州通过了他们自己的法案，法案对教师行使惩罚措施提供了限制，并且允许他们在法庭上被印第安纳州总检察长办公室代表。这个立法是在"因为怕被起诉，教师不愿管理学生"的背景下建立起来的。

有怀疑者质疑印第安纳州和其他州制定这些法律的有效性。首先，一些质疑者指出，有些教师不惩罚学生是因为他们害怕受到法律限制。当被问到新法律时，门罗郡联合学校负责人海兰表示说，它针对的仅仅是教师中"非常小的一部分人"。教育专家苏珊娜·E. 埃克斯指出这些法律是完全没有必要的，因为如果知道教师在处罚学生时的行为是合理的，那么他们的权益就已经被保护了。另一些人则提出，这些法律会让事情适得其反，这会让教师认为他们被给予了很宽泛的权限，但是事实上保护却是很有限的。

支持者认为，这些法规可以保护教师不被那些轻率的诉讼所打扰。更确切地说，他们认为，在现行的法律背景下，法官可能会驳回很多案件。这些法律也会阻止学校董事会为防止法律纠纷在被起诉前就处理案件，并能够给教师一种更好的安全感。此外，这些法律也突出了当教师在处理行为不端的学生时对于教师经验的要求。

这一章讨论了有关教师保护法律的一些有争议的问题。在持支持观点的文章中，艾米·斯特凯蒂指出，学校董事会得到了来自于州和联邦政府的教师保护法的益处，他在文章中指出：

　　不管这些法律对那些带来诉讼的原告们是否真的起到了一些真正的震慑作用，毫无疑问的是，这给挑战学校处罚学生的权威方面带来了非常大的社会影响和关注。

在持反对观点的文章中，珍妮特·R.德克尔解释了为什么她觉得这些法律没有存在的必要。她说：

> 州法律经常为学校提供合格的保护。此外，现在法律在各个州都已经实施，这就是原告在法庭上很难说服法官去追究教师失职的原因。《教师保护法案》就是一个政治动机的法案，它仅仅做了草草的解释并且最终失败了，因为它提供了一种错误的保护感。教师们已经在州法律和其他法律以及个人责任保险那里得到了支持。

确实，这一话题可能还会继续争论下去，更多的州在考虑采取《教师保护法案》，因为他们想帮助教师建立学校中安全有序的学习环境。

苏珊妮·艾克斯
印第安纳大学

支持观点

艾米·斯特凯蒂

印第安纳州南本德贝克和丹尼尔斯律师事务所

自从 2001 年实施《教师保护法案》(TPA)后，许多州也跟随联邦政府的脚步实施了类似的立法设计，目的在于当教师在校内或校外惩罚学生而对学生造成伤害时保护教师。这个观点已经在持反对观点的文章中被质疑了，因为有人认为这个法案比较狭隘，而且被他们描述为一种不切实际的保护；然而，它起的一个非常重要的作用就是帮助教师在惩罚学生时建立了威信，并且可以在一个比较混乱的学校中建立起有序的环境。与持反对观点的文章相反，这篇文章将会举例说明为什么州法律和联邦法律是非常重要的，不仅仅是因为在诉讼中保护了学校员工和学校董事会，还因为它授权给学校管理者在完善秩序和保护学校安全过程中可以采取强硬措施。

犯罪和暴力在校园中的盛行需要为学校员工提供更多支持

很显然，学校应该是学生学习的安全天堂。然而，在日常生活中，我们经常可以在新闻节目中看到有关学生犯罪和暴力的事件发生，有时候甚至是极端的暴力行为。根据美国教育部门的报告显示，在 2007—2008 学年，有 85％的公立学校报告称至少发生过一起校内犯罪事件，总数量达到 200 0000 起(Robers，Zhang & Truman，2010)。同样是在这一学年，75％的学校报告至少发生过一起犯罪事件，如恐吓、袭击或抢劫等。在 2009 年，9～12 年级的学生中有 8％都曾经受到过来自枪支、刀或学校内帮派的威胁或伤害。尽管学生最可能是学校犯罪事件中的受害者，但是教师和学校中的其他员工也未必会幸免。事实上，在 2007—2008 学年有 7％的教师也遭受过来自学生的恐吓。这一比例在城市教师和中学教师中甚至要更高。

这种犯罪行为和暴力事件的蔓延对于教育系统，特别是学校的教学环境，已经有了不可忽视的影响。同样是根据美国教育部门的研究，在

2007—2008 学年，34％的教师认为学生的不良行为影响了他们的教学工作。这一数字在中学教师中更高。另一份研究报告（Public Agenda，2004）显示，有 77％的教师表示，如果他们使用更少的时间去处理问题学生的话，他们将会有更好的教学成果。另外，调查中教师反映，在处理问题学生时，学生经常会警告他们小心点。更确切地说，这份报告中，有 78％的教师报告，经常会被学生提醒注意保护他们的权利或是小心被控诉。而且，这些教师中有 49％的人被指责不公平地对待违纪学生，并且有 52％的教师认为他们的问题行为都被夸大了，因为他们感觉在纪律问题上教师是软弱的，因为他们"不能指望教师或者家长支持他们"。

学校犯罪和暴力行为的泛滥，加上教师持有家长与学校管理者不支持以及有被起诉的可能这样的想法，这将直接影响教育管理者在管理学生时以强势地位执行纪律政策，更不用说采取管理限制——即使假定适当的训练、区域限制政策、适当情况下限制或干预学生之间的混战等。《教师保护法案》的目的就是为了提高对这些问题的关注，也是为学校管理者在培育及维持有序的校园环境方面争取更大支持，并阻止家长针对教师提起诉讼或威胁起诉。

对于学校和教师来说为微小过失而引发的诉法辩护成本较高且耗费精力

当学生在学校中受伤，包括因为学校执行惩罚措施而受伤的时候，他们会寻求法律追索权，通常会通过他们的父母对过失行为进行索赔。学生追求其他索赔也并不少见，如依据宪法和其他联邦法律对侵权行为进行的索赔，或者如果适用，根据 2004 年重新授权的《身心障碍者教育法》进行的索赔。然而这些索赔并没有被联邦《教师保护法案》或是典型的州立的教师保护法律包含，因而，它们并非本文讨论的范围。此外，现在备受关注的还有学校中约束管理和禁闭室的使用引起的诉讼（General Accounting office，2009）。

在原告对学校董事会提起过失诉讼的案例中，他们的索赔要求通常会直接移交给保险公司，并由保险公司指派保险律师来处理。一旦律师被指定，律师通常会做内部调查，如收集调查文件以及评估索赔的合理性及辩护的可能。这些都是在事件发生后要立刻去做的，并在投诉前给出结果。甚至仅仅是在仅有一个原告的情况下，这一过程都会占用大量律师和学校员工的时间。通常情况下，学校董事会和原告首先会讨论最麻烦的钱的问题，以避免后期出现更多的麻烦。

如果当事人或学校董事会和原告没有达成一致，那么事件就会进入调查阶段，这时当事双方会交换材料和信息请求，为法庭询问和作证做准备。根据索赔以及原告和其他目击者的数量，调查阶段一般会耗时超过 100 小时。因此，在整个辩护过程中就会产生数万美元的律师费用，而这仅仅是调查阶段。还有额外的法律费用，而且有关学校的诉讼案一般要更贵。诉讼需要学校管理者放弃他们的日常工作而去搜集资料、会见律师、参加会议为上庭做准备、准备辩护等。诉讼对学校管理者来说是精神和情感上的消耗，并且还会导致工作压力的增大和工作动力的减少。

随着诉讼调查的进行，作为被告的学校董事会通常有机会在判决之前处理索赔要求。学校董事会通过说服法官并无值得陪审团调查的事实争议和其他当事人，或者原告无法提供证据证明其所要求的索赔来免于起诉。

对于过失和其他类型的侵权案的被告来说，在开庭前搜集证据是非常困难的。因此，这个时候，学校必须能够证明对他们指控的事实是没有争议的。在过失案件中，责任通常取决于被告的行为是否合理，无论他们的行为是违约了还是违反了他们对原告的职责，或者是否因为他们的行为导致了原告的伤害。因为这些调查都是基于事实的，它们不利于法官作为法律问题来解决。换句话说，因为这些过失索赔都是基于特定情境下的事实，这类案件是最不可能在审判前就被驳回的案件。

假设官司继续进行，判决将充满了不确定性。对于这些类型的诉讼，许多学校董事会通常会选择和解，而不是冒着不公判决的危险或伴随而来的负面影响。尽管以这种方法作为解决冲突的办法避免了判决的不确定性，但是这种方法也并不是没有代价的。尽管和解条款通常是保密的，但诉讼庭外解决的这一事实并不是保密的。当学校董事会以和解的方式解决索赔的消息传出时，人们通常会误认为学校和一些个人对学生受到伤害确实是有责任的。这种误解对学校管理的公信力是一种破坏，同时也是对处理诉讼的学校管理者权威的一种损害。

《教师保护法案》：教师的保护伞

作为 2001 年《不让一个孩子掉队法案》(NCLB)的组成分，保罗·科弗戴尔的《教师保护法案》出台的目的是为了保证教师在采取合理措施以保证秩序、纪律和良好的学习环境时可以受到法律的保护而免于被起诉(20 U.S.C. § 6732)。根据它的规定，对于由于教师作为或不作为所引起的伤害，该法案豁免了教师的责任，只要他们是在职责范围内行事的；他们的行为是按照联邦、州和本地法律努力维护秩序的要求来进行的；他们的行为并非是故意犯罪，或构成重大过失、管理不善的，或有意公然漠视学生的权利和安全的[20 U.S.C. § 6732(a)]。虽然有些人认为，这些规定涵盖了法律所提供的保护，但这一法案并不是多余的。换句话说，其中最重要的一个影响就是，如果各州尚未制定为教师提供更宽泛保护的法律的话，它将促使各州制定类似的法律。

例如，在印第安纳州，在 2009 年的州议会上通过了《印第安纳州教师保护法案》，在这个法律之下，如果学校教师因惩罚学生而被起诉，只要他们的行为在学校政策之下是合理的，那么他们就会被免于处罚。这个法律也同时支持印第安纳州律师协会为被起诉教师提供免费相关帮助[Ind. Code § 4-6-2-1.5(b)]。

《教师保护法案》也许会对判决前驳回和避免处理上的过度花费有帮助

如前所述，《教师保护法案》为教师在特定条件下提供了保护。由于管理学生而产生的过失案中作为被告的教师可以根据《教师保护法案》的相关条款积极抗辩，主张免责。免责的使用关键在于可以由法官根据法律来进行判决，而不需要通过陪审团对受伤事实进行判定。获得免责辩护的教师即获得了在审判前处理索赔的重要载体，很多时候，甚至是在诉讼的调查完成之前。如果在案件早期处理索赔，教师和学校董事会可以减少经济上或非经济上用于辩护和应诉的成本。

《教师保护法案》有助于延期诉讼并赋予教师执行惩罚的权力

许多人相信，《教师保护法案》的最重要的目的是其阻止了学校董事会和教师成为潜在原告的起诉目标。如果潜在原告觉得与学校董事会对立比较困难的时候，他们就不太可能去起诉教师了。

此外，许多人坚持认为，《教师保护法案》起到了非常重要的震慑作用，这样赋予教师权力，使其可以放心对学生需要进行约束的行为进行适当管理而不用担心会被起诉。无论这些法令是否真的起到了震慑作用，但它们对遏制原告起诉的想法确实是有作用的，显然，它们已经吸引了公众广泛关注学校管理者在对学生进行纪律管理时所面临的挑战。但毫无疑问，这些法案促使政客和学校领导者都告知他们的选区要依据法律规定为教育管理者提供保护。很多学校董事会甚至发布政策来告知他们的社区，教育官员可能会免于由学生纪律管理所引发的诉讼。采取并发布这种政策，不仅表明学校董事会有力地执行了他们的纪律政策，也表明学校大力支持学校员工执行这些政策。

《教师保护法案》提醒学校管理者重视地方性政策和执法的一贯性

当学校董事会采纳和公布实施《教师保护法案》的具体政策时，这样的政策通常会列出使学校官员得以豁免的具体情境。这些情境通常需要学校管理者在诚信和遵守联邦及州的法律规定以及学校政策与程序的基础上开展行动。最后，我们要说，《教师保护法案》和宣传这一法案的政策，在强调制定及持续应用可行性政策以确保学校安全有序的学习环境方面起着重要作用。

反对观点

珍妮特 • R. 德克尔，辛辛那提大学

　　与刑事犯罪不同，侵权是一种民事过错行为，一般是由于他人的不合理行为造成的对自身的伤害。例如，在学校中，如果教室天花板上的一个灯具坏了，掉下来砸伤了某个学生的头，那么这就是一种民事侵权行为。如果受伤学生的教师没有合理处置此事并确保那个危险的灯具已经被修好了，那么这名教师就应该被认为应对此事负有责任，法庭可以判定该生得到赔偿。正如持支持观点的文章提到的，诉讼案件的增加阻碍了教师教育学生的能力，对这一观点的认同似乎正在增加。

　　忽略教师的关心，州政府和联邦政府保护教师免受侵权诉讼影响的《教师保护法案》并不是必要的，主要有 4 个方面的原因。第一，教师不应该惧怕侵权行为，因为当他们遇到这种诉讼的时候很少会输，并且没有令人信服的证据表明教师会因为诉讼而影响教学。第二，在很多案例中，《教师保护法案》不会免除教师的诉讼费用；责任保险一般都是由工会组织提供的。第三，一旦了解了过失的法律要件，教师就会明白让原告证明教师在事件中有责任是很难的。第四，现行的《教师保护法案》政治色彩浓厚，适用范围狭窄，并不是必需的。

对诉讼的恐惧影响了教师教学水平的说法并未被证实

　　教师保护的相关法案出台的首要原因就是因为害怕。然而，教师对与教育相关的诉讼的担心是最不必要的。尽管美国被公认为诉讼非常多，但教育诉讼通常是针对学校董事会的而不是针对教师的。而且，只要教师行为是合理的，法律的过失原则就可以保证他们不输官司。事实上，在大多数起诉教师的案件中，教师都是占上风的。在少部分教师输了的案件中，一般都是教师犯了令人震惊的错误，如和学生发生性关系等。在这种很少见的教师败诉的案例中，他们确实应该对自己的犯罪行为或者不合理行为负责。现行的《教师保护法案》只能在教师被起诉后为他们提供一个有限的豁免权，并没有在第一时间保护教师免于被起诉。实际上，没有什么可以保护教师免于被起诉，原告经常可以将无足轻重的诉讼搬上法庭。不但是《教师保护法案》，在很多案件中，被告都需要花费昂贵的费用来证明自己的清白。同样，这些联邦和州的法律给人一种保护教师的错觉，但它并没有节省教师的花费。其实责任保险已经为教师提供了财政保障，这样一来《教师保护法案》也就没那么必要了。

并没有现实证据能够证明，教师认为这些起诉影响了他们工作的效率。少量描写诉讼对教师产生消极影响的文章，都被指说样本量过少并且有偏见倾向，而且有很多方法上的瑕疵。相反地，可以说在美国成千上万名教师中，只有非常小的一部分最终被告上了法庭。另外，一场案件的热议也可能归咎为媒体对少数真实案件进行的炒作。

在苏珊妮·E. 艾克斯和珍妮特·R. 德克尔对 2009 年和 2010 年的《教育法律年鉴》的回顾中，每一个在西区（West）出版公司出版的教师侵权案件都在第六章有评论。作者总结说，在 2009 年和 2010 年，即使没有使用辩护豁免权，超过 70% 的原告都会败诉。换句话说，近年来大部分起诉教师的原告都败诉了。对教师败诉这件事的关心是很有趣的，也许也是基于教师工会和责任保险公司对它的关心。这两个组织在教师被起诉时为其提供资金支持。许多教师加入工会的最根本的原因看起来很正当实用，那就是在他们的职业生涯中万一被起诉了能够得到诉讼费用的支持。同时，工会、保险公司还有媒体过度关心了教师诉讼事件。实际上，有一些工会领导者甚至批判私人保险公司利用教师的恐惧心理来向他们推销保险，这是很不必要的。

责任保险可以为教师提供诉讼基金

教师似乎认为，加入工会或者买一份责任保险比《教师保护法案》更能起到保护自己的作用。由于联邦法律和各州法律的狭隘解释，它们对缓解潜在的诉讼危机几乎没有作用。举例来说，在一些州（如印第安纳州）《教师保护法案》只有在涉及教师处罚学生的情况下才会起作用。因此，在印第安纳州的法律中，如果一名学生因从单杠上摔下来受伤而控告教师失职，教师是不会被法律保护的。可以肯定的是，一些《教师保护法案》涉及的范围并不广，结果就是这些法案给了那些并不是很了解法案的人一种安全上的错觉。如前所述，即使有教师保护法案，教师也并不能免于被起诉。任何人都可以提起诉讼，无论该起诉是不是琐碎的，被起诉的教师都必须为自己辩护。州和联邦的《教师保护法案》并没有阻止动不动就起诉的人提起诉讼。

同时，作为被告的教师无论《教师保护法案》给不给予他们帮助都必须承受为自己辩护的压力。该法案的目的是保护教师，但无论他们最终是否能胜诉，这些法律（在大多数案件中）都没有让教师免于在财力上和情绪上对他们的影响，如免责辩护。

那么，教师责任保险就应成为为教师承担诉讼费用的关键。同时，教师也应该意识到学校董事会通常会对被起诉的教师给予保护和（或）赔偿。这很容易理解，因为如果自己学校的教师被列为被告，学校董事会自然也就成为被告。

当然，不是侵权索赔的案件就除外了，比如，有关教师和学校管理者之间的关于雇佣纠纷的诉讼。而且《教师保护法案》也不是处理这种类型的诉讼案件的。

一旦了解了侵权行为，教师会知道他们更可能在诉讼中胜利

教师除了有潜在的法定费用的支持外，他们还应该接受涉及教师的法律诉讼教育。研究显示，许多教师对法律是非常困惑、迷茫和害怕的。然而，一旦对侵权有了了解，教师们就可总结出，原告在起诉教师过失时很少获胜。为了胜诉，原告必须具备证据数量上的优势和法律承认的无懈可击的事实等 4 个要素。对于原告来说，提供这样的证据去起诉教师和学校董事会是非常不容易的壮举。

州法律，一般是指一般法或是案例法而不是指成文法，在每一个案件中原告为了胜诉必须提供 4 类证据要素：教师对伤害的发生是有责任的；教师有失职的事实；确实有伤害的事实；伤害的发生是由教师的失职行为

导致的。比如说，为了证明一名学生在课间因为打闹而摔坏了胳膊，学生家长要找律师起诉教师，首先要证明的就是教师有责任照看学生，在这种情况下，在小学操场上教师对学生有照顾的责任是非常容易被证明的，教师对学生应该适当地看管。因此，第一个要素就可以被证明了。

第二，学生应该证明教师确实存在失职的事实。如果教师的行为非常合理，她对学生进行了监管或预防和防止了伤害的发生，那么学生就无法证明这个要素。因为原告没有证明 4 个要素其中的一个，教师就已经胜诉了。然而，如果为了证明，学生需要证明教师是如何失职的。然后，学生还要证明第三个诉讼要素就是学生确实受伤了。就以现在这个例子来说，想证明受伤并不是非常困难。

第四个诉讼要素是原告最难证明的一个要素，为了证明这个要素，学生必须证明他的受伤是因为教师失职导致的。换句话说，如果教师没有进行适当的监管或是没有预见到学生可能受伤，那么教师就是失职的。在教师劝阻之后，学生还有危险行为（如跳得很高或是打闹）的情况是很少发生的。这样说来，教师的监管可以防止学生受伤。另一方面，可以更加确定的就是，教师的简单监管可以防止学生发生伤害事件。因此，在后一种情况下，如果学生无法提供证据，教师就会胜诉。

为了方便讨论，我们假设学生可以提供所有的 4 个诉讼要素。如果这种情况发生，教师也还是有机会逃避责任。比如，教师可以声称程序缺失，比如，原告未能告知被告他已经被起诉。教师还可以辩解说是共同过失或是比较过失或是可能的风险假设。共同过失辩护是指，如果原告被发现对所受伤害有任何比例的过错，被告则可以被判无罪。比较过失辩护是指，如果被告中的一个或多个都对原告的受伤有责任，那么责任由所有被告共同承担。根据被起诉的案件，教师可以根据情况声明是共同过失或是比较过失，但是不能两者都选。如果被告已经提醒原告有危险存在，那么被告就无需对所发生的伤害承担责任。

与《教师保护法案》最相关的辩护是政府豁免。如果学校董事会所在的州的法律提供了判决的相关依据，那么他们就可以根据政府豁免来自我辩护。尽管州法律对政府豁免的使用有一定的限制，但是它还是经常被使用，因为学校是州的机构，它们本来就是被保护的。政府豁免的目的就是政府不允许被起诉，因为如果纳税人起诉政府，就代表着纳税人起诉了他们自己。因此，仅仅因为教师是被政府雇佣的，他们就已经被政府保护而免于责任。为了证明 4 个诉讼要素，原告必须反驳掉他们的辩护。总之，一个学生有可能证明教师确实失职了，但是教师还是会在辩护之后胜诉。

现存的《教师保护法案》并无必要

目前，州和联邦已有的保护是很有争议的，很多人认为这些法令是不必要的，因为它并没有真正起到保护作用。就像之前讨论过的例子，这些法律并没有保护教师免于起诉。在很多案例中，即使有《教师保护法案》的庇佑，很多无辜的教师还是要在起诉中担负高额的诉讼费用并承担巨大的压力。

而且，《教师保护法案》具有浓厚的政治色彩。目前的联邦《教师保护法案》是 2001 年的保罗·科弗戴尔《教师保护法案》(《科弗戴尔法案》)。它的历史可以追溯到 2000 年的总统选举，也就在科罗拉多州科伦拜恩高中的枪击事件发生一年后。在那段时期，教师们对学校的安全很担心，都希望处罚学生时能有法律保护自己。作为小布什施政纲领的一部分，他提出要对各类民事侵权进行改革。最后，他承诺会支持联邦《教师保护法案》。他在总统演讲中说："我支持在全国范围内实施一个教师责任法案。这一法案规定，如果教师或者校长按照规定进行班级惩罚的话，他们将不会被起诉。他们绝不会被起诉。"然而，就像刚才提到的，《教师保护法案》在有关教师过失的诉讼中表现出的作用十分有限。因此，《科弗戴尔法案》(*Paul D. Coverdecl Teacher Protection Act*) 作为一个联邦法案，它是一个可以为教师（和其他员工）负责，限制员工责任范围的一个联邦法律，却很少被教师信赖就不足为奇了。《科弗戴尔法案》在小布什成为总统之后很快被通过，并成为《不让一个孩子掉队法案》的一部分。

《科弗戴尔法案》的目标是为学校专业人士提供"他们需要的工具来采取合理的行动以维持秩序、纪律，和一个适宜的教育环境"（§6732）。在《科弗戴尔法案》中提到，如果执行"教师职责"[§6736(a)(1)]，还有"非蓄意或犯罪的错误、重大过失、鲁莽的行为，或者教师不是有意地公然漠视权利和安全而伤害学生"〔§6736(a)(4)〕的话，"教师不应该为作为或不作为所引起的伤害负责。"因此，对于试图"控制、惩罚、开除、怀疑学生、在教室或学校维持秩序的教师"，该法案限制了教师的责任〔§6736(a)(4)〕。该法案对惩罚性损害赔偿也有所限制〔§6736(c)〕。

尽管它旨在提供尽可能多的保护，但《科弗戴尔法案》没有必要在一般性的过失规定之外对教师提供额外保护。第一，《科弗戴尔法案》没有必要保护教师免于被起诉。它充满了例外。比如，在6736(b)部分，例外大概有保护条款的两倍。6736(b)(1)部分要求学校董事会坚持"风险管理程序，包括教师的强制训练"，不遵循这些程序的教师将不会受到法律的保护。第二，《科弗戴尔法案》不保护那些不遵守教师道德规范或是有犯罪行为的教师。第三，教师保护法律是不必要的，因为州法律已经规定，将会为那些遵守了教师行为规范的教师提供赔偿。这些例外情况反映了学校董事会不会保护被起诉的教师的原因。然而，在相似的《科弗戴尔法案》中，学校董事会确实会为教师提供法律援助以防他们被起诉，从而保护教师或为教师提供赔偿。

这些种类的限制已经引起了一些批评。一些批评指出，《科弗戴尔法案》仅仅提供了一个"解决问题的假象"和保护教师的符号。此外，一些组织如美国联合律师协会批评说，如此大规模的联邦管控很少或根本没有道理。目前很少有州的《教师保护法案》付诸实践，尽管一些组织如美国律师改革协会已经游说，通过了一些措施。然而，一些类似于《科弗戴尔法案》的州法案最终还是没有必要的。

结论

总之，本文认为，《教师保护法案》是一个不明智的政策。这些政策是被一些潜在的威胁刺激出来的，那些危险并没有真实存在并对教师产生什么消极的影响。在教师被诉讼的极少数的情况中，他们经常胜诉并且需要支付的费用经常是被学校董事会支付的并且可以免受处罚。此外，依据目前的法律，在任何州原告都很难胜诉。

《科弗戴尔法案》是一个可以被狭隘解释和没必要存在的有政治色彩的法案，因为它提供了错误的保护感。教师已经被州法和修正法案支持和保护或是提供了法律依靠。因此，本文认为《教师保护法案》没有必要存在。

拓展阅读资料

Common Good. (2004). *Evaluating attitudes toward the threat of legal challenges in public schools*. Rochester, NY: Harris Interactive.

Eckes, S. E. , & Decker, J. R. (2009). Tort law and public schools. In C. Russo. *The yearbook of education law* (pp. 152-171). Dayton, OH: Education Law Association.

Eckes, S. E. & Decker, J. R. (2010). Tort law and public schools. In C. Russo. *The yearbook of education law* (pp. 143-162). Dayton, OH: Education Law Association.

General Accounting Office. (2009). Seclusions and restraints: Selected cases of death and abuse at public and private schools and treatment centers, GAO-09-719T. Retrieved February 27, 2011, from http://www.gao.gov/new.items/d09719t.pdf (Collection and summary of cases, many of which include claims for negligence, in which students have injured in seclusion rooms or while being restrained at school.)

Insurance Journal. (2009, August18). Indiana Attorney General: New law protects teachers from lawsuits. Retrieved May15, 2010, from http://www.insurancejournal.com/news/midwest/2009/08/18/103096.htm

Maher, P. , Price, K. & Zirkel, P. A. (2010). Governmental and official immunity for school districts and their employees: Alive and well? *Kansas Journal of Law and Public Policy*, 19, 234-238.

Miller, A. (2003). *Violence in U. S. public schools: 2000 school survey on crime and safety, NCES 2004-314 REVISED*. U. S. Department of Education, National Center for Education Statistics. Washington, DC: U. S. Government Printing Office. Retrieved February 27, 2011, from http://nces.ed.gov/pubs2004/2004314.pdf

NEA-NM. (n. d.). *Teacher Protection Act*. Retrieved May 13, 2010, from http://www.nea-nm.org/ESEA/TPA.html

Portner, J. (2000). Fearful teachers buy insurance against liability. *Education Week*, 19 (29), 1-2.

Public Agenda. (2004). *Teaching interrupted：Do discipline policies in today's schools foster the common good?* Retrieved February 27, 2011, from http：//commongood. org/assets/attachments/22. pdf

Robers, S. , Zhang, J. & Truman, J. (2010). *Indicators of school crime and safety：* 2010. NCES 2011-002/NCJ 230812. Washington, DC：National Center for Education Statistics, U. S. Department of Education and Bureau of Justice Statistics, Office of Justice Programs.

Robison, D. (2009, May 22). School officials question need for teacher lawsuit shield. *Indiana Public Media.* Retrieved May 13, 2010, from http：//indianapublicmedia. org/news/school-officials-question-need-for-teacher-lawsuit-shield

Thomas, S. B. , Cambron-McCabe, N. H. & McCarthy, M. M. (2009). *Public school law：Teachers' and students' rights.* Boston：Allyn & Bacon.

Zirkel, P. A. (2003). The Coverdell Teacher Protection Act：Immunization or illusion? *West's Education Law Reporter*, 179, 547-558.

Zirkel, P. A. (2006). Paralyzing fear? Avoiding distorted assessments of the effect of law on education. *Journal of Law Education*, 35, 461-496.

Zirkel, P. A. (2011). Empirical trends in teacher tort liability for student fights. *Journal of Law Education*, 40, 151-169.

判例与法规

Indiana's Teacher Protection Act, Pub. L. 121-2009; Ind. Code § 4-6-2-1. 5.

Individuals with Disabilities Education Act, 20U. S. C. § §1412(a)(24), 1418(d)(1)(A)(B).

No Child Left Behind Act, 20U. S. C. § §6301-7941(2006).

Paul D. Coverdell Teacher Protection Act of 2001, 20 U. S. C. § §6731 *et seq.* (2010).

代理父母：教师应该在学校的所有惩罚事项中代替父母吗？

支持观点：戴纳·N. 汤普森·多西，北卡罗来纳大学教堂山分校

反对观点：艾莉森·A. 霍兰德，印第安纳大学-普渡大学哥伦布分校

概　　述

代理父母(Loco Parentis)的字面意思是"处在父母的位置上"，学校董事会通常将他们的惩罚行动和政策建立在法定的基础上，即家长是自愿让他们的孩子服从教师或其他教师的权威的。这种主张在威廉姆·布莱克斯通先生的专著《英国法律评注》一书中第一次出现，他是英国的一名时事评论员(1765)。

布莱克斯通解释道，父母有义务向他们的孩子提供生活费用、保护和教育，具体来说，他们可以采取适当措施来帮助孩子健康成长。在与教育相关的部分中，他指出：

> 生活中，父母也可以将父母权威的一部分委托给孩子的家庭教师或校长；然后决定由谁来代替父母，并且掌握一部分父母给予的权力，也就是说这份权力会受到一定约束而且会被修正，因为需要向父母说明使用权力的目的。(1 Blackstone，431，cited at *Vernonia School District 47J v. Acton*，1995，p. 655；*Morse v. Frederick*，2002，p. 413)

随着美国法律体系的不断完善，"杰姆斯·肯特指出，在 19 世纪早期该主张被采纳，并成为美国法律的一部分"(摩尔斯诉佛雷德里克案，2002，p. 413)。众所周知，代理父母在美国第一次被作为惩罚的辩护理由是始于佛蒙特州的一个案件，一位教师因学生在校外与其不礼貌地说话而对该生进行了惩罚(兰德诉西维尔案，1859)。大约 20 年后，威斯康星州最高法院运用代理父母原则，允许校长对行为失当的学生进行惩罚(*State ex rel.* 伯比诉伯顿案，1878)。

> 回顾判例法，我们可以发现，代理父母原则同样允许学校对学生的言语进行控制。法院经常保护教师因学生言语违反学

校利益或教育目标而对学生进行惩罚的权利（摩尔斯诉佛雷德里克案，2002，p. 413）。

此外，随着高等教育时代的到来，代理父母原则逐渐在公立大学消失（迪克森诉亚拉巴马州教育委员会案，1961），因为法官和立法者开始重新审视这一原则。即便如此，法院仍然允许教师运用合理的武力包括体罚来对学生的一系列违反制度的行为进行惩罚，即使父母不同意校方的这种做法（贝克尔诉欧文案，1975a，1975b）。

尽管在迪克森的带领下，司法部门仍然继续遵从各州立法者允许体罚的做法，但美国最高法院在两种关键的情形下会向学生提供更多的保护，这两种情形分别是行使言论自由权的学生（廷克诉得梅因独立社区学院案，1969）和那些面临停课惩罚的学生（戈斯诉洛佩兹案，1975）。可以很清楚地看出，在代理父母原则下，廷克案和戈斯案可以说代表了学生所拥有的权利的上限。事实上，自20世纪80年代中期以来，法院往往支持教师有惩罚学生的权利，例如，允许教师搜查他们的财产（新泽西诉 T. L. O. 案，1985），并可以限制他们的话语权（摩尔斯诉佛雷德里克案，2002），但不允许对他们进行人身搜查（萨福德第一联合学区诉雷丁案，2009）。

当前争论的焦点在于，校方代理父母行使管教学生的权力是否合适，针对这一热点问题，本章对两种不同的观点进行了讨论。在持支持观点的文章中，戴纳·N.汤普森·多西认为，孩子在学校时，教师事实上应该有权充当孩子的父母。在她回顾的案例中，最高法院往往服从校方的权威以使其制定合理的惩罚规则。考虑到通常在学校中成年人的数量有限而学生的数量却很多，因此，成年人必须有权决定采用他们认为合适的惩罚行为不当学生的方法。汤普森·多西指出，落实有效的惩罚手段并让教师代理父母行事，是确保学校安全、保障学生学习的最佳途径。

另一方面，艾莉森·A.霍兰德对此持不同意见。她指出了在某些情况下代理父母原则会导致的一些问题。具体地说，她认为，当所有惩罚的权力都交给校方后，就会出现贫困学生和少数民族学生被惩罚的比例过高的问题。因此，霍兰德提议，在决定学校重要的惩罚事项时，该原则应该扩大到包括父母、社区以及教师在内的相关人员。她认为，对于教师来说，这一点和创造安全有序的学习环境同样重要，学校领导者"应该将代理父母的概念扩大到包括所有与父母是真正伙伴关系的成员，而不是取代父母"，因为大多数的学校纪律都关注对学生进行惩罚和对其不当行为进行定罪。关于这一问题，持支持观点的文章和持反对观点的文章进行了复杂的论证。

当你阅读这些文章时，需要问自己两个问题。首先，根据《义务教育法》以及最高法院对学生和家长权利的尊重，代理父母的概念具有可行性吗？换句话说，这个问题反思的是，假定《义务教育法》和其他类似的学校规章，包括家长和学生都不同意，但校方仍对违反学校规定的学生进行惩罚的情况下，认为代理父母是自愿性质的推定是可行的吗？因此，关于校方在惩罚学生时是否应该停止他们对代理父母原则的依赖，而不是在州和联邦制定法律帮助学校建设安全、有序的学习环境时继续他们的行为的争论随之而来。其次，抛开法律的限制，学校在惩罚学生的道路上还能走多远？

查尔斯·拉索
戴顿大学

支持观点

戴纳·N. 汤普森·多西，北卡罗来纳大学教堂山分校

当孩子在学校内或参与学校组织的活动时，主要应该由父母、教师和教育管理人员来保证他们的安全。科罗拉多州科伦拜恩高中枪击案发生后，教师和管理人员都在努力维护学校的秩序和纪律。一方面，校方在惩罚那些没有遵守法律规定的孩子时，有责任保证他们的安全；这样的惩罚建立在代理父母原则的基础之上，从字面意思来看，代理父母指处在父母的位置上。另一方面，即使是在学生因行为失当而受到惩罚时，教师也应该尊重宪法规定的学生的基本权利。在这方面，2008 年一项对律师和教师的调查表明，学校惩罚问题是当今学校继特殊教育问题和学生言论问题之后需要面对的第三个重要的法律问题（Skiba，Eckes & Brown，2009，2010）。惩罚学生在学校中扮演了如此重要的角色，因此，教师和管理人员在惩罚学生以及选择适当的惩罚方式时应该有更大的灵活性和自主权。

学校惩罚有两个主要的目的。一是确保学生和学校相关人员的安全。二是创造一个有利于学生学习的环境。虽然，学生在学校中最常见的违纪行为都是非刑事犯罪行为（Gaustad，1992），但为了回应人们对学校中日益增长的暴力和犯罪行为的不断关注，国会在 1994 年颁布了《学校禁枪法》。1995 年，国会以违宪为由取缔该法案后，该法案作为 1965 年颁布的《初级与中级教育法》（ESEA）中的第 4141 节进行了重新修订，并在 2001 年颁布的《不让一个孩子掉队法案》中得到进一步完善。《学校禁枪法》规定，如果学生携带武器到学校会被停课至少一年（Gun-Free Schools Act，2002）。《学校禁枪法》还规定，特殊学校的学生如果持有枪支并将其带到学校就会被开除（Gun-Free Schools Act，2006）。因此，很多州为了遵守《学校禁枪法》的要求实行了零容忍政策，从此出现了一个新的关于学校惩罚与学生宪法权利之间的复杂局面。美国心理学会零容忍特别小组（2008）指出，有效惩罚政策的目标应该是在能确保安全的学校环境的同时，这些政策和做法不会影响学生的学习机会和学业成就。

代理父母产生的背景

正如概述中所讨论的，代理父母原则起源于 18 世纪向美国移民之前的英国，但在今天的美国学校中它仍然是一个被普遍遵循的原则。随着对代理父母司法解释的进一步完善，一项关于学生惩罚和零容忍政策判例的研究发现，法院不愿意干涉学校惩罚方面的问题（Skiba，et al.，2009，2010）。因此，一些法院已经裁定，学校惩罚问题最好由那些经常直接处理学生事务的人来解决。从这个角度看，代理父母原则赋予了教师和管理人员管教他们所照看学生的合法权利。基于代理父母原则，学校和学生的关系是相互的，教师和管理人员在解决涉及学校纪律与安全的问题时，有较大的控制学生行为的权力和自由裁量权。当然，就像持反对观点的文章中指出的那样，因为并不是所有的法院、父母和教师都同意这种观点，所以诉讼便会随之而来。

代理父母和学生的宪法权利

最高法院在很多案件中裁定，宪法规定的学生的基本权利是建立在学生在学校中行为适当的基础上的。在一些案件中，法院指出，学校董事会通过教师来承担监管和守护的责任，他们可能会代理父母承担对破坏正常教育秩序的行为进行惩罚和实施制裁的责任（伯特利学区诉弗雷泽案，1986；新泽西诉 T. L. O. 案，1985；廷克诉得梅因独立社区学院案，1969；佛诺尼亚第 47 学区诉阿克顿案，1995）。

在 1969 年廷克诉得梅因独立社区学院案中，最高法院承认学生在学校中仍享有宪法规定的基本权利。同时，法院也认识到校方在惩罚学生方面需要有一定的自主权和自由裁量权。

作为这场争论的一部分，各法院的法官表示，宪法为中小学生提供了太多的基本权利，使得教育管理者的惩罚决定受到了挑战。具体地说，对 40 年前的廷克案持有异议的布莱克法官，以及对萨福德第一联合学区诉雷丁案（2009）中的脱衣搜查同样存有异议的托马斯法官，都认为法院应该听从校方的判断并且允许教师在学校中拥有惩罚和维持秩序的权力。法院在判决英格拉姆诉怀特案（1977）时，基本上站在这一立场上，这一点在接下来的段落中会讨论到。

在英格拉姆案中，最高法院解决了在公立学校中使用体罚是否违反宪法《第八修正案》中关于残酷和非正常刑罚条款的相关规定的问题。佛罗里达州一所公立学校的董事会允许在学校中采用用棍棒打等形式的体罚，校方认为这种惩罚不听话学生的措施比停课或开除的方式更温和。法院认为，在学校中用体罚的方式来惩罚学生，并没有违反宪法《第八修正案》的残酷和非正常刑罚条款或宪法《第十四修正案》的实质性正当程序条款。

最高法院关注作为惩罚手段的体罚在美国公立学校中的使用，认为尽管这种做法是有争议且不受欢迎的，但依照代理父母原则它仍会在全国各地继续被使用，因为该原则允许教师使用合理的、不过度使用武力的方式来惩罚孩子。当然，法院提到，如果惩罚过度或超过必要的、适当教育和惩罚孩子的界限，那么学校董事会和教师则可能会面临刑事和民事诉讼。不过，考虑到学校的公开性以及当地社区进行的监管，法院认为这样胡作非为的情况不会在公立学校中发生，因为校方会积极防范出现残忍、非正常和过度惩罚的问题。换句话说，在英格拉姆案中，法院支持将代理父母作为管教学生的原则，以便学校可以对他们所照看的孩子进行适当控制和教育。

值得注意的是，在英格拉姆案之后，20 世纪 80～90 年代学校减少了使用体罚。事实上，正如在这本书中另一章关于这个话题的讨论中提到的，目前大约有 20 个州的法律允许在学校中使用体罚。然而，自 20 世纪 70 年代以来，被停课和被开除的学生的数量已增长了逾一倍，到 20 世纪 90 年代已达到 310 万（Skiba, et al., 2009, 2010）。此外，研究表明，积极的学业投入是影响学生成绩的重要因素（Skiba, et al., 2009, 2010）。出勤率对于学业投入和学生成绩是至关重要的，对于今天的学校来说，如果惩罚措施只有停课和开除这两种选择，那么学生的这些目标将会很难实现。如前所述，有效的惩罚制度应该能使学生的学习机会最大化，而不是减少他们的机会。因此，在学校中将代理父母作为一个惩罚的原则会提高教师在惩罚学生方面的灵活性，而且可能会使被停课和被开除的学生数量有所减少，从而有利于学生学业成绩的提高。

同时，在学校惩罚中使用代理父母原则，并不会侵犯学生的正当程序权利。最高法院在戈斯诉洛佩慈案（1975）和英格拉姆案中反复强调，"需要对学生进行惩罚的事件时常发生，而且有时需要做出立即、有效的行动"（戈斯诉洛佩慈案，1975，p. 739）。尽管代理父母原则允许教师和管理人员做出立即、有效的行动来惩罚学生，但仍然需要遵循程序性正当程序。例如，如果学生需要被长期停课或被开除，则需要通知学生或举行听证会（戈斯诉洛佩慈案，1975）。因此，在学校惩罚事项中，代理父母原则并没有侵犯宪法规定的学生的基本权利。

对学校中实现代理父母的建议

代理父母原则及在学校系统中实现代理父母具有重要的意义，因为它允许教师向孩子提供适当的启迪和教育，从而使他们更好地履行社会责任。学校的责任包括，保证安全的学校环境、鼓励形成积极向上的学习氛围、教会学生在社会或学校中取得成功所需要的个人和人际交往的技能以及减少学校中违反纪律行为的发生（American Psychological Association Zero Tolerance Task Force，2008）。

父母对他们孩子的义务和责任与学校的基本职责类似。例如，父母应该采取预防措施来保证他们孩子的安全并为孩子创造安全的环境，如将电源插座封堵、将盛放有毒化品的柜子加锁等。父母同样也应该使用各种形式的合理地惩罚孩子的方法，如设定时限、打屁股或剥夺某些特权、教会他们是与非的区别并帮助他们成为有社会责任感的公民。在惩罚学生时，这些责任可以通过代理父母原则被复制。

学校领导者可以制订全校的惩罚计划，其中可能包括预防性干预措施，如对问题学生的筛查和早期干预。实施预防性干预措施的人可能包括由学校的员工组成的危机团队、心理学家、心理咨询师、社会工作者、其他心理健康专业人员、家长以及为解决惩罚问题制定规则的人等（Martinez，2009）。此外，预防性干预措施可能还包括向所有学生提供管控愤怒和防止欺凌他人的培训。惩罚计划可能允许学生因表现良好而得到更多的分数，这些得分可以用来在学校中获得更多的特权或者弥补因不良表现而失去的分数。家庭经济状况不佳的学生表现不好，不仅会导致失去分数，还可能会视学生不良表现的严重性，而对其施加不同程度的惩罚。对这些学生施加的不同程度的惩罚可能包括失去参加课外活动的权利、在禁闭室思过、在校内（外）参加社区服务、在校内被停课或被强制参加学校心理学工作者或社会工作者开设的辅导课程等（American Psychological Association Zero Tolerance Task Force，2008；Martinez，2009）。

所有这些惩罚措施都不包括停课或开除，这说明学生的学习机会并没有被剥夺。与父母抚养和管教孩子的责任类似，学校这些惩罚措施的选择也要考虑应有利于为学生创造一个安全的环境，并使学生成为能明辨是非且有社会责任感的公民。这些惩罚措施在不违反宪法保护学生的基本权利或学生获得免费、适当的公共教育机会的前提下，同样可以适用于普通学生和接受特殊教育的学生。

结论

教师、管理人员和其他教育工作者共同承担维持学校秩序和纪律的责任。学校惩罚政策需要在不威胁到学生学习机会的前提下保障学校安全。代理父母原则意味着教师和管理人员应代替父母承担向孩子提供抚养、保护和教育的责任，同时采取合理的措施使孩子遵守秩序和听话。

代理父母原则应该在学校的所有惩罚事项中被使用，因为教师在决定如何像父母一样监管他们所照看的儿童上处于有利的位置。前面引用的建议是合理的，既不构成过度惩罚，也允许教师特别是与学生经常接触的人员可以对孩子进行适当的管制，以满足所有学生学习的机会。

最高法院通过不同的案件提出了自己的意见，由于学校的责任是看管和守护，所以它可以代替父母来承担保护、惩罚以及采取行动制止破坏正常教育秩序的行为的责任。因此，代理父母原则适合所有的学校惩罚方面的问题。

反对观点

艾莉森·A. 霍兰德，印第安纳大学-普渡大学哥伦布分校

在代理父母原则下，政策制定者、学校管理人员、教师和家长都认同学校有责任防止混乱和破坏学校安全的行为，并建立和维护安全、有序的学习环境。然而，争议在于是否应该制定全国性的学校惩罚政策来实现这些目标。尽管有明确的证据表明，自 1990 年以来学校中任何形式的犯罪行为都在持续下降，但在如今的学校中，惩罚措施关注的是惩罚和定罪而不是确保教育的目标。在这方面，法学院教授德波拉·阿切尔解释说现在的孩子比他们的上一代更有可能在学校被逮捕。此外，每年被学校停课的学生的数量从 1974 年的 170 万上升至 2002 年的 310 万，而且被停课和被开除的学生数量还在持续增加。最新的数据显示，2006 年每 14 名学生中就有 1 名学生在上学期间至少被停课一次。这些调查结果表明，也许校方在"代理父母"解决相关的惩罚事项时，并没有采用最合适的方法。

值得注意的是，只有不到 1% 的涉及青少年的暴力事件发生在学校或学校的操场上。事实上，美国律师协会指出，死于雷击的青少年数量比死于学校暴力的青少年的数量多三倍。不过，校方通常不考虑一些合法的解释而继续实施严格的政策，导致了学生被停课、被开除甚至被逮捕。美国心理学会零容忍工作小组认为，将停课和开除作为惩罚的方式会对学生学习机会产生影响。因此，社区、学校和家庭必须共同承担代理父母的责任，创建安全、积极的学校环境，同时减少会影响学生接受教育和学习的惩罚方法的使用。因此，代理父母的概念应该有一个更细致地描述而不是简单地允许教师代替父母。相反，教师应该与父母和社区共同承担相关惩罚事项的责任。

公立学校中的代理父母

代理父母是一个法律原则，它描述的是一种类似于父母与孩子之间的关系。它指一个人代替另一个人（通常是青少年）父母的位置并承担相应的责任，但不是一种正式的收养。到目前为止，最常见的使用代理父母原则的是在教师和学生之间。美国殖民地居民的这种思想来自于英国人的设想，他们认为学校对学生不仅有伦理和道德上的责任，还有教育的责任。

最终，在严格的基本前提下，最高法院确认可以在公立学校中实行代理父母原则，这限制了学生的权利。在英格拉姆诉怀特案（1997）中，法院裁定公立学校用棍棒对学生进行惩罚不涉及宪法《第八修正案》中关于禁止残酷和非正常刑罚的内容。

基于宪法《第一修正案》和《第四修正案》赋予的权利，法院通常向公立学校的学生提供较少的保护。理由是保护学生是学校的责任，1995 年在佛诺尼亚学区诉阿克顿案中，最高法院首次允许校方可以对没有嫌疑的学生运动员随机进行尿检（1995）。这一判决和 1994 年国会颁布的《学校禁枪法》（GFSA），要求学校制定零容忍政策，对在校园内携带枪支或根据《初级和中级教育法案》丧失联邦基金支持的学生应给予至少停课一年的处罚。然而，在 1995 年最高法院以联邦政府越权为由推翻了《学校禁枪法》的最初版本（Russo，1995）。

后来国会将《学校禁枪法》中的表述由枪支修改为武器，这扩大了武器所涵盖的范围。在 1996—1997 年，很多学校都制定了远远多于《学校禁枪法》中规定的违规行为的零容忍政策；其中有 94％的学校制定了专门针对枪械和其他武器的政策，有 88％的学校制定了与酒精相关的政策，有 79％的学校制定了与打架斗殴相关的政策。1997—1999 年又增加了关于毒品的相关政策，许多学校的零容忍政策都包括咒骂、旷课、不服从、无礼和违反着装规定等。

政策和法律本身的性质使得代理父母原则的应用变得复杂化，在 1765 年布莱克斯通的最初意图中，它的应用仅限于具有专业知识的教师对那些行为失当的学生进行管教。父母对教师的授权已经演变成各州为实现政策的预定结果而进行服务的授权，这忽视了学生的需求、行为的严重性以及当时的情境。鉴于这种授权意图的转变，代理父母不能也不应该扩展到所有的惩罚事项当中。

代理父母和学生的宪法权利之间的平衡

公立学校的管理者有责任保护学生和员工的安全。根据代理父母原则，当学校拥有对学生的控制权时，他们所要承担的责任与父母和家庭类似。这些职责与他们的另一职责相冲突，这一职责是学校管理者有促进所有学生教育的义务，而这也是学生根据由戈斯诉洛佩慈案(1975)确认的正当程序条款所获得的权利。考虑到宪法上规定的违纪学生所拥有的权利，再加上他们对教育的需求以及校方有向无违纪行为的学生提供安全环境的义务，使得这种冲突变得越来越复杂。

代理父母已经被用于创建一个安全和支持性的环境。例如，包括审查淫秽的公开演讲以及校方在有合理猜疑前提下开展的以教育为目的的对学生的搜查活动。同时，法院认为代理父母之所以没有向校方提供豁免权，是因为它侵犯了宪法《第一修正案》和《第四修正案》中规定的学生的权利。相比之下，许多研究都强调停课和开除的误用和滥用，以及代理父母在我们国家零容忍的学校环境中应用时会损害学生和家长的正当程序权利。

然而，唯一需要充分考虑的是体罚的合宪性，在英格拉姆诉怀特案(1977)中，最高法院并没有明确确认代理父母原则的地位。在之前的法院判例中，代理父母原则的应用范围是广泛的但也并不是无限制的，它为针对人身伤害的刑事和民事诉讼提供辩护。在这一原则的指导下，只有当造成永久性伤害时或有恶意行为时教师才需承担责任。

以前，有些法院裁定代理父母原则不适用于学校管理人员(普伦德加斯特诉马斯特森案，1917)。普伦德加斯特认为，实施惩罚的人和被惩罚的学生之间有密切的、直接的关系。具体地说，法院认为学校管理者是不可以对学生实施体罚的，只有教师才被允许使用这种形式的惩罚，因为相比于学校管理者，教师与学生的关系更加亲密。虽然有一些州的法院仍然坚持永久性伤害或恶意行为原则，但大多数都认为这已不再适用于公立学校，因为在《义务教育法》的要求下和不可以自由选择教师的情况下，父母必须将他们的孩子送到学校。这意味着父母仅仅通过送子女上学的方式来把自己的权威授权给教师的想法是没有意义的。

在英格拉姆诉怀特(1977)案中，最高法院驳回了基于宪法《第四修正案》和《第八修正案》提起的对体罚的诉讼，根据其部分原则的要求，教师可以在惩罚学生时使用合适的武力。这虽然没有明确提及代理父母，但法院按照布莱克斯通最初的意图来处理教师和学生之间的关系，其演变过程如下：

> 虽然在早期的判例中，认为教师的权威源自于父母，父母授权的观念已经被取代……州自身可能通过实施体罚来对孩子进行合理的、必要的且适当的教育以及维护组织的纪律。
> (p.662)

在英格拉姆案之后，教师仍然是可以实施体罚的唯一合法的职业。此外，美国的学校是被允许实施体罚的唯一合法的公共机构。很显然，在监狱或其他机构中的人也并不总能幸免于身体的虐待，但这种情况通常受正当程序权利的保护，但是学校中的孩子们除外。尽管如此，在英格拉姆案中，法院认为学校中的体罚并不违反正当法律程序，其在学校中的使用既不需要任何形式的正式书面记录，也不需要所犯过错必须违反特定地区、州或学校的法规。要想对遭受体罚的孩子进行合法保护，在刑事司法制度中他们就必须受到法律平等的对待。

尽管在过去 20 年中，依据代理父母原则实施体罚的行为已经减少，但是其使用范围仍然很广泛，大约有 20 个州仍然允许在公立学校中使用体罚。少数民族或家庭经济困难的小学低年级和中学的男性儿童经常遭受体罚。从人权观察组织和美国民权同盟最近的一份报告中可以发现，有残疾的学生遭受体罚的数量也明显偏高。

一些研究人员指出，各州用停课和开除作为惩罚学生的方式的频率有所增加，而使用体罚的频率有所下降(Skiba，et al.，2009，2010)。他们的文章探讨了在被停课和被开除的学生中少数民族学生比例过高的问题。人权观察组织和斯基巴等人指出，当教师依据代理父母原则通过停课、开除或体罚等方式管教学生时，他们必须确保这些惩罚措施能够公平地实施。

代理父母原则的新应用

最高法院在戈斯诉洛佩慈案(1975)中描述了代理父母原则的应用范围，即当处在需要立即对学生进行惩罚时。虽然在这种情况下需要立即采取行动，但校方是否注意到了所有可能导致学生做出该行为的情况是并不明确的。在今天的大多数学校中它都与零容忍政策配合使用，目前该原则的使用很少或几乎没有考虑到学生的意愿、特殊的需求或任何可以减轻处罚的情节。这源自布莱克斯通最初的意图以及早期在一些州的应用：

> 从法律意义上讲，教师……是一个可以暂时代替学生父母的人；因为他可以频繁和密切地与学生接触，并有机会了解每一名学生区别于其他学生的特征；因此，对于学生的行为可以做出比其他人更合理地预计和更明智地判断，即便需要惩罚也会更公正地权衡学生所应受到的惩罚。(Book I, Chapter 16)

研究表明，教师可以选择对学生有效的惩罚形式。尽管在如何实施惩罚时存在个体差异，但他们都有对学生进行管教的权力，一个新的证据表明，教师的积极帮助会有效促进学生合作、参与和成就水平的提高。此外，格雷戈里和温斯坦(2008)指出，当非洲裔学生认为他们的教师是为了关心他们和使他们有更高的学术水准时会更容易服从教师权威。另一项研究发现，教师的组合结构和对学生的鼓励会使家庭经济贫困的高中学生的学业成绩有所提高。用今天代理父母原则改变传统的师生关系可以减轻由单方面权威和只强调控制、缺乏个人支持和理解的零容忍政策所造成的负面影响。

目前，在美国法庭上，代理父母原则意味着教师承担父母对他们孩子的义务和责任，而不是父母将他们的职权委托给教师。此外，该原则已经扩大到包括学校关于搜查与扣押以及制定合理规则的问题，如学生是否可以在校园外吃午餐或他们的头发可以留多长。从更广泛的意义上来说，代理父母指的是教师，而不是父母，为学生提供的学术和社会情感教育的信念和实践。这呈现了一个不成立的假设，即工人阶级和较低社会经济地位的家庭不可能通过有意义和积极的方式促进他们孩子学业成绩的提高。具体来说，有时代理父母原则在应用时会对贫困家庭产生消极的刻板印象，即认为他们没有能力监护自己的孩子。通过使用代理父母的方法，似乎可以假设教师能够弥补一些他们所认为的父母的亏欠。在这种情况下，教师就像父母一样对学生有很高的期望，但是对家庭的期望是有限的或较低的。

很多研究证实了家长参与和学生学业成就以及社会情感的发展之间的联系。也许更有价值的是最近由威廉·H. 杰恩斯（2005）进行的一项关于学生学业成就的综合分析，他研究了家长参与和学生学业成就之间的关系。该研究证实，家长参与和学生学业成就之间关系的研究适用于那些不同种族、不同性别、不同社会经济地位以及不同学业能力的学生。此外，其积极作用不仅体现在促进学生学术能力的显著提高上，而且对学生的 GPA 成绩、标准化测试以及行为表现等均有积极显著的影响。这表明，或许教师不能或不应该在任何情况下都代替父母。

结论

当教师和家长之间能够相互信任和尊重，并形成真正的合作伙伴关系时，则会出现完全不同的、卓有成效的结果。教师教育研究描述了学校期望通过父母和教师之间的关系指导所有的学校活动和家长会议。而不是传统的将父母作为募捐者或保姆的角色，家长作为社区成员和教育合作者有责任采取行动来解决学校、学生和他们家庭面临的问题。鉴于当前缩小学生成绩差距和改善学生行为表现面临的压力，公立学校的管理者应该将代理父母原则的应用范围扩大到所有与父母是真正的伙伴关系的成员，而不仅仅是父母，尤其是对行为失当的学生实施惩罚时。

拓展阅读资料

American Psychological Association Zero Tolerance Task Force. (2008). Are zero tolerance policies effective in the schools? An evidentiary review and recommendations. *American Psychologist*, 63(9), 852-862.

Archer, D. (2009). Challenging the school-to-prison pipeline. *New York Law School Law Review*. 54, 867-875.

Blackstone, W. (1765). *Commentaries on the laws of England* 441. Book 1, Chapter 16.

Gaustad, J. (1992). School discipline (Eric Clearinghouse on Educational Management). *Eric Digest*, 78. Retrieved from http://www.ericdigests.org/1992-1/school.htm

Gregory, A. & Weinstein, R. S. (2008). The discipline gap and African Americans. Defiance or cooperation in the high school classroom. *Journal of School Psychology*, 46, 455-475.

Jeynes, W. H. (2005). A meta-analysis of the relation of parental involvement to urban elementary school student academic achievement. *Urban Education*, 40(3), 237-269.

Martinez, S. (2009). A system gone berserk: How are zero-tolerance policies really schools? *Preventing School Failure*, 53(3), 153-157.

Russo, C. J. (1995). United States v. Lopez and the demise of the Gun-Free School Zones Act: Legislative over-reaching or judicial nit-picking? *Education Law Reporter*, 99(1). 11-23.

Skiba, R. J., Eckes, S. E. & Brown, K. (2009, 2010). African American disproportionality in school discipline: The divide between best evidence and legal remedy. *New York Law School Law Review*, 54, 1071-1112.

U. S. Department of Education. (2010, September). *Report on the implementation of the gun-free schools act in the states and outlying area: School years* 2005-06 *and* 2006-07. Retrieved June 20, 2011, from http://www2.ed.gov/about/reports/annual/gfsa/gfsarp100610.pdf

判例与法规

Baker v. Owen, 395 F. Supp. 294 (M. D. N. C. 1975a), *aff'd*, 423 U. S. 907 (1975b).

Bethel School District No. 403 v. Fraser, 478 U. S. 675 (1986).

Dixon v. Alabama State Board of Education, 294 F. 2d 150 (5th Cir. 1961), cert. denied, 368 U. S. 930(1961).

Goss v. Lopez, 419 U. S. 565 (1975).

Gun-Free Schools Act, 20 U. S. C. $7151(2006).

Gun-Free Schools Act of 1994, 20 U. S. C. $ 8921 (2000) (repealed 2002).

Ingraham v. Wright，430 U. S. 651 (1977).

Lander v. Seaver，32 Vt. 114 (Vt. 1859).

Morse v. Frederick，551 U. S. 393 (2007).

Morse v. Frederick，551 U. S. 393，413 (2002)，Thomas，J. ，concurring.

New Jersey v. T. L. O. ，469 U. S. 325 (1985).

No Child Left Behind Act，20 U. S. C. A. ＄＄6301*et seq.* (2010).

Prendergast v. Masterson，196 S. W. 246，247 (Tex. Civ. App. 1917).

Safford Unified School District ♯1 v. Redding，129 S. Ct. 2633 (2009).

State ex rel. Burpee v. Burton，45 Wis. 150 (Wis. 1878).

State v. Prendergrass，19 N. C. 365，367 Am. Dec. 416，417 (1837).

Tinker v. Des Moines Independent Community School District，393 U. S. 503 (1969).

Vernonia School District 47J v. Acton，515 U. S. 646 (1995)；*on remand*，66 F. 3d 217
　　(9ᵗʰ Cir. 1995).

Wisconsin v. Yoder 406 U. S. 205 (1972).

话题 13

惩戒残疾学生时，现有的监管足以防止过度使用和滥用隔离与身体限制的方法吗？

支持观点：艾莉森·S. 菲特-帕罗特，富兰克林大学
反对观点：米歇尔·高夫·麦基翁，印第安纳州教育部

概　述

　　特殊教育教师经常使用隔离的方法来惩戒学生，即让学生待在一个隔离的房间内或教室的某个角落，来作为矫正学生行为的一种方式。一般情况下，隔离是一种轻微的纪律处分，只要它是临时的、短时间的就不会违反 2004 年重新修订的《身心障碍者教育法》中关于正当程序保障的规定。例如，第十巡回法院认为，根据《身心障碍者教育法》，隔离的地位不会发生变化（海斯诉第 377 联合学区案，1989）。大多数情况下，当教师采用这种方法时，都是为了对学生实行个别教育计划（IEPs）或作为行为干预计划（BIPs）的一部分。即便如此，教师也有必要对受到隔离惩罚的学生进行适当的监督，并且在实施隔离时应当始终遵守个别教育计划和行为干预计划中的相关规定。

　　不幸的是，学校管理者和特殊教育教师经常对不遵守规定的学生实行身体限制。《身心障碍者教育法》并没有直接解决身体限制的使用问题，身体限制的使用通常是由各州的法律或法规来规定的。此外，谨慎的学校管理者认为，只有在学生的个别教育计划或行为干预计划中指定的情形下才有必要使用身体限制。而且，那些可以实行身体限制的教师必须接受适当的培训，以避免学生和控制者受到伤害。受过适当训练的教师更可能使用最低限度的身体限制来控制学生，从而最大限度地减少学生在这一过程中受到伤害的风险。在一个涉及使用身体限制的案件中，弗吉尼亚州的一个联邦预审法院驳回了原告的索赔诉讼。在某种程度上，是因为在该案中非常确定教师和教学助理是按照该生的个别教育计划中的条款来对他实施限制的（布朗诉拉姆塞案，2000）。然而，相比之下，纽约州的联邦预审法院在有证据证明教师强制性地对孩子实施了与实际需要不相符的限制的情况下，却仍然允许其继续发生（达科里诉巴内特案，2001）。

　　必须指出的是，尽管使用身体限制是合法的，但教师应该仅在必要的时候使用它们来使学生远离危险。事实上，当面临危险时，教师对因未使用限制而导致的伤害是不需负责的。在这种情况下，得克萨斯州的联邦预审法院裁定，为了安全起见，教师有责任用毯子将一个失控的学生裹住(多伊诉 S & S 联合独立学区案，2001)。在另一起案件中，康涅狄格州的联邦预审法院决定，学校对行为失当的学生实施限制时应基于合理的专业判断并符合公认的专业标准(M. H. 夫妇诉布里斯托尔教育委员会案，2002)。

可见，必要时教师可以使用各种形式的隔离以及身体限制措施。不过，当学生出现破坏性行为时，教师并不知道该如何正确地使用这种方法。隔离通常是帮助孩子恢复自我控制力的一个有效手段，它的使用可以防止更多限制性惩戒措施的使用。另一方面，身体限制只有在绝对必要时才能被使用。这场争论的本质在于是否有现有的政策、法律和法律救济来确保这些方法不被过度使用。本章中的两位作者引用美国政府问责局(GAO)的一份报告，详细说明了很多由于教师滥用隔离和限制而导致学生严重受伤甚至死亡的情况。

艾莉森·S. 菲特-帕罗特在持支持观点的文章中承认，在一些情形下隔离和限制是有必要的，并指出政府问责局的报告可以表明这些方法正在被过度使用。同时，菲特-帕罗特警告说，这些报告不应被解读为一种对所有公立学校的控诉。她进一步强调，法院应该在儿童因遭到不适当的隔离和限制而受到伤害的情况下做出回应。虽然赔偿通常发生在作案事实之后，但诉讼的恐吓可以对滥用起到一定程度的威慑作用。菲特-帕罗特认为，这些保护机制对隔离和身体限制的过度使用和滥用起到了足够的震慑作用。即便如此，菲特-帕罗特也倡导应该更好地培训教师和实施旨在促进采用更好的行为管理方法的政策。

同样引用政府问责局报告中不当使用隔离和身体限制的实例，米歇尔·高夫·麦基翁却认为，这些方法的滥用不但在法庭上是不可诉讼的，而且在实际中这些方法也不一定是最合适的。她认为学校应该做更多的工作，因为现有的政策和法律救济不足以保护儿童免受来自于教师的伤害。麦基翁认为，学校应该警惕并应采取措施尽量减少教师过于仓促地采用这些方法的情况发生。

菲特-帕罗特和麦基翁提出了具体明确的政策和程序建议，如果能够实施，将有助于学校管理者确保这些惩戒方法不被误用或滥用。菲特-帕罗特强调了使用积极行为干预的必要性，同时需要制定相应的政策、增加对培训的投入以及对隔离和身体限制的使用进行监控。麦基翁在规划、培训、沟通和监控等领域提出了实用性的建议。采纳这两位作者的建议将有助于确保隔离和限制不被过度使用，也将有助于学校管理者免于承担法律责任。

两位作者都认为，隔离和身体限制必须在适当的时候使用。考虑到任何程度的过度使用、误用或滥用都会造成麻烦，两位作者提出了一个可行的建议列表，以使学校可以更好地保护学生免于因教师过于仓促地使用隔离或身体限制的方法或没有恰当的使用该方法而使身体和心理受到伤害。

当你阅读这些文章时，需要问自己两个问题。首先，考虑什么时候必须使用隔离和身体限制的方法，什么时候使用其他的方法可能会更有效。其次，如果隔离和身体限制的方法经常被使用，那么就不应回避对学生的管教是否有效这个问题。换句话说，如果一个孩子的不当行为需要不断地使用这些方法来控制，但孩子的行为却没有改善，那么可以说学生接受了适合的教育吗？

艾伦·小奥斯本
温馨港社区学校（原校长）
昆西，马萨诸塞州

支持观点

艾莉森·S. 菲特-帕罗特，富兰克林大学

孩子因为学校管理者而受到伤害，涉及的往往是外伤。这些事件的发生会对涉案人员构成威胁，也会对学生、他们的家庭和学校之间的关系产生威胁，同时还会影响到整个学校的公信力和凝聚力。也许是因为孩子在学校中被伤害的前景是令人担忧的，导致有些人可能高估了这种情况发生的可能性。然而，在考虑公立学校的管理者是否会过于仓促地使用隔离或限制学生的方法时，持支持观点的文章认为，人们必须承认，在某些情形下使用这些方法是必要的。重要的是不要混淆不当行为频发这一问题的本质。

毫无疑问，对学生——尤其是有残疾的学生——过度使用或滥用隔离或身体限制的方法，是一个重要的问题。许多政策和法律救济都对这种不当行为进行了阻止或禁止。不过，对公立学校确保学生安全和选择适当行为管理方法的难度进行真实评估，必须能够排除那些对最希望看到学生成功的人的无端指责。人们必须关注如何培训教师，特别是在预防和应对具有高度挑战性的学生行为时，而不只是专注于这些方法是否被过度使用或滥用。滥用的现象可能存在，而且不可能被完全阻止；然而，现有的政策、各州的法律和法律机制都在尽可能地解决隔离和限制被过度使用或滥用的问题。

何时使用隔离和身体限制的方法是合适的

在某些情形下，教师使用隔离和身体限制的方法是必要的或恰当的。大多数权威人士承认适当的身体限制方法的使用可以防止学生伤害自己或他人。例如，加利福尼亚州的一个联邦预审法院驳回了家长因训练有素的学校工作人员使用限制方法制止一名 3 年级学生从学校食堂湿润的桌面上跳过而提起的诉讼（亚历克斯诉戴维斯联合学区学校董事会案，2005）。同时，佛罗里达州的联邦预审法院指出，教师在公交车站外出于

安全目的使用限制的方法来阻止一名有过离家出走史的中学生再次逃离的做法是不过分的（G.C.诉塞米诺尔县学校董事会案，2009）。

同时，在对降级或有挑衅性行为的学生进行管理时，使用隔离或其他将孩子从教室中隔离的方法可能是必要的。第三巡回法院认为，根据法律规定，对有过踢打和尖叫史、攻击其他学生、抓挠教职工或向教职工啐唾沫以及坐在学校地板上拒绝移动的高中学生实施隔离是合理的（梅丽莎诉学区案，2006）。此外，第十巡回法院认为，校方在对一个有时会威胁其他学生、在课堂上诅咒他人以及有拳打或踢打教师行为的孩子进行管理时，使用隔离室的做法是合法且合理的（科图雷诉阿尔伯克基公立学校教育委员会案，2008）。因此，人们在描述对使用隔离和身体限制方法的印象时，必须考虑到在某些情况下这些方法的使用是必要的或恰当的。

可能过高估计了隔离和身体限制在公立学校中的使用

许多关于在学校中过度使用隔离和和身体限制的方法的抱怨都源自于2009年美国政府问责局和众议院经过认真调查和考虑后发布的报告。尽管政府问责局的报告中出现了一系列发生在私立和公立学校中的过分不当、危险甚至是残忍的案例，但报告本身也不应该被解读为对所有公立学校的指控。

政府问责局的报告中清楚地说明并没有权威的对公立学校中滥用隔离和身体限制的情况进行记录的信息。政府问责局开展了一次广泛的关于学校中使用隔离和身体限制情况的调查，但是没能使任何中央资料库或检测机构来共同参与收集全国范围内使用或滥用这些方法的证据。政府问责局发现，只有少数州有关于学校中使用隔离和身体限制情况的记录。

令人不安的政府问责局的报告中指出，从1990—2009年这20年的时间里，该机构确认了数以百计的涉嫌滥用隔离和身体限制的案件，但该报告同时也承认，该机构没有足够的证据表明这些方法的使用或滥用是"普遍的"（GAO，2009，p.5）。报告中简单提到了使用隔离和身体限制的案例的数量，但这并不足以说明这些都是过度使用。例如，政府问责局的报告中提到，根据得克萨斯州的记录，在 2007—2008 学年被报道的公立学校中，使用身体限制的实例有 18 741 个，其中涉及的学生有 4 202人（p.7）。尽管这些数字看起来很大，但他们只代表学生总数的一小部分。与此同时，在同一学年内，得克萨斯州（2010）有 460 多万名学生在 8 000 多所公立学校中接受教育。尽管任何虐待学生的行为都是不被接受的，但这些数据的对比说明教师使用身体限制的程度以及他们滥用这种方法的程度，在某些情况下被夸大了。

此外，政府问责局承认，其报告引起了人们的抱怨，但是没有（鉴于目前的信息和存储系统也不可能）发现一个明确的可以区分犯罪行为与案例中的不当行为的方法。同时，政府问责局的报告指出，这两者之间的差异是很大的。这份报告和其他类似报告的区别也都应该被正确地理解。

政府问责局的报告中详细地介绍了私立和公立学校中对这些方法滥用的现象，这会对该现象在公立学校中发生的情况起到掩饰作用。一般来说，私立学校受到的监管更少，受到公众或政府当局的审查也会更少。因此，关于私立学校使用隔离和身体限制方法的统计在一定程度上模糊了公立学校中使用和滥用这些方法的情况。

当然，也有实例证明使用隔离和身体限制的方法是适当的。当前，既没有关于这些方法被使用次数的统计，也没有关于由于使用这些方法而被投诉的次数的统计，即缺失能充分回答学校是否对孩子过分使用隔离和身体限制的方法的答案。尽管所有管理学生行为的不当方法都应该被关注，特别是隔离和身体限制的滥用，但人们应注意，不要用为了防止儿童伤害自己或他人而合理使用身体限制的统计数据来诽谤学校。

现有的保护残疾儿童权利的机制

在美国，许多机制和法律都禁止对公立学校的学生实行不当的隔离和身体限制。美国宪法禁止校方对学生实行不合理的隔离和身体限制。根据不同的宪政理论，在全国各地都有孩子和父母质疑这种不当的行为管理方法。

宪法《第四修正案》禁止政府，包括公立学校的管理者进行不合理的、强制性的搜查或逮捕。在多数情况下，原告声称，隔离和身体限制的使用或过度使用违反了宪法《第四修正案》对他们所享有的权利的规定。在这种情况下，法院必须考虑所采取的措施是否合法。法院通常会参照医学、心理学和教育学等领域的法律作为判断校方行为是否合理的标准。法院并不看好校方使用限制的方法，因为在一些案件中，教师涉嫌仅仅出于惩罚性的目的来使用这种方法。

有些人根据宪法《第十四修正案》中的正当程序条款来质疑学校中隔离和身体限制方法的使用。在评估教师或学校管理者是否因不恰当地使用隔离和身体限制方法而违反了宪法《第十四修正案》中的相关规定时，法院考虑：

> 该方法的使用程度符不符合可接受的标准；
> 争议中的情形是否需要施加外力；
> 需要的外力和施加的外力之间的关系；
> 如果有受到伤害的话，受到伤害的程度；
> 外力的施加是真正想解决问题，还是为了用惩罚或虐待的方法来造成伤害。

例如，宾夕法尼亚州联邦预审法院审理了一个父母因认为教师用弹力绳将他们的孩子绑在椅子上，而且在椅子掀翻时未将孩子移开，甚至还打了孩子的行为侵犯了宪法《第十四修正案》中规定的儿童所享有的权利而索赔的案件。考虑到上述因素，法院认为，如果这些指控都是真的，那么这种行为不但违背了良知，而且基于侵犯了宪法《第十四修正案》中规定的学生所享有的权利而提出的索赔要求也是可行的（维姬诉东北部第十九学区案，2009）。同样，第四巡回法院也认为，这些不必要地、长期地将学生限制在椅子上的行为不但违背了良知，也侵犯了宪法《第十四修正案》规定的学生所享有的权利（H. H. 诉墨菲特案，2009）。

有些人对隔离和身体限制的方法的不当使用是否在理论上违反了宪法《第八修正案》中关于禁止政府实施残忍和非正常刑罚的相关规定存在

疑问。在实践中，尽管诉讼当事人提出了一些创造性的理论，但法院一直不愿承认隔离和身体限制的使用违反了宪法《第八修正案》这一条款的相关规定。通常，法院会援引 1977 年美国最高法院对英格拉姆诉怀特案做出的判决结果，即实施一些常见形式的体罚并不违反宪法《第八修正案》中的相关规定。考虑到证明违反宪法《第八修正案》相关条款的标准较高，可能有些实例中的不当行为并没有上升到"残酷和非正常刑罚"的程度，但是根据宪法《第四修正案》或《第十四修正案》中的相关规定，这些不当行为仍然是不合理的。

联邦法律为孩子和（或）他们的父母提供了在公立学校中不当使用隔离和身体限制的方法是违宪的理由。因此，父母和（或）学生可能会得到来自禁令的救济，如以法院命令的形式禁止校方今后再有类似的行为；获得针对个人的经济赔偿；或者，在极其特殊的情况下，由当地教育机构负责违宪的处理。

此外，在各种机构的支持下，有关部门正在制定专门保障残疾学生权利的制度。例如，《身心障碍者教育法》中特别要求学校董事会在有限的环境中最大限度地为每一位符合条件的有残疾的学生提供合适的教育。《身心障碍者教育法》还要求学校董事会采用适合每个残疾儿童特殊需要的行为管理方法。这个要求必然会涉及隔离和身体限制的使用问题。以长期或其他不恰当开除的形式对学生进行的隔离为例，根据《身心障碍者教育法》，这种做法可能侵犯了学生接受教育的权利。

另一个联邦法律，1973 年《康复法案》（Rehabilitation Act）的第 504 条，同样规定禁止歧视有残疾的学生。因此，如果以歧视的方式对一名学生进行隔离、身体限制或停课，也有可能会构成违法行为。此外，尽管每个州的程序有所不同，但学生们有很多针对学校涉嫌违法行为而寻求赔偿的途径。

除了联邦层面的规定，还有各州法律法规的规定，包括《侵权法》、州特殊教育法、撤销执照程序甚至是刑事法规来向学生提供遭受不当隔离和身体限制后的法律救济。

这个简短的调查表明，各级政府下属的一些现有机构都在致力于保障残疾学生的权利不受不当隔离和身体限制的侵犯。这些机构不仅对过去的侵害提供赔偿，而且还会采取行动阻止这种违法行为的产生。

进一步管理和立法保护

也许是受到政府问责局报告的影响，2009 年 7 月，美国教育部长阿恩·邓肯给各州教育部门写信，表示对在公立学校中使用隔离和身体限制方法关注的同时，呼吁各州教育领导者及时审查自己所在州的法规或起草规范这种方法使用的法规。收到邓肯的信后，许多州都对这方面的法规进行了修订和增补，而且还有一些州发行了指导手册或起草了一些规定，建立了在学校中使用这种方法的统一标准。此外，2010 年 3 月美国众议院通过了《保障美国学生安全法》（KASSA）。该法先后被参议院和全体委员会通过。《保障美国学生安全法》和各州关于适当使用身体限制和停课的方法的原则和指导方针都要求，应提供使用这种方法的案例以及其他相关注意事项的书面材料并记录保存。

虽然在开始写这篇文章的时候还不清楚《保障美国学生安全法》或其他的联邦法规是否会被通过（在全体委员会对于该法案的审议过程中似乎没有任何的反馈，而且在 2011 年也没有重新被审议），但很显然，除了现有的保护残疾学生免受不当隔离和身体限制侵害的机制，针对这一问题的新的保护措施也即将出台。

共同的基础

虽然有些学校的专业人员和支持者可能不相信学校中过度使用隔离和身体限制的问题像媒体报道的或人们担心的一样普遍，但即使不是这样普遍也应该严肃地对待每一个由于不当惩罚而造成危险的案例。然而，用险恶或热衷来描述教师对限制方法的使用是过于简单化且具有误导性的。事实上，考虑到公立学校的教学和管理工作在实践中面临的挑战，以及从事这些岗位的职员大多数都有教育儿童和青少年的内在动机的事实，一个更现实的评估表明，公立学校的专业人员在管理学生行为时必须平衡众多的矛盾因素、考虑众多的注意事项。此外，通常情况下教师必须这样做：在高压的情形下迅速地做出涉及学生安全的重大决定并为所有的学生建立良好的学习环境。

这是许多学校的专业人员非常关心的话题。很多人也极力地向政府官员和专家提供如何既以学生为中心又可以适当地预防和处理带有危险性的学生行为的方法。相对较少的教师或管理人员需要非常实用的行为管理方面的课程，而且这种需要甚至可能会更细微，或许可以提供关于学校使用隔离和身体限制方法的一系列具体细节的课程。同样，这也不会容忍对隔离和身体限制的不当使用。但是，承认学校专业人员在管理学生行为的实践中所面临的挑战，可以促进人们进一步讨论如何更好地预防和应对这些方法的误用或滥用。因此，制定指导学校采用适当的行为管理方法的政策才是最有用的。

给学校专业人员的建议

考虑到公众会对在公立学校中使用身体限制和停课时是否做到了公平进行严格的审查，同时许多公立学校的专业人员都自愿获得关于使用这种方法的指导，所以应谨慎地考虑一些关于这个问题的适当方法和相关概念。

从邓肯部长的信到《保障美国学生安全法》的起草，许多部门都鼓励教师和学校管理者带领全校人员共同了解和使用积极行为干预方法并在各个层面上积极支持教学和管理工作。

校方在使用隔离和身体限制方法对所有学生进行管理时，应制定相应的政策，在制定政策时应征询相关在场领导的意见并告知该政策的特点。

教育管理者应该寄希望于对相关人员进行适当训练，让他们知道何时以及如何使用隔离和身体限制的方法。

学校应该建立一个实用且高效的对停课、隔离和身体限制等方法的使用进行跟踪、监控和评估的文字记录系统。这个系统应当确保能够及时与父母沟通这些干预措施，并能对任何没有提供适当干预的情况做出解释。

当建造或设计用于隔离或其他行为干预的空间时，教育管理者必须考虑其安全性、实用性和当地的建筑规范。例如，各部门要求学校必须保证在隔离空间内学生与教师是面对面的或随时可以被教师观察到的，禁止使用有锁的隔离空间或不足以充裕地容纳两个人的隔离空间。

显然，尽管使用外力可能存在一些问题，但有时候教师为了保证他们所照看孩子们的安全和幸福必须申请对他们使用身体限制的方法。

反对观点

米歇尔·高夫·麦基翁，印第安纳州教育部

最近，学校中隔离和身体限制方法的使用已经成为公众关注的话题。大量的宣传报道、一些利益集团以及政府问责局（2009）详述的不幸案例，促使父母根据《身心障碍者教育法》、1973 年《康复法案》第 504 条、联邦宪法和州法律的相关规定指出，这些措施的不当使用侵犯了儿童的权利，并提出了相应的诉讼请求。

政府问责局的报告中描述了大量学校专业人员滥用隔离和身体限制方法的案例，其中包括一些导致严重伤害和学生死亡的案例。在政府问责局的报告公布后，教育部长阿恩·邓肯给各州教育官员写信，并鼓励各州包括亚拉巴马州、科罗拉多州、印第安纳州、明尼苏达州、南卡罗来纳州等制定关于隔离和身体限制方法的使用指南（U. S. Department of Education，2010）。

在诉讼方面，2008 年爱荷华州的一个学校董事会因让学生长时间待在隔离室内而被责令向孩子的父母支付超过 50 000 美元的赔偿[National School Boards Association（NSBA），2008]。相比之下，在简易审判阶段大量的法律诉讼被驳回，这意味着他们首先会关注程序上的问题而不是要求索赔的法律依据，其中包括对因这种方法的滥用而造成的学生心理、身体和情感上的伤害的描述。另一个需要重点考虑的是，心理学家们不同意对学生尤其是那些有残疾的学生使用隔离和身体限制的方法。

同时，即使是那些不同意使用隔离和身体限制的方法的人，也认为在某些情况下为了保护孩子、教师和其他学生的安全而采用令人讨厌的技术是适当且必要的。一些法院将讨论中的安全问题描述为一种责任。因此，简单地将隔离和身体限制的方法的使用规定为不合法是不合适的，教师在不确定的情形下使用的对学生行为的管理方法需要依靠个人判断并视情况而定。不过，教师和学校行政人员的这种自由裁量权不是也不应该是无限的。立法规定、司法先例和最佳的实践经验，都为在学校中何时使用隔离和身体限制方法才是必要的或可接受的提供了指导。这回应了报告中提到的教师经常处于这些原则指导范围之外的问题，同时，我们也必须回答这些现有的控制是否足以防止隔离和身体限制方法的过度使用和滥用的问题。

法律体制

根据对现有法律的分析，当校方过于仓促地对有不当行为的残疾儿童实施隔离和身体限制时，他们的父母可以提起诉讼。父母可以根据多部法律来控诉教师侵犯了孩子的权利。

在联邦范围内，宪法《第四修正案》《第十四修正案》《身心障碍者教育法》以及《康复法案》第 504 条已经为父母起诉学校中隔离和身体限制方法的使用成功地奠定了基础。此外，在一些州，包括罗得岛州、华盛顿州和得克萨斯州已经颁布了针对学校中使用身体限制、隔离和停课方法的法律。此外，国会正在考虑已经在 2010 年 3 月由众议院通过现正由参议院进行审查的《保障美国学生安全法》(KASSA)。

宪法

实质性正当程序和程序性正当程序均是宪法《第十四修正案》中的内容。如果教师以武断或违背良知的方式来侵犯学生的基本权利，那么他们就可能侵犯了学生的实质性正当程序权利。要判断因遭受过度体罚而进行索赔的要求是否合理，需要分析教师是否违反了实质性正当程序的规定。教师的行为必须是出于不合理的管理目的才会违反实质性正当程序的规定。另一方面，程序性正当程序是关于公示和被告知的机会的。在这里，法院关注在因不当行为而被剥夺权利之前，学生（或他们的家长）是否接到了通知或学校是否举行了听证会。

对隔离和身体限制的方法的不当使用，也会导致教师因侵犯学生受宪法《第四修正案》所保护的免于遭受不合理扣押的权利而被指控。在人们总体认为这种方法的使用是合理的情况下，探究教师的这种做法是否违反了宪法规定的学生权利确实是一个敏感的问题。通常情况下，法院会认为校方的行为是合理的，除非他们的行为严重背离了公认的专业标准。

立法

当对隔离和身体限制的方法进行不当使用时，父母可能会认为它们的使用侵犯了《身心障碍者教育法》中规定的他们孩子所享有的接受适当、免费的公共教育的权利。然而，根据正当程序条款，父母需要遵守所谓的"用尽行政救济途径"。更具体地说，用尽行政救济途径包括与负责向学生提供教育的学校董事会一起参加公正地正当程序听证会。法院根据《身心障碍者教育法》来考虑涉及隔离的索赔请求，他们通常会调查教师的行为是否符合合法的教育目的。最后，正如前面所提及的，参议院正在对《保障美国学生安全法》进行审议。如果《保障美国学生安全法》得到通过，新的联邦法规将会被应用于学校中隔离和身体限制的方法的使用。

虽然国会在 1983 年已经提出了索赔诉讼的机制，但一些辖区还是根据对学校的索赔要求制定了对各州的法律进行调整后的法律规范。例如，佐治亚州规定只有当州的领导者不履行他们的行政性（或强制性）职能或他们的行为具有真实恶意或他们故意造成伤害时才会被起诉。各州的法律也可能会使父母因为人身伤害而提出赔偿诉讼。有些州的法律是专门针对学校中隔离和身体限制方法的使用的，如华盛顿州和罗得岛州。然而，全国残疾人维权网 2009 年的一项调查显示，目前，近一半的州还没有出台这样的法律。各州新的立法趋势以及当前对《保障美国学生安全法》的审议都表明，对于隔离和身体限制在学校中的使用应格外注意和严加审查。

政策的考量

在上一节讨论了关于在学校中使用隔离和身体限制方法的广泛的法律基础。然而，对政策的考量和学校中应使用的最佳管理方式并不是提起民事诉讼的标准。换句话说，可提起诉讼的情形并不仅只包括学校过于仓促地使用隔离和身体限制的方法，对于是否可以提起诉讼的判断也没有一个明确而普遍的标准。因此，法律所允许的标准并不总是被认可的。

事实上，涉及不当使用隔离和身体限制方法的案件的司法意见往往表示，尽管校方的行为是不可控告的，但是，他们也可能已经远远地偏离了最佳的管理方式。例如，第十一巡回法院支持对被告学校的简易审判，但是后面的评论表明其并不赞成教师使用隔离和身体限制的方法。

> 尽管出现 T. W. 所说的情形是一种真正的不幸，正当程序条款规定的责任只适用于"特殊情况"。我们不赞成（教师）所谓的直截了当地行动，而且我们非常同情 T. W. 和他的同学们所受到的伤害……尽管如此，我们也不能说对体罚和武力的呼吁是如此的残忍、侮辱和有害的，因为它违背了法院的良知。（T. W. 诉学校董事会案，2010，p. 602，internal citations omitted）

另一个案例是 2010 年第八巡回法院判决的 C. N. 诉威尔玛公立学校案。一个孩子因言语能力发育迟缓而从幼儿园到小学 3 年级一直被滥用隔离和身体限制的方法。此外，经过测试还发现，孩子的注意力有问题而且还患有多动症。在对她的个别化教育计划中，包括对特异行为使用隔离和身体限制的方法的规定。随着她问题行为的持续发展，第三方评估专家再次对她进行了评估，最后明确地提出反对继续对该生使用隔离和身体限制的方法。暂且不论第三方评估专家的态度和其他的修改建议，孩子的个别教育计划中仍然包括使用这些厌恶疗法。在孩子读 3 年级的时候，她的特殊教育的教师涉嫌对她过度和不当地使用这些方法，包括让她长时间坐在"反思台"上，如果她未能这样做就会威胁她，对她使用隔离和身体限制的方法。当然，还包括对该教师其他行为的一些指控，如拒绝让她去洗手间、揪她的头发以及侮辱和轻视她。该教师最终因涉嫌虐待儿童而被助手举报。

第八巡回法院同意有利于被告的简易审判阶段的结果，因为孩子的母亲没有使用所有的行政救济途径。法院补充说，该案并没有违反宪法《第四修正案》，因为在她孩子的个别教育计划中包括使用身体限制的方法，而且其母亲也没有指出教师有违反实质性正当程序的特定事实。不过，法院提到，该教师对隔离和身体限制的方法的使用是"有时过分而且不被（外部评估专家）认同的"（p. 633）。

另一个被法院驳回诉讼请求的典型案例是佩恩诉半岛学区案（2010）。一个患有自闭症的儿童的母亲称，校方将她的儿子锁在一个 5×6 平方米的不通风的房间内，并由教师在窗口处监视。房间的用途是让学生不断地练习自己大小便。尽管孩子的母亲对此一直表示担忧，但教师在孩子的个别化的教育计划中仍然被允许使用该房间，孩子的母亲声称，这些方法的滥用会造成她儿子智力和情感发育的倒退。虽然孩子的母亲提出了行政调解的请求，但这也未能解决她所有的顾虑。不幸的是，第九巡回法院驳回了原告的诉讼，做出了支持被告的决定，因为孩子的母亲并没有根据《身心障碍者教育法》中关于调解的规定要求召开正当程序听证会，而且在其对教师的行为表示不满的情况下，也没有使用所有的行政救济途径。

很显然，在该案中，教师对身体限制方法的使用是不恰当的。这些司法意见表明，即使教师对隔离和身体限制方法的使用是过于仓促和（或）不恰当的，他们也并没有侵犯法律规定的学生和他们的父母所享有的权利。因此，法院承认，尽管有时教师过于仓促地使用隔离和身体限制的方法，而且对学生的身体、心理或情感上造成了伤害，但是也并不意味着一定要向学生或家长做出赔偿。当父母必须花费额外的资金来处理这些损伤时，这是另外的问题。

一项特殊的政策关心的是，当前报道的对残疾学生滥用这种方法的数量。尽管《身心障碍者教育法》和《康复法案》第 504 条都旨在保护有残疾的学生并向他们提供合法的保护，但被报道的遭受滥用隔离和身体限制的方法的残疾学生的数量是明显偏多的。

事实上，遭受滥用身体限制方法的残疾学生的数量之所以明显偏多，不仅仅是因为弱势儿童被虐待的可能性更大，还因为他们自身的条件可能会阻碍他们的父母了解这种滥用的情况或收集提起诉讼的证据。在 C. N. 案中，法院指出：

> 并不是对 C. N. 的起诉无动于衷，而是她提供证据进行指控的能力已经受到她交际问题的限制，事实上她并没有提供完整的遭受虐待的记录……C. N. 模糊的指控远远低于（最高法院）的标准。(p. 635)

法律和政策约束的局限性

在分析因隔离和身体限制的方法的使用而引起的各种可能出现的合

法要求时，法院主要考虑这种方法使用的合理性以及是否符合教育目的这两个方面。此外，法院还提出了适用于索赔的程序要求。同时也应该强调当学生有个别教育计划时，法院应考虑其规定的内容中是否包括厌恶疗法。如果个别教育计划中包括可以使用厌恶疗法，只要教师在使用这种方法时与个别教育计划中规定的内容一致，那么法院就不太可能发现这些方法的使用侵犯了学生的权利。然而，一些州已经颁布了法律来规范学校中隔离和身体限制的方法的使用。

同时，法律法规也并不总是能确保按照最佳的方式对学生进行管理，以及充分保障学生的利益。尽管联邦和各州都出台了相应的法律，但是滥用隔离和身体限制的方法的现象仍然存在，这甚至可能会造成无可弥补的伤害。由于现有的政策和法律救济没有完全控制住隔离和身体限制的方法的过度使用和滥用，学校必须时刻保持警惕并采取额外措施来减少教师过于仓促地使用厌恶疗法的情况。

建议

考虑到政策和法律的因素，校方应该承担起减少或消除潜在的教师过于仓促地使用隔离和身体限制的方法对学生进行管理的可能的责任。学校应该采纳这些有利于学校使用的最佳的管理学生行为的方法的建议。

计划

个别教育计划：如果学生的个别教育计划中有关于使用隔离和身体限制的方法的内容，那么法院则不太可能发现校方侵犯了学生的权利。为此，教师在制订个别教育计划时就会尽可能多地考虑厌恶疗法。然而，值得一提的是被审议的《保障美国学生安全法》的当前版本禁止对这种方法的使用，因为它禁止使用个别教育计划中规定的隔离和身体限制的方法。

紧急/危机计划：虽然教师在制订个别教育计划的内容时会尽可能多地考虑厌恶疗法，但也可能会有一些学生的个别教育计划中没有涉及的也需要使用隔离和身体限制的方法的情况存在。因此，在制订整体计划时，教师应该适当地咨询心理健康专家。

咨询律师：教师应该向他们的律师咨询关于使用身体限制、隔离或孤立等方法的法律问题。

咨询心理健康专家：在确定如何更好地满足学生需求时，教师应该咨询心理健康专家。

培训

学校管理者应该确保教职员工能够获得对学生行为进行干预的方法的培训，包括减少使用隔离和身体限制方法对学生行为进行干预的次数、适当使用隔离和身体限制的方法、心肺复苏术、急救等，同时还应强调使用这些方法存在的风险、这些方法适用的情形、实现的途径和程序以及必须报告和通告这些方法的使用情况。如果《保障美国学生安全法》得以通过，那么可以使用这些方法的人必须得到由州危机培训计划组的授权。此外，《儿童虐待报告办法》(*Child Abuse Reporting*)中应包括对培训的讨论，以此来突出教师可能存在的违规意识。

沟通

通知家长：在必须使用隔离和身体限制的方法的情况下，教师应尽快通知家长。一些专业人士建议，沟通必须在 24 小时内进行(Today's School Psychologist，2010)。《保障美国学生安全法》的当前版本也要求应立即通知家长。

记录：校方使用隔离和身体限制的方法的程序应该用文字记录并保存。教师的监测记录以及父母的访问记录，本身就可以成为一种沟通的方式。法院通过调查校方是否对他们所采取的措施进行了文字记录，来判断校方是否违反了适用的法律。

监控

根据《身心障碍者教育法》，教师每年至少应对个别教育计划的内容进行一次审查。除此之外，学校董事会应制定自己学校的报告要求，以对隔离和身体限制的方法的使用实现自我监控。例如，每所学校都应该有一个指定的管理员或其他领导者来负责监控和审查数据的编辑是否符合要求；同时当厌恶疗法的使用记录表明它的使用次数已经远远超过其预定的最低限度时，这个人也应该采取适当的措施加以阻止。

结论

　　计划、培训、沟通和监控不是孤立地确保适当使用隔离和身体限制方法的措施。每个措施及其步骤都依次出现。深谋远虑的、全面的个别教育计划和应急计划可以让管理者和专家来确定出培训的内容。通过培训，教师可以学习到如何最好地使用隔离和身体限制的方法。进一步来说，通过沟通可以用记录的数据来反映厌恶疗法的使用情境及相关的细节。

　　不同于制定清单，教师需要在每个措施的每个步骤上持续一定的周期。如果学校能将这些建议作为一个持续的过程来应用，那么不当使用隔离和身体限制方法来管理学生的情况就会变得更少。此外，尽管采用这些措施需要一定的资源，但改进实践中存在的问题将有助于实现为所有学生提供有利于教育环境的目标。其结果是，对这些资源的投资可以成功地避免很多问题，如学校必须面临一些法律纠纷的问题、他们在社区的声誉会遭到破坏的问题，以及因教师对残疾学生滥用隔离和身体限制的方法而暴露出来的学校内部人员的道德问题。

拓展阅读资料

Don't wait for seclusion, restraint legislation to improve policy. (2010, June). *Today's School Psychologist*, 13(11).

Lonestar, Texas Education Agency. (2010). *Texas education reports*. Retrieved from http：//lovingl. tea. state. tx. us/lonestar/Menu _ state. aspx

National Disability Rights Network. (2009, January). *School is not supposed to hurt: Investigative report on abusive restraint and seclusion in schools*. Retrieved June 20, 2011, from http：//www. napas. org/images/Documents/Resources/Publications/Reports/SR-Report2009. pdf

National School Boards Association. (2008). *Iowa families sue district over use of time-out rooms*. Retrieved May 11, 2011, from http：//www. nsba. org/SecondaryMenu/COSA/Search//All1COSAdocuments/TimeoutRooms. aspx

U. S. Department of Education. (2010). *Information as reported to the regional comprehensive centers and gathered from other sources.* Retrieved from http：//www2. ed. gov/policy/seclusion/summary-by-state. pdf

U. S. Government Accountability Office. (2009, May 19). *Seclusions and restraints, selected cases of abase at public and private schools and treatment centers.* , GAO-09-719T. Retrieved June 20, 2011, from http：//www. gao. gov/new. items/d09719t. pdf

判例与法规

Alex G. v. Board of Trustees of Davis Joint Unified. School District, 387 F. Supp. 2d 1 1119 (E. D. Cal. 2005).

Brown v. Ramsey, 121 F. Supp. 2d 911 (E. D. Va. 2000).

C. N. v. Willmar Public School Independent School District No. 347, 591 F. 3d 624 (8th Cir. 2010).

Couture v. Board of Education of Albuquerque Public Schools, 535 F. 3d 1243 (10th Cir. 2008).

Dockery v. Barnett, 167 F. Supp. 2d 597 (S. D. N. Y 2001).

Doe v. S&S Consolidated Independent School District, 149 F. Supp. 2d 274 (E. D. Tex 2001).

G. C. v. School Board of Seminole County, 639 F. Supp. 2d 1295 (M. D. Fla. 2009).

Hayes v. Unified School District No. 377, 877 F. 2d 809 (10th Cir. 1989).

H. H. v. Moffett, 335 Fed. Appx. 306 (4th Cir. 2009).

Individuals with Disabilities Education Act (IDEA), 20 U. S. C. & 1400 et seq.

Ingraham v. Wright, 430 U. S. 651 (1977).

Melissa v. School District, 183 Fed, Appx. 184 (3d Cir. 2010).

M. H. by Mr. and Mrs. H. v. Bristol Board of Education, 2002 WL 33802431 (D. Corm. 2002).

Payne v. Peninsula School District, 598 F. 3d 1123 (9th Cir. 2010).

Rehabilitation Act, Pub. L. 93-112, H. R. 8070 (1973).

Rochin v. California, 342 U. S. 165 (1952).

TW v. School Board, 610 F. 3d 588 (11th Cir. 2010).

Vicky M. v Northeastern Education Intermediate Unit 19, 689 F Supp. 2d 721 (M. D. Pa. 2009).

积极行为干预对减少行为异常学生的不良行为有效吗？

支持观点：特丽萨·A.奥乔亚，印第安纳大学

反对观点：戴安娜·罗杰斯·阿德金森，威斯康星大学

概　述

1990 年的学术文献中正式提出了积极行为支持（Positive Behavior Support）这一概念（Crimmins & Farrell，2006）。从此，关于积极行为支持或积极行为干预和支持（Positive Behavioral Interventions and Supports）的研究极大地影响了教育政策和学校管理的发展（Brown & Michael，2006）。基于应用行为分析的积极行为干预和支持被纳入 1997 年颁布的《身心障碍者教育法》修正案。积极行为干预和支持方法着眼于一个学校纪律预防模型，该模型通过学校的行为支持来处理学术和社会行为问题。当运用积极行为干预和支持管理学生行为的时候，教师会制订计划来解决课堂内外的行为。这样，积极行为干预和支持应该被看作一个教师与家长或其他人合作来处理学生问题的多方面支持系统。一般来讲，积极行为干预和支持包括以下 3 个主要部分：

1. 积极行为干预和支持通过使用多种策略来检测持续问题的教育、社会和自然环境。

2. 积极行为干预和支持根据需要产生的积极行为的结果来修正这些环境。

3. 积极行为干预和支持尝试为学生提供关于适合行为的明确指导。

早期关于积极行为干预和支持有效性问题的研究为这种支持系统提供了令人信服的结论，这种方法在 1997 年重新修订的《身心障碍者教育法》中被广泛地采纳（Crimmins & Farrell，2006）。

专家认为预防是对情感和行为异常（Emotional and Behavioral Disorders）学生最好的介入。研究表明，最早可能的干预可以阻止小学和中学阶段的情感和行为异常对学生发展的有害影响（Webster-Stratton & Reid，2004）。一个预防模型使用了 3 层结构的方法，这个模型关注学校的所有学生，但是有选择和集中地关注某个学生的附加功能是必要的，这个模型就是积极行为干预和支持模型。

很多学校对情感和行为异常的学生采用积极行为干预和支持具有极大的热情，因为改善学校文化和学生行为可以给情感和行为异常的学生的学习环境带来稳定性和可预测性。此外，一些学者（Lucille Eber、Teri Lewis-Palmer & Debra Pacchiano，2002）提出，当学校的一般行为改变时，教师和行政人员的无助感能够减少，这使得他们有更多的时间和精力对情感和行为异常的学生实施有效的干预措施。基于此，持支持观点的文章指出："实证研究的证据继续有力地证明积极行为干预和支持对减少学校中行为异常学生的不良行为十分有效。"

在学校中，积极行为干预和支持模型被证明能够减少办公室推荐、开除、停课和拘留；能够改善标准测试成绩；能够减少操场事件的数量（Lechtenberger，Mullins & Greenwood，2008）。尽管大多数人对积极行为干预和支持十分热情并且在教育情感和行为异常的学生的过程广泛地使用，但几乎没有数据能够证明积极行为干预和支持对减少情感和行为异常的学生十分有效。这是因为在第三层的干预中，大部分情感和行为异常学生都能够接受干预，每项干预都是结合每个儿童的需求而单独定制的。像这样高度个性化的干预，把孩子集中在一起是不现实的，但是为了研究积极行为干预和支持的有效性又需要将他们集中在一起。持反对观点的文章认为，缺乏数据来揭示积极行为干预和支持对学生的影响。在结尾，持反对观点的文章写道："随着时间的推移，在积极行为干预和支持环境中，学生身上究竟发生了什么？文献中缺乏对这一问题的解释。这些学生是否有较好的学习效果？是否今后能够成为业内人才？研究需要对这些问题进行评估。

虽然对支持个性化积极行为干预和支持可信性的研究存在一些问题，许多专家仍然认为在试图改正严重和长期行为异常学生的不良问题行为时，个性化积极行为干预和支持是最好的方法（Bambara & Lohrmann，2006）。个性化积极行为干预和支持的早期研究受到批评是因为研究的人员是临床医生而不是专业人员，以及很少有研究关注在没有临床医生的学校如何实现学生积极的结果（Snell，2006）。尽管有人（Daniel Crimmins & Anne F. Farrell，2006）认为，需要有更多的研究来解决积极行为干预和支持的可信性和有效性问题，但是他们仍然认为，使用个性化积极行为干预和支持对有严重问题行为的学生的成功发展至关重要。

在本章中，特丽萨·A. 奥乔亚在持支持观点的文章中认为，积极行为干预和支持(PBIS)减少了情感和行为异常学生的比例，指出了其对创造安全学习环境的有效性。她认为，积极行为干预和支持除了能够减少不良行为，也能够促进适合行为的产生。在持反对观点的文章中，戴安娜·罗杰斯·阿德金森列举了运用积极行为干预和支持模型过程中凸显出来的局限性和批评性。她认为，目前对积极行为干预和支持研究的结果数据难以解释，并且运用积极行为干预和支持模型的花费对许多学校来说是较大的负担。

苏珊妮·艾克斯
莎拉·B. 伯克
印第安纳大学

支持观点

特丽萨·A.奥乔亚,印第安纳大学

多年来研究的证据表明,积极行为干预和支持(PBIS)减少了行为异常学生的不良行为。实证研究表明,积极行为支持的方法在学校纪律方面是一种有效的方法,学校不仅可以用该方法来减少学生的不良行为,也可以用该方法来增加所有学生,特别是行为异常学生的适当行为。积极行为干预和支持模型是一种主动和积极的方法,通过该方法,教师在教会学生远离不良行为的过程中,也能让学生明确他们应该遵守的规则。

积极行为干预和支持模型是对被证明了在控制校园暴力和学生不良行为上无效的惩罚和反应惩戒措施的一种转变。本文对积极行为干预和支持的基本内容和组成做了概述,指出了一些关于创造安全学习环境有效性的研究。与持反对观点的文章不同,本文聚焦于积极行为干预和支持的优点。

积极行为干预和支持的基本内容

1997年,关注残疾学生教育问题的《身心障碍者教育法》修正案颁布两年之后,乔治·菅和罗伯特·H.霍纳(1999)提出了一种学校纪律和犯罪预防的方法,从根本上改变了先前的应对不良行为的惩罚性方法,这种方法强调积极性和预防性。虽然这种方法对学校来说还是新鲜事物,但是积极行为干预和支持模型是应用行为分析的产物。应用行为分析是1960年以后产生的一门有完善概念、方法和技术基础的学科。与应用行为分析(ABA)类似,积极行为干预和支持通过检测先前事件和操作行为的结果来探索问题行为的本质,并且通过提供有意义的和积极的指导来强化并激发个体展现出适合的行为。积极行为干预和支持模型包括以下3个层次的方法。

基础干预：全校支持

积极行为干预和支持的第一个层次，即所谓的基础干预，是一种将行为预期结果明确传达给所有利益相关者，包括学生、教师和行政人员的一般层次。全校范围的积极行为干预和支持是旨在通过创建促进学校员工和学生积极行为产生的体系和程序，从而改变学校环境的一种非课程预防策略。任何学校或者班级的积极行为干预和支持体系的关键是聚焦于3～5个典型的细微行为；教育和强化合适的行为；当错误行为发生时，遵循一定的处理程序；以及开发基于数据的客观评价系统来监控与学校行为目标的达成情况，并且能够根据需要进行调整。

首先，在学校中选择5～8位教师或者行政人员组成一个小组来识别学校关心的行为。例如，学校可能会识别像吸烟、旷课，及对他人不尊重这样的行为。一旦问题行为被发现，小组要从积极的方面重新定义该问题行为。例如，"旷课"重新界定为"定期出席"。虽然这种做法只是语言的微妙变化，但是这样做之所以重要，是因为积极行为干预和支持模型聚焦于用积极的态度构建行为并且进行行为干预。这个想法是为了增加"捕捉"到学生开始出现适合行为的可能性并且强化该行为，而不是集中注意力聚焦于异常行为却在无意中强化了异常行为。

如果问题行为被识别，行为目标或替代行为已经形成，全校范围内的积极行为干预和支持的下一个步骤是向学生传达对其行为的期望。凯利·莫西里、汉克·博汉姆和帕米拉·芬宁（2010）在已经实施的一项全校范围内的积极行为干预和支持过程中发现，向学生传达行为期望最有效的方式是在所有学生和教职工都能够同时接受信息和指导的全校大会上，而不是在横跨好几个月的小型集体会议上。

传达行为期望，关键所在是要向学生清楚传达不希望他们具有的行为和希望他们具有的积极的行为。只有这样，学生才能明确知道哪些行为应该做，哪些行为不应该做。教师要理解向学生传达行为期望的程序对于回应合适行为是重要的，因为这个程序需要教师们的共同努力并接受培训，同时要强化学生的积极行为而不是不良行为。此外，与教师的交流要以小组的形式进行。监测行为目标的进展也是全校范围内积极行为干预和支持的重要组成部分。

将学校之前的出席率作为一个全校的行为目标，积极行为干预和支持项目要求通过收集数据来确定是否这个介入项目有较好的效果。如果设计干预计划的学校小组使用每一个班级日常出勤作为监控出勤的方式，并且数据表明所有班级的出席情况有所改善，这就可以认为出勤干预是有效的并且可以按照这种方式继续执行。但是，如果数据表明出席情况并没有改善，这个小组就要重新评价和调整介入方案直到期望的结果产生为止。通常，全校范围内的积极行为干预和支持项目希望解决全校大多数学生都会有的行为。积极行为干预和支持的提倡者指出，任何一所学校都有多达80％的学生能够对执行良好的普遍预防积极行为干预和支持项目给予积极的反馈。

二级干预：目标小组支持

积极行为干预和支持方法的核心是要理解对全校范围的干预不会对所有学生都有效。从概念上讲，在任意一所学校大约有15％～20％的学生需要更加有针对性地关注来达到学校积极行为干预和支持小组设置的行为期望。因此，积极行为干预和支持项目的第二个层级被称为二级干预措施。二级干预措施是为在基础层级能够得到的干预之外还需要更多关注和小组的行为指导的学生而设计的。

可以肯定的是，对于一般预防措施没有反应的学生需要接受额外的、更强化的和更有针对性的干预和支持。在连续的行为支持中，第二级干预在有学业失败风险的学生组成的小组内实施。第二层级介入目标包括教会具有习得失败、持续失败、行为缺陷的学生如何自我管理和消除冲突等。签到签退系统（Check-in/Cheek-out Systems）、成功的第一步、朋辈辅导员和家庭俱乐部是第二层级干预的一些例子，旨在为有较大问题行为的学生提供有效的行为支持。签到签退系统使用行为报告卡片给表现出具有持续的课堂问题行为的学生提供反馈。

签到签退（CICO）系统

学生在校期间，行为报告卡给学生提供行为提示；教师一天所写的反馈报告；当日个人目标的提醒；数据收集以及在学校教师和家庭之间的交流。安妮·W. 托德、艾米·L. 坎贝尔、格温·G. 梅耶、罗伯特·H. 霍纳等人(2008)对经常表现出重复性扰乱课堂行为而被办公室推荐的 4 名小学男生实施了签到签退的方法。这个为期 10 周的项目包括由训练有素的教师对其进行的早上签到——检查学生的家庭报告并且为学生提供新的报告卡和书面鼓励。当这个项目结束的时候，这 4 名学生的不良行为都有很大改善。日常报告卡包括 3 条希望该生遵守的规则、教师期待的表现和对规则的解释。学生带着他们的报告卡并且每天 3 次把该卡提交给指定的教师，教师标明该生在每天总共 9 个积分中能够得到的积分。每天结束时，学生找教师签退。签退记录包括回顾表现、累计积分以及决定如何使用奖励积分。教师总结学生的日常报告并让学生将其带回家交给家长，家长签好名字后再由学生第二天交还给教师。

成功的第一步

俄勒冈州成功的第一步项目是另一个第二层级介入的例子，这个项目被证明能够改善学生的异常行为。这个介入包括 3 个元素：可以有 4 种不同选择的筛查和早期检测程序；通过讲授适合行为模式来促进其成功调整到满足学校正常需要的一项学校干预项目；通过教授家长怎样培养孩子的学术成功技能，如合作、分享、完成学校作业或者遵守学校规则的一项称为 HomeBase 的家庭训练项目。

为了评价这个项目的有效性，希尔·M. 沃克、安妮梅柯、贾内·佐尔瑙·麦克莱恩、马德琳·金米奇(2005)对来自俄勒冈州的 36 个县的 11 所学校的 181 名学生进行了应用此方法的研究。这个项目进行了 18 个月，包括对招募到的学生、教师和家长进行参与研究的行为训练教练。能够参加这项研究的学生必须表现出典型的外化社会行为调整问题。问题可能包括长期不顺从、严重乱发脾气、攻击性行为以及在操场或教室中与同伴的频繁冲突。对这个为期 18 个月的项目进行总结，第一步项目前后分数的变化在统计学上比控制组的成绩要好。总而言之，第一步项目中的学生表现出较少的攻击行为等不良行为并且他们的适合行为增多了，在学习上所花的时间比没参加干预的学生所花的时间要多。虽然二级干预有其优势，但是一级干预和二级干预对少部分学生来说仍然没有任何作用，这就需要进行三级干预。

三级干预：个人行为支持

在积极行为干预和支持体系中，第三层面干预即所谓的三级干预，是为已经具有反社会行为和一直抵抗低级干预的学生服务。据说有 5％～7％的学生需要进行三级干预来减少其不良行为，需要进行三级干预的学生可能已经出现行为异常。三级干预是强化且是在学生个体层面进行的。功能性行为评估（Functional Behavioral Assessments）和心理健康支持是三级干预的例子。功能性行为评估帮助教师确定支持学生不良行为的变量，并且给予学生开始适当行为的指导。功能性行为评估的主要目标是理解学生生活中不良行为的功能，为的是能够用合适的、社会可以接受的行为来取代不良行为。

李·科恩、帕特里夏·加拉格尔、克里斯汀·斯托拉斯塔、韦斯利·希克曼和迈克尔·乔治（2006）进行了一个为期 3 年的研究来探究基于功能性行为评估的介入对于一个被诊断出患有注意缺陷多动障碍、唐氏综合征、对立违抗性障碍以及具有长期侵犯行为的学生的长期影响。教师对其进行了低级的干预，并没有效果。根据积极行为干预和支持三级介入的指南，对该生进行干预的小组由学生的祖母、一个职业教师、三个训练师、项目技能辅助教练和项目负责人组成。方案技能辅助教练通过整理报告卡和通过问卷得到教师关于学生的行为和教育的优缺点的信息来获取可利用的数据。信息被收集之后，提出假设并且检测维护不良行为的变量（或者条件）。一旦维护行为的变量被证实，就要进行相应的干预来减少学生的攻击行为并且教授他适当的社会行为。

在这个案例中，小组制订了计划让学生通过交流来告诉教师他的需要和想法或者他在任务中想要休息。小组从易到难来调整任务以匹配学生的水平并且在学生表现较好的时候给予奖励。为了避免压垮学生或者小组成员，干预在第一年是分阶段进行的。小组第二年对干预计划进行调整，训练新的成员来执行干预计划。小组成员根据学生产生不良行为的原因以及与此干预项目期望目标之间的差距，在第三年对学生干预计划做额外调整。第三年同样训练新的成员。根据分析，研究者发现通过教会学生表达他的需要，三级干预能够减少学生的问题行为。功能性评估的结果发现学生在研究中所表现出来的侵犯行为是为了躲避困难、不想完成任务或者想获得小组成员的关注。干预项目教会他怎样通过适应社会和适应年龄的行为来要求休息或者得到小组成员的关注。

结论

总之，实证性证据有力地证明了积极行为干预和支持对减少行为异常学生的不良行为十分有效。积极行为干预和支持体系中的 3 个层级的方法，为学校提供了一个通过减少不良行为且增加适当行为来改善学校氛围的机会。全校范围的一级干预通过明确所有学生都应该遵守的学校规则和对学生行为的期望和聚焦于强化积极行为的方式，阻止了许多学校违规行为的发生；对小组进行的二级干预是为需要额外和直接指导的学生设计干预方案，并且让有问题行为风险的学生学会和展现出适当的社会行为；最后，最高层级的三级干预通过在学生学习等各个生活领域提供持续的、强化的、大量的行为支持，来减少异常行为学生出现极端行为的可能性。

反对观点

戴安娜·罗杰斯·阿德金森，威斯康星大学

正如持支持观点的文章所述，积极行为干预和支持(CPBIS)模型有很多优点，能够管理行为异常的学生并且能给学校带来良好的学习氛围。积极行为干预和支持模型的广泛应用表明其得到了学校的极大认可。但是，探索积极行为干预和支持模型的缺陷至关重要。积极行为干预和支持模型的缺陷包括：操作准确性的相关问题；办公室纪律推荐作为衡量学校改进的标准的可靠性；成本因素以及关于这种方法的研究方法论的局限性。

操作的准确性

关于积极行为干预和支持操作的准确性是指不同成员应该用相似的，最好是相同的操作行为进行干预。积极行为干预和支持模型操作的准确性与信度相关。换句话说，干预应用在其他类似环境下能够同样适用。在教育研究中，对于信度标准的最低要求是80％。这就意味着10次干预经历中，至少要有8次无论由谁执行干预，干预过程必须保证应用相同的操作行为。但是，像积极行为干预和支持这种多领域的干预，其操作的准确性很难保证；积极行为干预和支持分为3个层级的干预，这使得其操作的准确性问题令人担心。

积极行为干预和支持模型的支持者认为，由于成员是经过培训的，学生能够体验到在全校范围内实施的针对教育环境改善的积极行为支持的操作行为是恒定的。但是，对于恒定的定义是宽泛的，这就导致了大多数积极行为干预和支持研究中对干预的准确性问题的担忧。到目前为止，有很少的文献尝试提出解决操作的准确性问题的方法，但是这些尝试都是在像学校的一个年级这样的小范围中进行的。

积极行为干预和支持的训练师已经尝试通过一个培训模式来提高在班级和学校范围内实施该项目的准确性，这个培训模式包括整合直接观察的表现反馈和进行干预人员提供的即时反馈。但是，不同学区的训练师能够观察和提供反馈的水平差异很大，这是因为频繁地提供大量的反馈信息，每个人的付出是不同的。

即时反馈是重要的，但是在多数学区的大范围操作中很难实现。具体地说，在教学楼或教室实施的干预中，班级范围实施的一级干预措施的恒定性变化最大，因为大量的人员参与干预过程。根据学生的不同发展需求，这种恒定性的变化也会在跨年级层面发生，并且可能会对数据有影响，因为在 1 年级实施的干预措施和在 5 年级实施的干预措施不可能相同。与此同时，二级干预和三级干预的操作的准确性相对来讲比较高，因为参与干预过程的学生和人员的数量较少。目前，对二级的小组干预和三级的个性化干预的恒定性不能得到保证的研究仍在继续。

办公室推荐数据

办公室纪律推荐（Office Discipline Referrals）是一项是学校纪律管理方法，教师用该方法来标记行为已经达到了需要报告给学校行政团队的水平的学生。这涉及某些类型表格的填写，学生可能会被要求带着表格与教师一起参加纪律会议。在其他案例中，表格可能会以电子表格的方式提交给纪律管理部门。办公室纪律推荐包含一个检查表来标明违规行为的种类，如扰乱课堂或者不服从命令；还包含一些空格来填写个人信息，如学生和教师的姓名、监视的行为、日期、地点、时间和设置的数据。最后，通常在结尾处会有一个开放的空间来让教师填写需要澄清的情况。

办公室纪律推荐成为积极行为干预和支持选择的一种方式，是因为这种方法比数据更好处理而且很直观。例如，个人行为等级量表或者像希尔沃克的行为异常筛查系统这样的筛查系统的实施。办公室纪律推荐作为学校改进的指标有很多缺陷。第一，可靠性存在问题。办公室纪律推荐是教师对于其感知情况的自我报告，并且什么时候采用办公室纪律推荐由教师来决定。因此，纪律的界定会因为教师对行为的容忍程度或认为采用办公室纪律推荐能够改正有问题学生的未来行为的信念而不尽相同。表格的延迟填写是另一个问题，因为表格的延迟填写对于所报告数据的准确性有消极的影响。

第二，当办公室纪律推荐用来决定学校设置行为的强度或作为衡量学校改进的手段时会产生局限性。肯特·麦金托什、艾米·L. 坎贝尔、德博拉·卡特和布鲁诺·D. 宗博(2009)列出了如下的一些问题：

某些种类的行为被教师送到办公室进行训练产生的影响是：数量减少，但是在教室中这样的行为却没有变化；

感受到来自行政部门关于积极行为干预和支持效果好的压力，从而减少推荐；

基于办公室纪律推荐完成的数量，对教师行为产生负面的理解。

关于办公室纪律推荐的另一个问题是界定内化行为的比例低，如情绪消沉和抑郁表型。在积极行为干预和支持模型中，这样的问题也需要进行干预。最后，非常重要的是，在界定过程中存在着文化歧视现象，黑人和拉美裔学生接受办公室纪律推荐的人数很多。学校董事会和教师必须清楚地认识到，他们如何进行统计可能会歪曲或者影响办公室纪律推荐的数据。

成本

长期实施积极行为干预和支持的成本是巨大的。财政支出主要是涉及人力、最初和持续的培训问题和其他形式项目的花费，最主要的成本是对全体成员的最初培训。启动积极行为干预和支持时，通常会组建一个学校顾问委员会。这个团队包括一位外聘的顾问以及众多学校内部成员，这些学校内部成员需要转换自己先前的工作内容来满足积极行为干预和支持实施的需要。因此，团队成员的工作内容需要进行重新分配或由雇用的人员来替代。成员也必须要学习基本数据的收集程序。

其次，某学校或者学区实施积极行为干预和支持，其最初实施的成本包括聘请培训师的费用、学年中操作精确培训的费用、持续团队会议的费用和长期数据收集的费用；其长期实施的成本包括不断培训新成员的费用、长期监测操作准确性的费用以及持续分析办公室推荐数据的费用；其他相关的成本包括其他形式的费用和设备的费用。例如，一个记录信息的计算机软件系统经常会被推荐用来改善数据收集过程的记录信息，但是，这样一个系统需要每所学校每年花费250～300美元。又如，学校奖励等学生奖励项目以及积极行为干预和支持模型一级干预中的学生集会项目的成本。其他的形式包括新的社会技能项目、学校欺凌课程或积极行为干预和支持二级干预或三级干预中的愤怒管理项目。

布鲁斯·A.布罗内和他的同事（2008）从成本的视角论证了实行积极行为干预和支持模型所需要的成本，并且得出实施积极行为干预和支持项目的学校的第一年成本多于170 000美元；学区的第一年成本多于一百万美元。因此，当大范围实施积极行为干预和支持时，学校董事会必须考虑成本因素。如果积极行为干预和支持是学校或者学区层面要做的事情，那么用于积极行为干预和支持的费用可能会影响学术资源需要的费用。在州和联邦授权的情况下实施积极行为干预和支持是比较常见的方式。在没有这种授权的州实施积极行为干预和支持几乎是不可能实现的。

基于证据的实践

20世纪中期，美国教育部更为关注学校中使用"实证"的方法或课程。确定哪些是实践循证（EBP）的过程，这个过程就是在实践的背后需要由基础研究来判断实践的效果。在判断是否实践属于实践循证的问题上，实验和准实验研究被认为是必要的。用来评估实践是否满足基于证据的实践标准的5个主要标准见表14-1。泰勒·仑肖、理查德·杨、保罗·罗德里格兹和利奈·克里斯坦森（2008）认为，积极行为干预和支持应该是一个需要应用实践循证来验证的体系，并不是其本身就是实践循证。他们分析了积极行为干预和支持的5个方面，认为实施积极行为干预和支持的程序没有达到实践循证的标准。使用仑肖等人的模型，积极行为干预和支持没有达到实践循证标准是因为缺少重复实践的比较研究。

表 14-1　基于证明的实践的标准

标准	定义	积极行为干预和 支持的适切性	实践循证 EBP
程序	应该清楚为了实施所设置标准的可重复性	单个实施者利用积极行为干预和支持元素来定义过程与程序，在不同设置中内容决定程序	否
设置	应用于清晰明确的地方	学校	是
执行者	实施者的培训和专业知识在多个设置中应该清晰并且可重复	不同的学校成员	可能
利益群体	实践必须应用于一致的人群	学校的学生	是
期待的结果	干预的目标必须一致并且有可比性	变量的目标或结果依赖于设置的需求	否

来源：T. L. Renshaw，K. R. Young，P. Caldarella & L. Christensen(2008，November 18). Can school wide positive behavior support be an ecidence-based practice? Online submission paper presented at the Teacher Educators for Children with Behavioral Disorders Conference, Tempe，AZ.

方法论的批评

关于积极行为干预和支持模型的最后一个问题是在研究文献中常常讨论的对于其方法论的批评。首先，关于积极行为干预和支持模型的控制组的研究几乎没有。教育部已经为教师列举了很多种研究方法，这些方法为干预是造成结果的原因这一观点提供了清楚的证明。这个过程被称为控制研究。控制研究的基本要求是参与者被随机分组，为了做对比，某些参与者不能够接受训练，这样操作才具有准确性。然而，这种研究在学校范围的干预过程中很难实现。Small N(或某某，实际上有其他人参与)对轻度不利条件的研究是目前为止最流行的研究。

另一个普遍的批评是缺少队列模型评估数据。大多数积极行为干预和支持的文献使用学年比较或者用整个学校的数据来评价这个过程对学校氛围的影响。在文献中缺少的是对长时间在积极行为干预和支持的环境中的学生身上究竟发生了什么的理解。

研究需要评估这些学生经过一段时间后是否有好的学习效果，是否能够成为业内优秀的成员；学校纪律和安全是否有所改善。但是，几乎没有研究来探究长时间处在积极行为干预和支持文化的校园中，或者从实施积极行为干预和支持的学校转到不实施积极行为干预和支持的学校对学生行为的影响。也有人指出，感知研究的局限性。感知研究探索的是参与积极行为干预和支持的成员怎样能够感受到实施之后环境的变化。然而，学校中学生关于感知变化的数据是缺乏的。目前的一些研究表明，学生认为问题行为的比率在积极行为干预和支持实施的前后是相同的。研究同样表明，教师比学生更有可能认为课堂环境已经改善了。进一步地，大多数研究使用所有教师的聚合数据来说明问题，但是没有考虑到年轻、缺乏经验的教师关于课堂气氛的负面看法。

结论

虽然有重要的证据支持实施积极行为干预和支持模型，但是在解释办公室推荐数据的结果时必须要谨慎。此外，成本对于学校董事会来说是一个需要考虑的重要因素。同样重要的是，很多研究没有设计控制组，因此，在说明积极行为干预和支持研究的效果时，这种局限必须被考虑在内。最后，积极行为干预和支持模型不能满足实践循证的基本标准。实践过程中应该思考关于促进实践循证有效实施的体系来帮助学校管理行为不端的学生，从而保证学校所有的成员都有安全有序的学习环境。

拓展阅读资料

Bambara, L. M. & Lohrmann, S. (2006). Special edition: Severe disabilities and school-wide positive behavior support. *Research & Practice for Persons with Severe Disabilities*, 31(1).

Blonigen, B. A., Harbaugh, W. T., Singell, L. D., Horner, R. H., Irvin, L. K. &

Smolkowski, K. S. (2008). Application of economicanalysis to school-wide positive behavior support. *Journal of Positive Behavior Interventions*, 10(1), 5-19.

Bradshaw, C. P. , Koth, C. W. , Bevans, K. B. , Ialongo, N. &. Leaf, P. J. (2008). The impact of school-wide positive behavioral interventions and supports (PBIS) on the organizational health of elementary schools. *School Psychology Quarterly*, 23 (4), 462-473.

Brown, F. &. Michaels, C. A. (2006). School-wide positive behavior support initiatives and students with severe disabilities: A time for reflection. *Research &. Practice for Persons with Severe Disabilities*, 31(1), 57-61.

Crimmins , D. &. Farrell, A. F. (2006). Individualized behavioral supports at 15 years: It's still lonely at the top. *Research &. Practice for Persons with Severe Disabilities*, 31(1), 31-45.

Dunlap, G. (2006). The applied behavior analytic heritage of PBS: A dynamic model of research. *Journal of Positive Behavior Intervention*, 8(1), 58-60.

Eber, L. , Lewis-Palmer, T. &. Pacchiano, D. (2002). School -wide positive behavior systems: Improving school environment for all student including those with EBD. *Proceedings from the 14th Annual Conference Research Conference: A system of care for children's mental health: Expanding the research base*. Tampa, FL: Research and Training Center for Children's Mental Health.

George, H. P. &. Kincaid , D. K. (2008). Building district level capacity for positive behavior support. *Journal of Positive Behavior Interventions*, 10(1), 20-32.

Kern, L. , Gallagher, P. , Starosta, K. , Hickman, W. &. George , M. (2006). Longitudinal outcomes of functional behavioral assessment-based intervention. *Journal of Positive Behavior Interventions*, 8(2), 67-78.

Lane, K. L. , Wehby, J. H. , Robertson , E. J. &. Rogers, L. A. (2007). How do different types of students respond to schoo-lwide positive behavioral support programs? Characteristics and responsiveness of teacher-identified students. *Journal of Emotional and Behavioral Disorders*, 15(1), 3-20.

Lechtenberger, D. , Mullins, F. &. Greenwood , D. (2008). Achieving the promise. *Teaching Exceptional Children*, 40(4), 56-64.

McIntosh, K. , Campbell, A. L. , Carter , D. R. &. Zumbo, B. D. (2009). Concurrent validity of office discipline referrals and cut points used in schoo-lwide positive behavior support. *Behavioral Disorders*, 34 (2), 110-113. Retrieved from Academic Search Complete database.

Morrissey, K. L., Bohanon, H. & Fenning, P. (2010). Teaching and acknowledging expected behaviors in an urban high school. *Teaching Exceptional Children*, 42 (5), 26-35.

Renshaw, T. L., Young, K. R., Caldarella, P. & Christensen, L. (2008, November18). *Can school -wide positive behavior support be an evidence-based practice?* Online submission paper presented at the Teacher Educators for Children with Behavioral Disorders Conference, Tempe, AZ.

Snell, M. E. (2006). What's the verdict: Are students with severe disabilities included in school-wide positive behavior support? *Research & Practice for Persons with Severe Disabilities*, 31(1), 62-65.

Stewart, R. M., Benner, G. J., Martella, R. C. & Marella-Marchand, N. E. (2007). Three-tier models of reading and behavior: A research review. *Journal of Positive Behavior Interventions*, 9(4), 239-253.

Sugai, G. & Horner, R. H. (1999). Discipline and behavioral support: Practices, pitfalls, and promises. *Effective School Practices*, 17(4), 10-22.

Todd, A. W., Campbell, A. L., Meyer, G. G. & Horner, R. H. (2008). The effects of a targeted intervention to reduce problem behaviors: Elementary school implementation of check in-check out. *Journal of Positive Behavior Intervention*, 10(1), 46-55.

Walker, H. M., Golly, A., McLane, J. Z. & Kimmich, M. (2005). The oregon first step to success replication initiative: Statewide results of an evaluation of the program's impact. *Journal of Emotional and Behavioral Disorders*, 13(2), 163-172.

Webster-Stratton, C. & Reid, J. M. (2004). Strengthening social and emotional competence in young children-The foundation for early school readiness and success: Incredible years classroom social skills and problem-solving curriculum. *Infants and Young Children*, 17, 96-113.

判例与法规

Individuals with Disabilities Education Act(IDEA), 20 U. S. C. § §1400 et seq.

话题 15

教师是否应该在识别和治疗内化性适应不良行为上获得更多的训练？

支持观点：特丽萨·A. 奥乔亚，印第安纳大学
反对观点：帕潘尼·沃欧丽，印第安纳大学

概　述

在教育界中存在着关于教师识别、诊断和治疗患有内化性疾病(Internalizing Disorders)学生的讨论。像抑郁和焦虑这样的内化性疾病，在学龄阶段经常未被发现，因为这样的行为会被容易发现且影响纪律和安全问题的外显行为所掩盖。有时，症状又很容易被忽视，因为学生仅仅是表现得比较安静或拘谨。但是，这个问题不可能自动消失。相当多的学生(例如，一项研究标明多达 20%～50% 的学生)会在 18 岁之前与抑郁症做斗争(Lewinsohn，Hops，Roberts，Seeley & Andrews，1993)。因此，有人认为学校是发现和治疗学生内化性疾病最合适的地方(Shink & Jungbluth，2008)。关于这个问题的讨论围绕是否教师应该参与这个过程以及他们的作用是什么展开。持支持观点的文章和持反对观点的文章的作者分析了争论的两个不同方面，这个争论就是关于教师在处理学生内化性疾病问题上的作用。

虽然教师缺少心理健康训练，但是有人认为学生在校生活的各个方面都有教师的参与是合适的，包括对心理问题的识别、诊断和治疗(Moor，et al.，2000)。教师与学生的相处时间比学校心理教师和校外心理治疗师都长。他们已经与学生建立起了融洽的关系。此外，教师在上课时间或者如考试、小组合作、完成作业等不同环境中，通过班级学生行为的相互比较可以对"不正常"行为有很好的理解。

另一个方面，有些人认为深入研究学校心理健康的各个方面超出了教师的能力范围，要对教师进行训练。但是，研究表明虽然有特殊的培训，但是训练教师发现抑郁学生的症状仍然是一个难题(Moor，et al，2007)。许多人认为，教师的主要职责是班级学生的学业成绩，他们认为，学生生活的其他方面，应该交由心理学家、辅导员、家长和学校管理者来处理。此外，对于学生来说，接受没有经过专业培养的教师的治疗是不利的。

事实上，有学习障碍的学生的教师被要求要具有关于怎样进行个别指导的特殊素养。正如本章所争论的，教师给予内化性疾病学生的关注程度仍然需要讨论。如果教师在这方面要发挥很重要的作用，对其进行专业的培养是必要的。正如特丽萨·A.奥乔亚在持支持观点的文章中指出的：

> 目前普通教师和特殊教师能够获得的专业准备项目没有聚焦于提供心理健康训练和资料，来让教师能够独立满足焦虑和抑郁学生的需要。

虽然缺少训练，但是奥乔亚认为将教师看作潜在服务提供者是可行的。

在持反对观点的文章中，帕潘尼·沃欧丽认为："认识到教师在识别和治疗适应不良的内化问题行为上的局限很重要，并且要对强化教师在这个问题上发挥作用的观点进行批评。"她认为，特殊教师和普通教师都必须聚焦于学业，而不是对由于不良行为产生的任何问题负责。与此同时，教师不应该被期望对班级中所有的适应不良行为负责。

本章的内容包括：对教师识别、诊断和治疗内化性疾病并且着眼于这些情况如何影响学校纪律和安全这一问题的赞成或反对理由。在持支持观点的文章中，特丽萨·A.奥乔亚认为，教师应该获得关于提供心理健康服务的培训来满足有抑郁或者焦虑的学生的需要。教师与学生的大量的相处时间让其成为了学生提供心理服务最好的人选（和其他学校内的心理教师一起）。在持反对观点的文章中，帕潘尼·沃欧丽解释了为什么有不良行为的学生在学校期间不能从教师的干预中获益。她认为教师不应该被要求担负起治疗班级中大范围内化性适应不良行为的重任。

苏珊妮·艾克斯
印第安纳大学

支持观点

特丽萨·A. 奥乔亚, 印第安纳大学

焦虑和抑郁等心境障碍是内化行为问题的实例, 这些障碍在学龄儿童和青少年中很容易出现。但是, 教师对于其实质、症状以及如何治疗的认识是十分有限的。根据《精神疾病诊断与统计手册》(第 4 版)估计, 每年成年人广泛性焦虑症的患病率约为 3%, 终生患病率为 5%。成年人中终生患有重度抑郁疾病的数量, 女性从 10% 提高至 25%, 男性从 5% 提高至 12%。然而, 由于焦虑和抑郁的患病不局限于成年人, 他们对未成年人的影响涉及学校的安全和纪律。

焦虑和抑郁同样影响着儿童和青少年。焦虑是一种最常见的影响孩子的情绪障碍。由于行为疾病而被送到诊所的儿童和青少年有 20%～30% 被确诊为焦虑症。广泛性焦虑障碍的特征是过度焦虑和担心, 并且个体很难控制这种感觉。教师应该知道的关于焦虑的其他特征包括不安、疲劳、注意力不集中、易怒和肌肉紧张等。儿童和青少年抑郁的症状包括易怒、饮食习惯改变、失眠、心里烦乱、不爱动并且感觉疲劳、有过度的负罪感、有无希望感、犹豫不决、集中注意力的能力下降、有自杀意念以及无法处理信息等。

临床水平的焦虑、抑郁、心境障碍, 如果不被治疗, 其严重程度就会增加或者可能会从轻微的疾病变成严重的疾病(例如, 焦虑通常发展成抑郁)。最糟糕的情况, 内化性适应不良行为若不能被识别和治疗会导致像校园暴力这样的悲剧发生, 甚至会给他人或自身带来生命危险。有时患有抑郁症的 5 岁孩子都会有自杀的想法。自杀是造成 10～24 岁儿童或青少年死亡的第三个主要原因。因为这两个内化性疾病之间具有共性并且这些症状和正常焦虑状态(或者至少非临床的)、不开心之间也具有共性, 教师对内化性疾病有准确的判断, 并且教师积极地参与对这些行为的治疗很重要, 因为来自国家对吸毒和健康问题的调查(Office of Applied Stuolies Substance Abuse and Mental Health Services Administration, 2005)的数据表明, 大约有 900 000 名年龄在 12～17 岁的年轻人在最近抑郁症发作期间考虑过自杀。在这些考虑过自杀的人中，有 712 000 人真的尝试结束生命。实际上，美国每年大约有 30 000 人死于自杀，并且在这些自杀的人中，有 4 000 人是儿童或青年人。典型的高中班级会有 3 名试图自杀的学生。据统计，100～200 人中的试图自杀的青年人中有 1 人会最终死亡。这篇持支持观点的文章认为教师应该在识别和治疗内化性疾病过程中获得更多的训练，这是为了让儿童和青少年能够有应对学术压力的积极健康心理以及能够帮助学校营建良好的学习环境。

一个识别和治疗内化性疾病的多层方法

目前，许多学校中使用"反应—干预（RTI）模型"来识别和解决学校中学术或学生的外化行为（Externalizing Behavioral）问题，该模型也同样用于明确教师怎样应对有内化性适应不良行为的学生。这样一个关于不良行为的多层的方法是一种为学生提供逐渐和及时干预的有效方法。在焦虑的案例中，了解这些异常症状的普通教师能在教室中就识别出焦虑的早期表现，并将这种情况报告给特定的心理健康机构，如学校内的心理专家或心理辅导员。

在这场辩论中，霍华德·S. 阿德尔曼和琳达·泰勒（2000）认为，教师不是心理健康或社会服务的提供者，但是他们也指出，教师要经常为学生的社会和情绪发展提供帮助。换句话说，教师应该清楚像焦虑和抑郁这样的心理障碍对学习是有影响的。很显然，教师的主要着眼点应该是促进学生的学业发展。即便如此，当学生为无法完成学业的任务而焦虑的时候，继续学习是非常不可能的，因为他们被内在的恐惧占据了。在反应—干预模型的第一级，当首次出现内化性疾病迹象的时候，教师可以咨询学校心理健康专家。如果焦虑继续或者普通教师仍然担心，可以给正在经历内化性疾病的学生提供一位有专业人士帮助的高级心理健康支持。

反应—干预模型干预的第二级是在小组中为有需要的学生提供强烈的干预。对正在经历内化性疾病的学生来说，特殊教师可能会准备给予小组适当的心理健康干预。可以肯定的是，特殊教师不能诊断焦虑或抑郁，但是能够协助普通教师给在学校心理专家指导下的学生小组提供协助和干预。约翰·W. 马格和苏珊·M. 斯维尔（2005）指出，对于抑郁的干预技巧，像社交技巧训练、自我管理训练和治疗抑郁的认知行为方法等，是特殊教师解决各种学生行为问题很可能使用的干预技巧。在解决内化行为的问题时，将特殊教师作为资源的优势在于能够让遭受焦虑困扰的学生在问题没有变得严重或变成能够影响学习的抑郁症的时候就接受心理健康支持。换句话说，为了减少内化性疾病发展成像抑郁症这样严重的疾病的可能性，在反应—干预模型中可以通过与特殊教师的有效协作来减少像焦虑这样内化性疾病的症状。

反应—干预模型干预的第三级通常是为需要强烈和个别治疗的学生服务。对程度严重的焦虑和抑郁的干预措施通常是进行校外临床治疗。此外，程度严重的焦虑和抑郁需要接受像主治医生或心理医生这样经过医疗培训的专业人士来进行的药理治疗。接受反应—干预模型提供的第一级干预和第二级干预后没有效果的学生，应该立即接受专业的心理治疗。更加清晰和确定地讲，在任何情况下，学校人员都不能承担一个经过专业医学训练的可以用药物诊断和治疗焦虑或抑郁疾病的角色的责任，也不能阻止专业人士使用药物来治疗这些疾病。虽然如此，即使在反应—干预模型的第三级，像学校心理医生和学校辅导员这样的学校人员也应该在治疗内化性适应不良行为中发挥重要作用。

根据马克和斯维尔（2005）的研究，学校心理教师要被训练成专科医生，并且要与校外训练有素的医学专业人员协作。此外，学校心理教师和辅导员所拥有的训练能够配合药物来提高这种治疗的效率。以这种方式，反应—干预模型可以作为一种阻止焦虑发展成抑郁症或其他更严重的心理疾病的方式；也可以作为特殊教师进行小组认知行为干预所使用的早期干预措施；最后，反应—干预模型可以作为通过与校内和临床环境中的能够识别、诊断和治疗有内化性疾病儿童和青少年的所有专业人士建立更强的联系，来减少因严重抑郁症而导致自杀的一种方式。

反应—干预模型和《身心障碍者教育法》

针对识别和治疗内化性疾病的反应—干预模型已经成为一个概念性

的建议。换句话说，反应—干预模型目前已经在许多学区中被应用到了实践。目前学校是根据联邦规定的义务来确定、评估、和治疗有需要特殊帮助的学生。在《身心障碍者教育法》中，有内化性适应不良行为的儿童和青少年在学校特殊教育服务中属于情绪障碍（ED）类别。《身心障碍者教育法》将情绪障碍定义为：

  （i）长时间并且很明显具有下面所列对教育发展有不利影响的任意一个或多个特征：
  （A）不能用智力、感觉或者健康因素解释的无法学习；
  （B）不能和教师或同伴建立或保持满意的人际关系；
  （C）在正常环境中有不适当的行为和感觉；
  （D）常态的不快乐或抑郁情绪；
  （E）在与个人或学校的相关问题上，会出现身体症状或有恐惧的倾向。
  （ii）情绪障碍包括精神分裂症，但并不适用于有社会不适应的儿童，除非确定他们有情绪障碍。34. C. F. R. §300.8(c)(4)(i)

规定的第一部分明确将抑郁作为一种在情绪障碍类别之下的要被识别和治疗的疾病。虽然焦虑在规定中并没有被提及，但是可以将其划分在消极影响教育表现的行为或感觉这一类别中。只要《身心障碍者教育法》包括内化性疾病，学校就必须为经历学习障碍的 3～21 岁的学生提供个性化教育项目来满足他们的需要，无论他们的需要是否与学术或心理健康有关。

教师参与识别内化性疾病治疗的益处

除了政策规定要求教师来识别和治疗有内化性疾病的学生，至少有 3 个额外的原因来阐述为什么教师要在治疗焦虑和抑郁中发挥重要作用。

第一，教师与学校心理咨询师和特殊教师等学校其他专业人员相比，有大量与学生相处的时间。事实上，教师与任何人甚至是与学生家长相比，都有更多的与学生相处的时间。因为学生 8：00-15：00 要在学校里度过，教师在工作日每天就会有 6 小时与学生一起度过，这就组成了一个大段的集中时间，教师就有机会发现以及参与其他人无法看到的学生行为。例如，即使特殊教师和学校心理咨询师对有问题的学生进行正式观察，他们每次进行观察的时间也只能是每次 1~2 小时。

第二，教师非常适合观察学生行为的变化。例如，教师凭借与学生相处的时间以及与学生的自然关系，更有可能观察到学生在教师提出的学术要求下所表现出来的焦虑行为。进一步来说，教师比学校心理咨询师或专业医生在区分正常和异常的学生行为上处于更有利的位置。换句话说，经常看到学生的教师能够更准确或方便地确定什么是特殊儿童的正常行为。例如，在现在的体系下，通常在数月后，直到焦虑和抑郁症状达到了临床水平才能够对其进行识别、诊断和治疗。很明显，如果目的是在内化性适应不良行为的早期症状在达到临床水平或对学校安全有危险之前就能够对其进行识别和治疗，那么早期治疗和介入是合适的。

第三，也许教师在识别和治疗内化性疾病中能够起到重要作用，最令人信服的原因是基于教师在确定内化性疾病对学业成就有消极影响这一问题的判断上是非常合适的这样一个实际情况。只有教师能够对学生的学术表现进行要求。因此，只有教师处在能够发现学生学业成绩开始下降的位置。可以肯定的是，虽然学校心理咨询师能够实施第三级的评估，并且能够为有焦虑或抑郁的儿童和青少年进行正式的诊断，但是现在的医疗体系不能够对这些疾病进行早期发现和治疗。

结论

总之，当前普通和特殊教师能够获得的专业准备项目，不能聚焦于心理健康培训来让教师能够独立对被诊断患有焦虑或抑郁的学生的需求做出反应。尽管如此，研究表明，在学校中将教师作为对内化性适应不良疾病进行识别的潜在服务提供者是可行的（Hallfors, et al., 2006; Maag & Swearer, 2005）。

只要教师有大量与学生相处的时间，教师与学校其他像学校心理咨询师和辅导员这样的心理健康专业人员协作为学生提供及时的心理健康服务就是可行的选择。事实上,学校无论是为了学生的个体发展还是为了学校的安全与纪律,教师都应该接受更多的培训来识别和治疗内化性疾病以避免学校出现灾难性后果。

反对观点

帕潘尼·沃欧丽，印第安纳大学

正如持支持观点的文章所说，关于提高教师在识别和治疗能够影响学校纪律和安全的学生内化性适应不良行为问题中的作用有激烈的争论。当然，教师在识别有内化性适应不良行为的学生的问题上具有优势。教师与学生在学校相处的时间比学生在除家庭以外所度过的时间要多。而且，教师强烈的规范行为意识能够引导其判断有内化性适应不良行为的学生。进一步来说，教师实施像积极行为支持和认知行为这样的干预措施聚焦于帮助有内化性适应不良行为的学生，并且这样的干预已经被证明是十分有效的。

与此同时，认识到教师在识别和治疗有内化性适应不良行为的学生的问题上的局限也很重要，也要关注对于增强教师在这一问题上的作用的批评。首先，无论是普通教师还是特殊教师，学校教师的主要责任是授课以及解决有内化性适应不良行为的学生面对的教育压力问题。此外，内化性适应不良行为症状的复杂性以及与这些疾病有关的强烈情感问题在对有心理健康需要的儿童的学术研究中并不是很明显。教师的干预主要聚焦于学生的学术成长，因此在预防指导策略问题上十分有限。持反对观点的文章认为教师不应该被期望全方位治疗内化性适应不良行为。特别是教师不应该被期望在识别和治疗内化性适应不良行为中起到重要的作用。

对有内化性适应不良行为的学生的及时干预

内化性疾病对学业成绩的影响

教师和其他教育人员依靠标准化测试和多样化检测来评价学生的学业进程和表现。根据《身心障碍者教育法》，另一个相关的责任是找出可能妨碍学生学业进步的因素。教师在课堂中实施干预来帮助学生获得新的技巧以及熟悉知识内容。当学生经常体验到与抑郁相关的消极想法或者体验到如变得焦虑不安这样的明显的身体症状的时候，他们参与课堂活动的能力就会受到影响。当教师意识到学生经历的焦虑体验和学生不能够完成学术任务之间有特殊联系的时候，教师必须对学生的需要做出反应来支持学生的学习和学业发展，因为这是教师的主要责任。

根据《身心障碍者教育法》，被确诊为内化性适应不良行为疾病和符合治疗干预条件的学生会表现出一系列症状，这些强烈的症状可能对行为、人际关系和学业成就产生不良后果。根据《身心障碍者教育法》关于实施干预的规定，识别和治疗内化性适应不良行为疾病必须与学生的学业发展和学业成绩紧密联系。教师应该评价学生的学术表现并且决定学生无法学习和经历情绪不稳定之间是否存在联系。学业成就水平会影响教师对经历内化性疾病的学生的症状是处于中等水平还是在社会和情绪方面有消极结果做出的决定。

内化性适应不良行为不可能被教师识别。经历内化性适应不良行为的学生会表现出从焦虑、抑郁或社交恐惧症到感觉到不满足和无价值等不同的症状。对于学生来说，体验到极端恐慌、对学校活动失去兴趣以及遭受睡眠障碍或饮食产生变化是不正常的。当然，这些症状可能会影响学生的应对能力，但是这些症状影响学业表现或学校作业的方式不是显而易见的或教师能够辨别的。焦虑、抑郁或者社交恐惧这些症状可能在影响学生的学业成绩之前就已经发生。学生的学术能力水平在同伴之间可能不会发生显著的变化，但是他们可能在社会和情感生活中挣扎。因此，尽管教师可以进行最好的干预，但是学生学业表现是否能够为教师提供信号来让教师主动和及时采取行为来满足有内化性疾病的学生的情感需求，目前为止还不明确。因此，在识别内化性适应不良行为的问题上过多依赖教师对这些经历疾病的学生做出及时应对并没有作用。

另一个教师识别和干预的阻碍是，当学生遭受焦虑和抑郁并且表现出这些症状的时候，学生不可能继续上学，因此不太可能受益于教师的干预。正如持支持观点的文章所述，有内化性适应不良行为的学生有辍学、滥用药物和酒精、被欺负或者试图自杀的风险。尽管如此，我们不得不注意这些症状会在日后变成疾病，学生在生活中经历这些疾病并且形成疾病带来的消极行为之后，这些疾病就会干扰学校的环境。根据这个观点，对有内化性适应不良行为的学生进行及时、强化的干预是必要的，但是当教师明显观察到这些行为的时候，由教师采取行动为时已晚。

反应—干预模型的局限性

教师可以采用多种程序来支持有内化适应不良行为的学生。根据反应—干预(RTI)模型，教师应该遵循基于因果行为联系的一级干预、二级干预和三级干预体系。在普遍观察的第一级，教师的作用仅限于密切监视处在风险中的学生。他们可以采用不同的教育策略来排除不成熟的可能性或影响学生行为的个人特质。尽管如此，在内化行为的案例中，学生没有表现出干扰行为；典型的是，当他们在教室的时候，他们冷淡、对教师和同学没有兴趣并且疏远。与此同时，他们的学业成绩没有变化或没有下降到吸引教师注意的程度。因此，这些学生不可能在学校中接受早期的干预。如果教师提供证据表明内化性适应不良行为导致了学生学业成绩下降，那么依然有这些行为的大量的学生仍有可能没被识别或者有效对待。因此，尽管教师理所当然地被期待来识别疾病对学业成绩的影响，但是如果教师是识别他们疾病的主要的人将会伤害学生。这种方法与《身心障碍者教育法》一致，暗指但没有写明教师的主要职责是教学生知识和技巧以满足年级水平的学术期望。当有证据表明情绪障碍对学生的学业表现有影响的时候，教师就会关注像焦虑、不开心或者情绪异常这样的症状。

很明显，当学生有焦虑、恐惧或无法适应这样症状的时候是无法学习的，但与此同时，即使教师经过良好的培训来为有内化性适应不良行为的学生设计和实施治疗方案，普遍观察仍然是向学生提供适当和及时服务的有限工具(因为这种观察太普通了并且不能够识别出疾病)。尽管反应—干预模型的第一级要求教师仔细检查有可能面临风险的学生，但是这过于困难以至于教师不能在第一时间就识别出这些学生。教师有权依据学生的学业成绩而不是他们的情绪发展来选择干预方法。学生能够获得的服务主要是根据学生对学术任务的反应水平来确定的，然而，很清楚地是，学生主要面临着情绪和社交领域的问题。

因为内化性疾病的症状持续存在，教师仍然关心学生的学术和情感发展，所以反应—干预模型的第二级干预是小组干预。特殊教师和普通教师相互配合来执行改善焦虑、恐惧和抑郁症状的步骤和技巧，以便让学生能够参与常规学习活动和体验学业成功。此外，这些策略能够让其症状与学业发展相关的学生受益。尽管如此，这些干预方法在学业成绩不受有限学术能力影响而是受情绪障碍影响的学生身上并不会成功。有内化性适应不良行为的学生通常会抱怨感觉到恶心、头疼或者感到强烈的眩晕或疲劳，所有的行为都不允许学生继续待在教室。虽然有组织的小组活动能够给学生提供额外的支持，并且能够帮助他们面对恐惧和焦虑，但是学生所经历的身体症状仍然不能让他们在这些策略中完全受益。与此同时，依赖教师的干预会导致学生缺乏治疗。总之，教师在诊断和治疗内化性疾病的问题上承担积极的作用似乎不是保证学生及时和主动接受治疗的最有效方法。

很明显，与反应—干预模型有关的上述过程是有用的并且主要表现在预防层面。实际上，这些方法不能满足表现出与内化性适应不良行为有关的普遍、持久和消极症状的学生的需要，因为只有在长时间等待并且排除了其他因素之后，教师才可以采取措施来帮助他们的学生。

干预对教学时间的影响

令人惊讶的是，只有在反应—干预模型的后期，当学生已经无法控制他们的感受并且已经经历与他们人际关系和学业成绩有关的负面影响的时候才能够获得个体化的支持。这时候，反应—干预模型强化的三级个体干预才能够实施。

强化干预主要包括药物治疗和校外心理健康专家提供的干预。为了治疗学生的内化性疾病，除了学生日常经历和学业表现之外的因素，如环境因素、家庭情况或者其他常规活动等也需要尽量地被考虑。这种干预计划所涉及的工作量会对教师的教学时间有消极的影响。这轻易地改变了教师的职责范围，教师的职责从解决学术问题扩大到解决情感和心理问题，教师不得不花费教学时间来完成非教学目标。因此，教师参与内化性适应不良行为的治疗被证明违背了学生的学术利益。很显然，对有内化性适应不良行为的学生的干预将影响教学时间。

也有关于培训教师作为学校干预执行者这种干预类型的担忧。在教学期间，教师对孤僻、焦虑或抑郁的学生可以结合如建模积极思考、角色扮演、解决问题能力这样的认知干预和行为技巧。尽管如此，认知和行为策略仅仅能部分解决学生的问题。与焦虑和抑郁相关的内化性适应不良行为，不仅涉及环境因素，也有遗传和基因因素。因此，学校环境对于内化性适应不良行为的改变仅有部分影响。设计良好的教学时间对学生这些症状的缓解很重要，但是对造成这种疾病的根本原因仍然有待探索。换句话说，高度关注教学时间可能会帮助有内化性适应不良行为的学生。但是，期望教师过多地参与对所有学生包括这些内化性疾病的学生进行干预可能会产生负面影响，因为教师参与这样的干预会减少教学时间。

考虑到有内化性适应不良行为的学生所经历的这些症状的严重程度，诊断和治疗不应该以肤浅的方式实现。内化性适应不良行为是对学生本人和其他人有生命威胁的严重心理健康疾病。尽管对这些疾病进行药物治疗存在争论，但是药物干预是对治疗内化性疾病特别是抑郁最有效的方式。认知行为疗法（CBT）同样有效，虽然这种疗法与药物配合特别有效，但却十分耗时。

无论教师经过多么强化的培训，教师都没有时间配合或监督校外心理健康参与者的工作，也没有时间应用认知行为疗法去治疗由心理疾病导致的症状。目前学校教学的日常安排使得认知行为疗法在学校中的实施并不现实。

专业人员的作用

目前诊断和治疗有心理障碍的学生的方法涉及一个包括各种专家在内的多学科的儿童研究团队。在做出诊断之前通常会咨询心理学家、精神学家和社会工作者。即使教师被要求去分享他们对学生行为的观察，学校辅导员和心理学家也必须要参与其中。最后的决定是根据观察的结果，由参与到治疗计划的所有专业人员共同得出的。所有参与治疗计划的专业人员需要经过特殊的培训并且具有丰富的专业知识来解决所涉及的症状的问题，同时也需要探索引起或造成疾病的原因。精确性高的治疗方案、实施治疗方案的特殊培训、专业人员的个人能力、监督和人员的持续培训等问题影响着干预的执行和学生的进步与成长。此外，教师不可能担负起此类强度的责任，也不能为有严重和持久的焦虑、抑郁或自杀倾向的学生设计出在学校中能够实施的干预措施。事实上，即使教师获得额外的培训，有效的干预仍然需要专业人员的参与。

很显然，专业的团队遵循非常具体的心理健康标准和程序来确诊和选择合适的治疗方案。治疗通常根据症状呈现的强度提供行为干预加药物治疗。在治疗的过程中，儿童研究团队观察学生的行为，进行医疗后续的测试以及监测为学生设计的后续计划。当进行药物治疗的时候，需要监测和考虑治疗的副作用和疗效，以便根据观察结果调整治疗计划。教师在学校中进行治疗时需要考虑治疗的精确性，以及与治疗疗效和效率有关的问题。教师不能被培训去提供心理健康服务，并且他们缺乏精神药理学的知识。虽然教师可以通过获得适当的培训来解决这些担心，但是，与呈现出像焦虑和抑郁这样内化性疾病的学生的诊断和治疗相关的复杂问题应该由心理健康专业人员通过专业技术来处理。

结论

这篇持反对观点的文章提出了教师在识别和治疗内化性适应不良行为过程中的一些局限性问题。一个像反应—干预这样识别和干预的模型应该在治疗有内化性适应不良行为的学生的过程中起到重要的作用。然而，人们不禁会注意到，虽然这种战略起到筛查的目的并且会增加早期识别有这些疾病学生的可能性，但是教师的干预仍主要聚焦于学生的学业发展。这些干预措施在很大程度上仅局限于预防层面，主要解决的是影响学校安全和纪律的内化性适应不良行为的症状而不是原因。有严重情绪问题并且已经表现出内化性适应不良行为的学生不可能从教师在教学期间进行的干预中获益。更重要的是，如果对他们健康的治疗成为教师的责任，那么学生就失去了对自己患有的心理障碍进行及时、合适干预的机会。教师是识别和治疗有内化性适应不良行为的学生的重要帮手，但是教师不能承担起全方位治疗内化性适应不良行为的重任。此外，鉴于上面关于教学时间和专业问题讨论的思考，如果教师不被期望承担学生广泛的心理健康责任，那么教师和学生都将获得更好的服务。

拓展阅读资料

Adelman，H. S. & Taylor，L. (1993). School-based mental health：Toward a comprehensive approach. *The Journal of Behavioral Health Services and Research*，20(1)，32-45.

Adelman，H. S. & Taylor，L. (2000). Promoting mental health in schools in the midst of school reform. *Journal of School Health*，70(5)，171-178.

Anderson，J.，Houser，J. & Howland，A. (2010). The full purpose partnership model for promoting academic and socio-emotional success in schools. *School Community*，20(1)，31.

Hallfors，D.，Brodish，P. H.，Khatapoush，S.，Sanchez，V. Cho，H. & Steckler，A. (2006). Feasibility of screening adolescents for suicide risk in "real-word" high school settings. *American Journal of Public Health*，96(2)，282.

Huntington，D. D. & Bender，W. N. (1993). Adolescents with learning disabilities at risk? Emotional well-being, depression, and suicide. *Journal of Learning Disabilities*，23(6)，159-166.

Levitt，J.，Saka，N.，Hunter Romanelli，L. & Hoagwood，K. (2007). Early identification of mental health problems in schools：The status of instrumentation. *Journal of School Psychology*，45(2)，163-191.

Lewinsohn，P. M.，Hops，H.，Roberts，R. E.，Seeley，J. R. & Andrew，J. (1993). Adolescent psychopathology：Prevalenceand incidence of depression and other DSM-III-R disorders in high school students. *Journal of Abnormal Psychology*，102，133-144.

Maag，J. W. & Swearer，S. M. (2005). Cognitive-behavior interventions for depression：Review and implications for school personnel. *Behavioral Disorders*，30(3)，259-276.

Moor，S.，Maguire，A.，McQueen，H.，Wells，J.，Elton，R.，Wrate，R.，et al. (2007). Improving the recognition of depression in adolescence：Can we teach the teachers? *Journal of Adolescence*，30(1)，81-95.

Moor，S.，Sharrock，G.，Scott，J.，McQueen，H.，Wrate，R.，Cowan，J.，et al. (2000). Evaluation of a teaching package designed to improve teachers' recognition of depressed pupils-A pilot study. *Journal of Adolescence*，23，331-342.

Office of Applied Studies，Substance Abuse and Mental Health Services Administration.

(2005). *The NSDUH report: Suicidal thoughts among youths aged 12 to 17 with major depressive episodes.* Retrieved from http: //oas. samhsa. gov/2k5/youthDepression/youthDepression. cfm

Probst, B. (2008). Issue in portability of evidence-based treatment for adolescent depression. *Child and Adolescent Social Work Journal*, 25(2), 111-123.

Ruffolo, M. & Fischer, D. (2009). Using an evidence based CBT group intervention model for adolescents with depressive symptoms: Lessons learned from a school based adaptation. *Child & Family Social Work*, 14(2), 189-197.

Shirk, S. R. & Jungbluth, N. J. (2008). School-based mental health checkups: Ready for practical action? *Clinical Psychology: Science & Practice*, 15(3), 217-223.

Weems, C. F. & Stickle, T. R. (2005). Anxiety disorder in childhood: Casing a nomologicalnet. *Clinical Child and Family Psychology Review*, 8(2), 107-134.

判例与法规

Code of Federal Regulations, 34 C. F. R. § 300. 8(c)(4)(i).

Individuals with Disabilities Education Act (IDEA), 20U. S. C. § §1400et seq.

图书在版编目(CIP)数据

学校纪律与安全/(美)苏珊妮·艾克斯,(美)查尔斯·索拉主编;王智超译.—北京:北京师范大学出版社,2017.4
(美国教育热点丛书)
ISBN 978-7-303-21763-2

Ⅰ.①学… Ⅱ.①苏… ②查… ③王… Ⅲ.①学校管理－安全管理 Ⅳ.①G474

中国版本图书馆 CIP 数据核字(2016)第 304334 号

营 销 中 心 电 话   010-58805072 58807651
北师大出版社学术著作与大众读物分社   http://xueda.bnup.com

XUEXIAO JILÜ YU ANQUAN

出版发行:北京师范大学出版社 www.bnup.com
　　　　　北京市海淀区新街口外大街 19 号
　　　　　邮政编码:100875
印　　刷:北京京师印务有限公司
经　　销:全国新华书店
开　　本:730 mm×980 mm 1/16
印　　张:18.75
字　　数:280 千字
版　　次:2017 年 4 月第 1 版
印　　次:2017 年 4 月第 1 次印刷
定　　价:98.00 元

策划编辑:陈红艳 王剑虹　　　责任编辑:齐 琳 韩 妍
美术编辑:袁 麟　　　　　　　　装帧设计:袁 麟
责任校对:陈 民　　　　　　　　责任印制:马 洁